なわ跳び練習百科

齋藤　仁

はじめに

　空中で一本のなわが織りなすなわの動き、空気を切るなわの音、地面や床に当たる同じピッチを刻むなわの当たる音、冬になると子ども達は誰に言われなくてもとびなわを持ち出し、校庭や家の庭や路地裏、公園等で夢中になってピョンピョンと跳び始める。

　昭和から平成の時代にも子ども達の男女を問わず、何時の時代にも遊びの「ベスト１０」に入っている一つがなわ跳びなのである。

　そして新しい令和の冬も、学校や家庭でなわ跳びは子ども達の大好きな遊びの一つとして続いていくだろう。

　なわ跳びは、小学校に入ると学習指導要領の体育編にある体つくりの運動遊び等の、用具を使ったり操作したりする中の「なわを使った運動」の例示により、全国全ての小学校で学習する事になっている。

　本書内にもあるが、昭和時代には回数や時間を一斉に跳ぶ等のやや単調ななわ跳びの取組みが多かったが、平成に入ると、学習指導要領体育編の例示のなわ跳びの技の名称等も改訂され、例示の内容から発展技までの指導が可能になった。

　また、中学年からは組合せてなわ跳びを行い、高学年では音楽を使ってエアロビクス的ななわ跳びに取組むよう例示がある。

　小学校現場の先生方から「準備運動をどうしたら良いか、技が出来るようになる為にはどうしたら良いか」「とびなわの調節は、どのように行ったら良いのか」等、苦労して指導されている実態や、子ども達からは「長くずっと跳ぶ以外の色々ななわ跳びをしたい、上手になりたいけどどうしたら良いの」等の切実な悩みを聞く事も多かった。

　筆者が専門的ななわ跳び運動に出会ったのは大学卒業後小学校教員になってからであるが、全日本や国際大会での優勝等を機に２６歳以降からは講習会や学校等に数多く招かれ、学校の先生方や子ども達になわ跳びを教え、かれこれ４０年になろうとしている。

　講習会で教えたり授業で教えたりして来たが、自分一人で教えたり高めたりするには限界があり、一過性的な部分も多いと感じた。

　そのような中、学習指導要領の改訂と令和という新時代の今、多くの人に幅広くなわ跳び運動の良さや楽しさを紹介したいという目的から出版に至った。
子どもの動きを見ると、なわ跳びが上手な子は鉄棒も登り棒もボール運動もと、他の動きも上手な子が多い。

　反対に、なわ跳びの苦手な子どもは他の運動種目も苦手としていることが多く、そのような子ども達になわを持たずにジャンプさせると、１０回さえ同じ姿勢で跳び続ける事が出来ない実態も見られる。

　この例で分かる通り、なわを持たずに出来ない事は、跳んでは出来ないのである。

　同じリズムで跳び続けられる事、ふらふらせずにバランスを保持して跳び続けられる事、なわを動かし回す動きに合わせてジャンプをするタイミングが身に付いている事が大切になる。なわ跳びの基本要素は「リズム・バランス・タイミング」と言われるが、その通りである。

　しかし、なわ跳びの跳ぶ技だけ行うと子ども達はほんの数種目で行き詰まってしまい、な

わ跳びが嫌いになってしまう。

　この改善には、なわを跳ぶ以前に、多くのなわを使った動きを経験させる必要がある。

　自由になわを動かす事が出来ないのに跳ぶ事は到底出来ない。

　様々ななわの動きや、体のコントロールが出来て、なわを跳ぶ動作に繋がるのは間違いない。

　なわ跳びは、頭で考えた動きを、腕や手、足先までの体の末端を使い、協応する事が必要な、とても細やかな神経を使う運動形態である。

　跳躍という点から見ると、人はジャンプする時に手を上に挙げて体を持ち上げようとするが、なわ跳びのジャンプはジャンプするのに手は下にあって回転させており、その手も体の前にも背中にも足の下にもという動きであるから、普段生活ではほとんど行われていない非日常的な動きでもある等の理由から、なわ跳びの技の習得を難しくしているとも考えられる。

　昨今、スポーツ少年団やスイミング等の習い事やおけいこ事で多くの時間を過ごしているが、近所や身近な人との交流や本来子ども時代に必要な遊ぶ時間や様々な動きの生活経験が不足している、との報告もある。

　小さい頃からあるスポーツ種目のみに特化した動きで一流選手になっても短命であったり、燃え尽き症候群に見る、運動で挫折した時の心の有り様等も問題視されたりしている。

　一方では、子ども達の遊びも屋内での指型ゲームやＥスポーツ等に熱中する時代でもある。

　時代が進み、デジタル化されても、運動自体は健康の保持増進と体力向上の為のアナログな活動である。

　現代人の運動の状況を見ると、運動をする人と、運動不足の人の二極化が顕著になっている。

　生活や仕事で様々な多くのストレスを抱え、夜型による睡眠不足や不眠症も進んでいると聞く。大人の女性では、浮き指等に見られるバランス感覚の欠如や、食生活の乱れから来る骨粗鬆症や、各種のアレルギー症状等も懸念されている。

　大人だけでなく、子どもの中には扁平足や転んで手で支えられず大怪我といった事例等も見られる。

　本書では、学習指導要領にある動きを含め、なわ跳び運動の跳ぶ動作だけでなく、なわを使った体操や、なわを置いたり、振ったり、回したり、姿勢を変えたりする動き等、一般の方の健康づくりを始め、授業等で先生方が指導に利用出来るよう、動きのポイントをなるべく多くの写真で見て分かるようにしている。

　合わせて、親御さんにとっては子どもに教える時のポイントやコツを意識して、出来る限り数多く紹介した。

　更に、時代の要請からパラスポーツや特別支援の必要な場合のなわ跳び例についても取り挙げ、幅広く対応出来るよう心掛けたつもりである。

　小学生から一般の方まで出来る動きとしては、なわを使った動きや基本の跳び方を全て一回旋の動きにおさえて紹介してある。

　技術系には進級カードの参考例として、前方・後方の三回旋跳びまでの４０種類以上の技を紹介し、その練習法も付した。

　他の運動同様、なわ跳び運動も感覚的な部分を言葉でその全てを表現する事が難しい事か

ら、本書では連続写真で紹介し説明を加えたが、それでも尚動きが読者にとって明瞭ではない技や動きも、更に初めて目にする動きや名称等もあり、理解が難しい部分も多々見られるかも知れない。

　本書を通してなわ跳びへの更なる理解が深まると共に、動きや技習得における悩み解決のヒントや一助となればと願っている。

　その場で、なわ一本あれば出来るなわ跳び運動を継続する事で、運動不足やストレスの解消に繋がり、なわ跳びを楽しく行う事を通して心と体の健康保持増進にも少しでも本書がお役に立てれば幸いである。

　筆者自身、なわ跳びの研究実践はまだまだ未熟であり、本書を読まれる多くの読者からのご指導・ご鞭撻を賜りたい。

著　　者

も　く　じ

ix

第1章　なわ跳びの運動特性とトレーニング

1　なわ跳びの健康効果について

　真冬にジョギングすると顔や手先足先が中々温まらないが、なわ跳びの場合は短時間跳んだだけでも体がぽかぽかとし、汗をかいたという経験は誰しもがあるだろう。
　なわ跳びは、短時間で体温を上げ全身の血の巡りを良くすると言える。
　全身が温まると言う事は、貧血や冷え性等にも効果があると言う事になる。
　一昔前には、足腰を強くし、姿勢を良くする。たくさん跳ぶ事で忍耐力や根性も付く等と言われていた。
　近年、なわ跳び運動による健康効果について、医学的見地から体だけでなく神経系や精神的、心的部分にも様々な効果がある事が分かってきた。（下図参照）

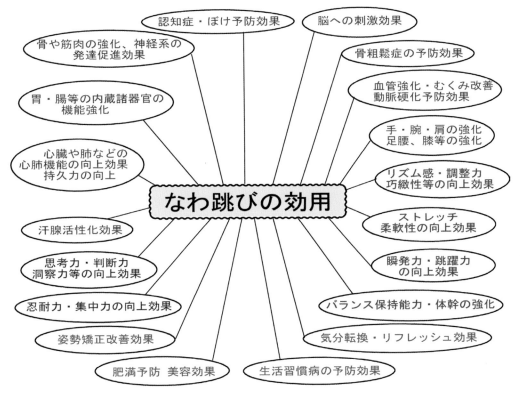

　上の図から分かる通り、年代を問わず、行い方によって日常生活上様々な効果がある。
　なわ跳びは、脳内では前頭前野が最も活発に使われ、ここは海馬という記憶を司る記憶域の直ぐ近くにあり、知識理解や思考力・判断力等も向上すると言われている。
最近の研究では睡眠も深くなるとか、成長期の子供の場合学力が向上したというデータもあるようである。
　また、細胞や遺伝子に運動記憶として残るのではないかという研究等も進んでいると聞く。
　これらの運動による健康効果の中で特に注目したい事がある。
　それは、足裏感覚と脳との関連である。

人は、歩行や走行、跳躍時体の中で地面や床に接しているのは、足裏だけである。

近年、この足裏が人が生きて行く上で非常に重要である事が分かっている。

足の裏に、重要な「**メカノレセプター**」という足底部固有（感覚）受容器があり、これが鈍ると、疲れやすい、姿勢が悪い、肩が凝る、首が痛い、腰や膝や足首が痛い、扁平足で足裏が痛いという症状等にも深く関連している事が医学的に分かっている。（右図）

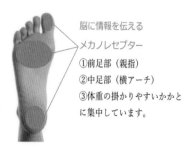

脳に情報を伝える
メカノレセプター
①前足部（親指）
②中足部（横アーチ）
③体重の掛かりやすいかかと
に集中しています。

幼児期を見ても、メカノレセプターがしっかり形成されている子は姿勢が良く、立位重心および立位姿勢に影響を及ぼしているという研究結果も出ている。

しかし、このメカノレセプターはやっかいな事に、若い人でも**足を使わないと一ケ月も経たないうちに機能低下・退化してしまう**特徴を持っている。足裏と脳が正常に連携が出来なくなると、平坦な所なのに躓いたり、段差のある所に上がろうとしたら転んだりする等、自分では足を上げたつもりなのに、転んでしまう事に繋がる。健常者でも、入院して一月も経つと、歩くのもおぼつかなくなるのはこの現れである。

世の中が便利になる一方、脳も体も使わなくなり生活経験も不足し、車社会で歩かなくなったりしている。女性ではハイヒールやパンプスを履き続けると、「**浮き指**」と言って裸足で立つと足の指が床に付かないという現象が起こる。小学生でも半数近くが浮き指になっているという報告もある。指が浮くと支える点は３点から２点となり、バランスを保つため体に負担がかかり、無理な姿勢から転びやすく、体にも様々な不調を及ぼしたりする。これは他人ごとではない。

老いると更に浮き指になる事が多く、その為能役者のように摺り足となり、杖をついてバランスを取ったり、歩く時には体を前に折り曲げて、いわゆる腰を曲げて歩き、倒れないようにバランスを取ったりしているのである。階段では、一段一段ゆっくりと手すりにつかまって上がったり、坂を登る途中で何度も休むような状況になる。いわゆる「**ロコモーション**」**現象**である、これがひどくなると、認知症や寝たきりになったりする。手の場合も、最近持った物をよくポロリと落とすというのも脳と手や足への神経回路が正確に伝達しなくなっている現れである。

老いても姿勢が良く元気な人は、運動をしたりよく体を動かしたりしている人である。

現在、小学校学習指導要領の体育科で、一輪車・竹馬・なわ跳び（なわを使った運動）の３つで、足や足裏の重心・バランスの安定や移動を意識した学習をする事になっていて、それは**メカノレセプターの形成は９歳前後が最も活発**と言われ、小学校入学時から小学校３年生・４年生になる９歳、１０歳までに重点的に学習するという事なのである。

その後、小学校５年生以上からは、一輪車と竹馬がなくなるが、なわ跳びは高等学校まで保健体育科の内容として学習していくのである。理由は何だろう。

一輪車や竹馬は、やや高価であり、成長と共にサイズを変えなくてはならず、周りの安全と共に、道路等の環境等、一輪車や竹馬は継続しにくい状況等も関係している。

一方、なわを使った運動は、安価で修理交換が簡単、置いても、持っても、立っても、座っても、寝ても、その場でも、移動しても、前後左右や上下に回す、捻る、曲げる、伸ばす、掛ける、動く、止める、跳ぶ等を含め他の用具との組合せも可能である事。
初心者から上級者まで、ハードなトレーニングとしても利用可能である等、応用発展も可能で、バリエーションが豊富な点等においても利用価値が大きいと考えられるが、何と言っても、なわ跳びだけが足が直接地面に接する運動だからであろう。

生涯にわたり、健康効果が持続出来る、最も手軽な運動がなわ跳びと言っても良い。
センサーが鈍れば、跳んで回しているなわは、足に掛かって止まる。
頭（脳）から一番遠い、足と手の連動・協応動作をするのがなわ跳びである。
自分に合ったプログラムを行いながら、なわ１本で出来る健康づくりを生活に取り入れ、少しずつメカノレセプターを回復せたり、開眼させたりして健康の保持増進に繋げ、頭も手も足もしっかり元気に、豊かな笑顔で充実した人生の時間を過ごしていただきたい。

2 なわ跳びの分類と健康効果

　短なわ跳びは、なわを跳ぶ動きと跳ばずになわを操作する動きに分けられ、大きく次の4つに分類される。

　1　なわを置いて行う動き
　2　なわを持って行う動き
　3　なわを跳ぶ動き
　4　他の用具と組合せる動き等である。

　なわを跳ぶだけでなく、幅広くなわを使った動きの実践を通して楽しく体力作りに取組んで欲しい。

<なわを使った運動の分類と期待される効果表>

分類	なわを使った運動やなわ跳び運動の行い方	期待される主な健康効果や体力的要素
1	なわを置いて行う動き 歩く、走る・跳ぶ・跨ぐ、支える、移動する、膝をつく、四つん這いで、腕立て姿勢で等	リズム感・タイミング感 バランス感 手や足・肩や腕他、各種筋力
2	なわを持って行う動き ○立って行う動き 　出す・戻す・上げる・捻る 　揺らす・振る 　体の様々な場所や回旋角度を変えて回す 　なわを巻き付ける	リズム感 バランス感 タイミング感 体幹全体強化 姿勢改善 柔軟性・ストレッチ性 空間認知能力 正確性や操作能力
	○座ったり、横たわったり、寝たりして行うなわの動き	腹筋・背筋・腕力・柔軟性 体幹全体強化・バランス感覚
3	なわを跳ぶ動き 　前後左右に移動や左右回転し跳ぶ、斜行や蛇行して移動する 　方向転換して跳ぶ、様々なステップで移動して跳ぶ 　姿勢変化で跳ぶ 　持ち替えて、握り替えて跳ぶ 　なわを離して跳ぶ 　股下、膝下、足下で跳ぶ 　足の変化のなわ跳び各種 　手の変化のなわ跳び各種 　　　一回旋二跳躍 　　　一回旋一跳躍 　　　二回旋跳びとそれ以上の技 　連続跳び・組合せ跳び 　音楽に合わせて跳ぶ	骨の強化　各種筋力強化 ストレス解消 内臓の強化 リズム感　バランス感 操作感覚 タイミング感 敏捷性、俊敏性、スピード パワー、瞬発力、持久力 心肺機能の強化 巧緻性、調整力 脚力、体幹全体強化 ジャンプ力（跳躍力） 体位感覚　空間認知能力 集中力・判断力・洞察力 努力・忍耐力、創意工夫等の 精神面の強化
4	なわと他の用具と組合せて跳ぶ動き 　各種ボール・バランスボール 　とび箱・マット 　平均台・トランポリン 　ミニハードル・一輪車 　長なわ・二人組用なわ	巧緻性　調整力・動体視力 動的認知能力 判断力　決断力 空間認知 体位感覚能力 他の用具との協応動作感覚

3 なわ跳び運動実施上の注意

（1）なわ跳び練習の一般的注意事項（本書内関連章）

〈なわ跳び運動前〉

○ **運動する服装を整えよう。**
　　夏であれば半袖・短パン、春秋であればトレーニングウエア、真冬ならウインドブレーカで、
　　手甲等指の出ている手袋や帽子等、汗をかけば上着を脱げば良い。
　　袖が長い服や、足下が広くバサバサする服やズボンは跳びにくい。
　　靴はトレーニングやジョギングシューズ等で、底が余り厚くない方が跳び易い。
○ **練習前に計画や予定を立てよう。（1章）**
　　無計画にただ跳ぶのは良くない。セットや時間・回数を決めて、次第に高めて跳ぼう。
○ **運動前の心拍数を測ろう。（1章）**
　　自分の体調を知る事にも繋がるので運動前の心拍数を定期的に計測して後で記録しておこう。
○ **良いとびなわを準備しよう。（2章）**
　　なわの材質、適正な長さや重さがあるので自分に合ったとびなわを使おう。
　　技能の上達と共に、なわの長さを調節し、切れたら修理しよう。
　　なわは、使用後中性洗剤で洗い、汚れを軽く拭き取っておこう。
○ **準備運動等をしよう。（5章）**
　　なわ跳びはスポーツ種目の準備運動的な考えもあるが、かなりハードな運動なので、準備運
　　動やストレッチを必ず行おう。なわを使っても出来るので工夫して準備運動をしよう。
○ **体調が悪い時は、休もう。**
　　風邪の治りかけや風邪気味の時に運動して命を落とす例が報告されている。
　　そんな時は少し休んで体調が良くなったら、またなわ跳びをしよう。

〈なわ跳び運動中〉（4章）

○ **運動中の心拍数を測ろう。（1章）**
　　適正な負荷で運動しているか、いつもより異常な心拍数になっていないか計測して、トレー
　　ニング効果や体の状態を確認しよう。
○ **安全な場所で跳ぼう。（3章）**
　　土や体育館が良いが、コンクリートやアスファルトの場合は、薄めのスポンジマット等を敷
　　いてやろう。
○ **跳ぶだけでなく、いろいろななわ跳びをしよう。（5章）**
　　なわを使った運動で跳ぶ以外に体の体幹や各部位を鍛えたり、移動したり、姿勢や方向を変
　　えて跳んだり、巻き付けたりしてみよう。
○ **安定して跳べるようになったら、連続技を跳んでみよう。（6章）**
　　足の連続技、手の連続技等、地面や床で出来る跳び方に挑戦してみよう。
○ **他の用具を使って跳んでみよう。（7章）**
　　跳ぶ余裕が出て来たら、他の用具となわ跳びを合わせて跳んでみよう。
○ **自分の技のレベルを上げて、難しい動きに挑戦しよう。（9章）**
　　単調に跳び続けるだけでなく、手の色々な変化技や回旋数を挙げる技に挑戦し、実力を伸ば
　　していこう。

＜なわ跳び運動後＞

○ **練習後の心拍数を計測しよう。（1章）**
　　運動前、運動中、運動後の計測でなわ跳びと体の変化が分かる。忘れずに記録しておこう。
○ **汗の始末をきちんとしよう。**
　　スポーツ選手は、過度の運度や汗を大量にかく事等で抵抗力が下がり、風邪を引き易いとい
　　う統計もある。汗の始末や着替えをきちんとしよう。
○ **練習の記録をしておこう。**
　　実施日・曜日・天候、時間、練習した内容、感想、心拍数、体重等の記録累積をしていこう。

（２）適正な心拍数でなわ跳びを行う

　なわ跳びは、一回旋跳びの有酸素運動と、二回旋跳び以上等の技を続けた場合の無酸素運動の二つの運動が出来る、手軽なフィットネススポーツである。

　一般の方がなわ跳びを運動を行うには、まず実施者の年齢から適正な運動の目安となる最大心拍数を考慮して実施すると良い。以下に計算式と例を示す。

　運動を継続している人が強度を上げたり、競技スポーツのトレーニングとしてなわ跳びを取り入れたりする場合は、実施内容を変えたり、少し数値を上げたりしての取組む事になる。

＜最大心拍数計算式＞

> ２２０ － 年齢＝ 最大心拍数

＜適正心拍数計算例＞

> ① なわ跳び実施者の年齢を４０歳とした場合の、最大心拍数を計算する。
> **２２０－４０＝１８０となり、これが最大心拍数値になる。**
> 　これにより、なわ跳び実施後１分間の心拍数が１８０回に近付けば、運動強度は１００％の限界に近い事になる。
>
> ② 数値の最大心拍数１００％の６０％～８０％が有酸素運動では理想の心拍数になり、運動効果が期待されるのでその数値を計算する。
> 　　　６０％の場合１８０×０.６＝１０８
> 　　　８０％の場合１８０×０.８＝１４４
> つまり、**なわ跳び運動実施中の心拍数は１０８～１４４を目安に行うと良い**、という事になる。
> 　尚、８０％を越えると体への負担が大きくなるので、トレーニングしながら実施内容を調節すると良い。

　心拍数の計測方法は、手首に指先を当てて１０秒間の脈拍を数えて６倍すると、１分間の心拍数になるという方法が一般的だが、運動中は中々把握しにくい為、最近は心拍数計測機能が付いた腕時計等もあるので利用するのも良い。

　年齢に合った求めた数値で行う事が最も脂肪が燃焼しやすい運動強度なので、適正心拍数を保ちながらなわ跳びを続ける事で、理想のトレーニング効果やダイエット効果が得られる。

（３）なわ跳び運動を実施する練習日や時間の目安

＜週の練習回数と、練習時間の目安＞

> ① 有酸素運動は週に３回の運動で効果があると言われているので、まず週３回跳ぶ事を目標に行うと良い。
> ② なわ跳び運動で脂肪の燃焼が目的とすると、**練習時間は１回あたり長くても合計３０分以内位までを目安にすると良い。**休憩を挟みながら無理せずに行うようにする。

　注意点として、なわ跳びやジョギングなど普段有酸素運動をしていない方は、最初は疲労が激しくなったり、筋肉痛になったり、やる気をなくしたりする事もあるので、週１回でも、合計１０分でも、５分から始めても良いので、跳ぶ時間や回数、跳び方を工夫して、「焦らず・無理せず・少しずつ」行って欲しい。

　運動効果には２～３か月掛かる位と見て、何より「継続は力なり」である。

（4）自分の跳ぶペースを知る

① 自分は通常どの位のペースで跳んでいるかを調べる

　タイマーやストップウオッチ等を用い計測して実施する事が難しい場合は、自分の跳ぶペースに変えて行うが、そのペースをつかむには次の方法で行うと良い。

＜方法＞

基本となる一回旋一跳躍の前方順跳びで、１分間跳ぶペース回数を掴む。
１０秒を６倍したり、２０秒行って３倍等してもよいが、実はなわ跳びは跳び始めと、少し跳び続けている時ではペースがわずかに変わるので、失敗しながらでも１分間跳んで、その跳んだ回数を数える。両足跳びやかけ足跳び等でもほとんど差がないので、ペース変化を計測する場合は同じ技を跳んで比較し、記録しておくと良い。

---

② なわ跳びのペースによる技能状況の違い

　なわ跳び初心者と上級者では跳ぶペースが違うが、およその違いを次に示す。

なわ跳び初級者　……１分間６０回以下
なわ跳び中級者　……１分間６１回〜１１９回位
なわ跳び上級者　……１分間１２０回以上
なわ跳び最上級者……１分間１５０回以上

ア　初級者の場合　なわ跳び初心者や初級者は跳ぶペースやリズムが変わったり、狂ったりして失敗する事が多い。
　また、一回旋二跳躍で跳んでいたりしてなわを速く回せない状態もある。
　１分間に６０回という事は、１秒に１回のペースである。

イ　中級者の場合　回数幅は広いが、安定して跳べるようになった段階から、二回旋跳びが出来る辺りまでと幅がある。だいたい１回旋系のほとんどの技が跳べ、二回旋跳びが少し跳べるレベル位と考えても良い。
　跳ぶペースが１分間で１２０回になる頃には、だいぶ二回旋跳びが跳べるようになっている。

ウ　上級者の場合　１２０回以上であるから、１秒間に２回なわが回っている事になる。見ていてもスムーズで違和感なく跳んでいるように見える。

エ　最上級者の場合　１秒間に平均２.５回以上でなわを回すペースで跳んでいるので、近くで見ているとわざと速く回しているかのように見える。
　すでにこのペースで跳べる状態であれば、三回旋跳び以上の実力がある事が分かる。

③ 時々、自分のペースを調べる

　練習を積み重ねると、一回旋跳びのペースも次第に上がって来るので、今どの位のペースで跳んでいるか、時々計測してみると良い。

　それによってペース回数が増えていれば、負荷を少しずつ高めたりして運動強度を上げて、より高いトレーニング効果を目指す事になる。

　付け足しになるが、跳ぶペースが上がって来て例えば１分間跳んだとすると、途中で足等に当たってなわが止まる回数も減るので上達を自覚出来る。

　つまり、集中力もつき、安定した跳び方を持続出来ている証拠なのである。

（5）なわ跳びの代表的なトレーニング方法例

　なわ跳びを１０分行った場合、ジョギング３０分とほぼ同じカロリー消費量であると言われている程なわ跳びの運動強度は高く、ゆるやかなペースで跳んでいても、１分間１０〜１６カロリーの消費量があるという研究結果もある。

　ここで、トレーニングとしてなわ跳びを行う場合の代表的な方法例を紹介する。

---

① ゆっくりと速くを同時間交互に跳び続ける方法
　＜例＞
　ゆっくり２０秒−速く２０秒を交互に跳ぶ。
　時間は、はじめは合計１分から徐々に３分、５分・・・と伸ばしたりする。
　両足跳びだけで続けると足を痛めるので、かけ足跳び等が良い。
　時間も跳び方も自分で決める。時間を変えて実施しても良い。

② 時間を長くしたり、短くしたりして跳び続ける方法
　＜例１＞ 長くする方法
　ゆっくり１０秒−速く１０秒−ゆっくり２０秒−速く２０秒等を繰り返す。
　速くは、３０秒位まででも十分である。技や時間は自分で無理のない範囲で考えて行う。
　もちろん、スポーツ競技者等は１分以上時間をゆっくり、速く等にする事も出来る。
　＜例２＞ 短くする方法
　ゆっくり３０秒−速く２０秒−ゆっくり２０秒−速く１０秒を繰り返す。
　時間や技は、自分に見合ったものを決める。回数に変えて実施しても良い。

③ 技を繋いだり、方向を変えて跳びながら続ける方法
　＜例＞
　両足跳び１０秒−片足跳び１０秒−反対片足跳び１０秒−かけ足跳び１０秒を繰り返す。
　同じ組合せを方向転換して前方から後方に繋ぐのも良い。
　時間や技は、自分で考えて組合せる。回数に変えて実施しても良い。

④ 休憩を挟みながら続ける方法
　＜例＞
　速く２０秒跳んだら休憩２０秒これを繰り返す。
　最初１０秒で休みを２０秒等でもよい。跳ぶ時間と休憩は同じ時間だと良いが、跳ぶ時間より休憩が短いとかなりきつくなり続かなくなるので、今の自分に合った無理なく跳び続けられる時間で行う。回数に変えて実施しても良い。

⑤ 前方と後方を交互に跳びながら続ける方法
　＜例＞
　前方の両足跳び２０秒−後方の両足跳び２０秒を繰り返す。
　かけ足跳びでも、片足跳びでも易しい技でも十分効果がある。
　時間や技は自分で選ぶ。回数に変えて実施しても良い。

⑥ 有酸素と無酸素の技を挟んで跳びながら続ける方法
　＜例＞
　両足跳び２０秒−二回旋（二重）跳び１０回でも（１０秒でも）を交互に行う。
　　この場合はかなり心拍数が上がるので、続ける時間や回数をよく考えて行う。脚力があれば、かけ足跳びからかけ足二回旋跳びを交互に続けたり、交差跳びから交差二回旋跳び、順と交差跳び（あや跳びからあや二重へ）等数え切れないほど繋げられるが、二回旋系以上が跳べない場合は出来ない方法である。

　以上、あくまでも多くの練習例のごく一部であるので、これを参考に自分に見合った方法で楽しく続けられるトレーニング方法を工夫して実施して欲しい。

　尚、ペースが分かれば時間を跳ぶペース回数にして行っても良い。

第2章　学習指導要領と学校のなわ跳び

1 学習指導要領における「なわ跳び」の位置付けと取り扱い

「なわ跳び」をいつから習うかと言えば、小学校に入ってからであろう。

それは、体育科の学習内容に「なわを使った運動」があり、小学校で行う事にある。

我が国における学校教育は、学習指導要領で学習の仕方や内容が示されている。

1947年（昭和22年）の学習指導要綱から昭和・平成・令和の時代へと、およそ10年おきに学習指導要領が改訂されている。

学校体育の中でのなわ跳びの扱いについては、平成元年の学習指導要領から例示や名称等が変化している。各年代の内容については、次の表を参考にご覧頂きたい。

〈平成からの学習指導要領にみるなわ跳び・なわを使った動きの内容比較表〉

改訂年度 領域	学年 1 年	2 年	3 年	4 年	5 年	6 年
平成元年 1～4年 基本の運動 5，6年 体操	長なわや短なわを操作して各種の跳び方をする 短なわでの連続両足跳び		長なわや短なわを操作して、各種の連続跳びをする **短なわでの順跳び、交差跳び、順と交差跳びの連続跳び** 短なわでの組合せ連続跳び		巧みな動きを高めるための運動 なわを使う運動 短なわ、長なわ、両者の組合せによる各種のなわ跳び	
平成11年 1～4年 基本の運動 5，6年 体つくり運動	長なわ、短なわや輪をいろいろ操作して遊ぶ 短なわでの連続両足跳び		長なわ、短なわや輪を操作して各種の運動をする **短なわでの順跳び、交差跳び** 短なわでの組合せ連続跳び		巧みな動きを高めるための運動 手具を使う運動 短なわ、長なわ、両者の組合せによる各種のなわ跳び	
平成20年 1～6年 体つくり運動 1，2年 器械・器具を使っての運動遊び	用具を跳ぶなどの動きで構成される運動遊び 短なわで前や後ろの連続両足跳びをすること		用具を跳ぶなどの動きで構成される運動遊び 短なわで前や後ろの連続片足跳びや交差跳びをすること 用具を操作しながら移動するなどの動きで構成される運動遊び 短なわで跳びながら、歩いたり走ったりすること		用具などを用いた運動 短なわや長なわを使っていろいろな跳び方をすること 時間やコースなどを決めて行う全身運動 短なわ、長なわを使って全身運動を続けること	
平成29年 1，2年 体つくりの運動遊び 器械・器具を使っての運動遊び 3～6年 体つくり運動	用具を跳ぶなどの動きで構成される運動遊び 短なわを揺らしたり、回旋したりしながら前や後ろの連続両足跳びをすること		用具を跳ぶなどの動きで構成される運動 短なわで前や後ろの連続片足跳びや交差跳びなどをすること 用具を操作しながら移動するなどの動きで構成される運動 短なわで跳びながら、歩いたり走ったりすること		用具などを用いた運動 短なわを折り曲げて両手で持ち、足の下・背中・頭上・腹部を通過させること 短なわや長なわを用いて回旋の仕方や跳ぶリズム、人数などを変えて、いろいろな跳び方をしたり、なわ跳びをしながらボールを操作したりすること 時間やコースなどを決めて行う全身運動 短なわ、長なわを用いての跳躍やエアロビクスなどの全身運動を続けること	

学習指導要領の教科体育は、昭和４４年から平成元年までは小学校学習指導要領指導書体育編となっており、その例示は体育科で指導しなければならない項目であり、それを全員達成させる必要のある動きや技であった。

　尚、現在は、小学校学習指導要領体育編である。

　その後、現在まで学習指導要領には幾つかの変化が見られる。

　一つ目の変化は、『単学年から低・中・高学年のまとまりに変化した』点である。昭和５３年までの学習指導要領は、単学年での指導達成型であり、その学年で出来るようになる事を目的としていたが、平成元年からの体育では、１．２年、３．４年、５．６年の２学年で指導を継続しながら最低限の動きを身に付けられるようになった。

　考えてみれば同学年でも発達には差があり、余裕を持って出来るようにした事は子どもの実態に沿っていると言える。

　二つ目の変化は、いわゆる『学習指導要領の歯止め規定の撤廃』である。これまで学習指導要領の内容は全て学ばせると同時に、最低限それだけ行っていれば良かったが、平成１１年からは、その内容は学年で誰もが達成出来る事を想定した動きや技に絞った例示を紹介しており、全員が達成出来る基本的なものを扱っている。更に「例示が出来たら後は実態に応じて発展工夫して良い」という応用発展も可能となった。

　これをなわ跳びの取組みで見ると、それまで学習指導要領の例示を中心として決めた例示の技や動きが出来れば良いので、後は更に回数や時間を伸ばすという方向であったが、平成１１年からは、例示の技や動きが出来れば、多くの技に挑戦して良いと変化したとも言えるだろう。

　では、学習指導要領内のなわ跳びの扱いについてはどう表現されているかというと、「用具を操作する運動」や「巧みな動き」の中で、短なわや長なわ等のなわを使って、と表記されている。平成１２年に「学校体育実技指導資料」が発刊され、これまでの「体操領域」が「体つくり運動」に領域名に変更された中で、「体ほぐしの運動」としての様々ななわを使った動きを紹介している。

　また、平成２０年の学習指導要領では、５．６年生の全身運動として「時間やコースを決めて…」という記述が、平成２９年の学習指導要領では、「エアロビクス的な全身運動…」となった。

　つまり、平成２０年の学習指導要領での時間や回数を単調に続けるだけでなく、平成２９年の学習指導要領では、跳び方を決めて組合せ、音楽等に合わせて跳ぶという内容に変化している事に注目したい。手と足を使い、更に音楽に合わせてなわを跳んだり動かしたりするという、ダンスより高度な動きを求めているとも言える。

　次に、なわを使った動きの例示にある技名に触れるが、昭和５３年までの学習指導要領での「あやとび」という技は、平成元年の学習指導要領で、「順と交差跳び」、一回旋一跳躍の両足跳びは、「順跳び」と改名されている。（表内黒太字参照）体育科には正式な教科書がない。しかし、学習指導要領は体育の教科書とも言える法的拘束力を持つものであるから、これまでの流れと共に現在の内容を熟読し名称等もきちんと指導したり覚えさせたりするよう

にしたい。

　最後になわ跳びについての文言であるが、小学校では昭和４４年までは「なわとび」だったが、昭和５３年から現在まで「なわ跳び」となっている。とびなわについては、個人用の物は短なわ、団体用や多人数集団用は、長なわとなっている。

　最近、「大なわ」という言葉を聞く事があるが、なわは短いか長いかであり、大きい小さいではない。「大なわ」の反対が「小なわ」とは言わない事からも分かる。

　学習指導要領では「長なわ」であるので、合わせて正しく覚えておきたい。

　算数科や理科で定義や法則、用語等を取り扱うように、縄跳びなのか、縄とびなのか、なわとびなのか、なわ跳びなのか、なわ跳びの技や用語も含め正しく覚えたい。

　参考までに、中学校と高等学校の学習指導要領保健体育編では、全て「縄跳び」と表記されている。

2 ラジオ体操のなわ跳び版があった

　ラジオ体操は、我が国で最もポピュラーな定番の体操で、学校現場では体育時や運動会等にラジオ体操を行い、子供から大人まで出来ない人はほとんどいない。元々ラジオ体操は、国民保健体操の名称で、ラジオを通して体操を行い普及するという観点から、一般的に「ラジオ体操」と呼ばれるようになり学校でも盛んに取り入れられた経緯がある。

　ラジオ体操には、第一、第二の他、ラジオ体操第三と更にラジオ縄跳があり、ラジオ体操第三とラジオ縄跳は、いずれも幻となっていてほとんど知られていない。

　そこで、参考までに「ラジオ縄跳」とはどのようなものだったのか紹介する。

　因みに、ラジオ体操は郵政省が管轄し１９２５年大正１４年に始まり、昭和３年にＮＨＫでラジオ放送が開始されている。

　一方、ラジオ縄跳は厚生省が管轄し１９４２年昭和１７年にラジオ放送が開始され、体操の作者は不明である。跳ぶテンポはゆっくりの６０回と、速い１２０回のテンポで構成されている。曲全体で跳ぶ回数は合計１９２回、１分間６０回のペースは小学校低学年で何とか跳べるが、１２０回ペースでは小学校高学年でも跳べない子がいる。

　ラジオ縄跳は、職場向きに作られ特に女子に適した運動であるとされている。

　ラジオ縄跳は、なわの準備の他、体操の場合は動きが違っても遅れても何とか続けられるが、なわ跳びの場合失敗するとなわが止まってしまい、中断すると定められた回数が跳べなくなる。

　場合によっては、なわがまとわり付いて次の動きに間に合わない事もあり、国民保健としてなわ跳びを取り入れるという素晴らしい構想であったが、全国への普及浸透は難しかったのか、残念ながらいつの間にか行われなくなったようである。

　曲調は現代とかなりイメージが違うため、どこから跳び始めてどこで技を変えるか等曲の切れ目が最初掴めず難しく感じると共に、実際に跳ぶと結構きつい動きである事が分かる。

当時の「ラジオ縄跳」パンフレット

復刻したＣＤのジャケットや説明書

3 短なわ跳びの技の呼び名には愛称がある

　短なわ跳びの技には、一つの技に対し様々な名称が付けられたり、呼ばれたりしており、時代や地域によって同じ技でも名称が変わっている事が見られる。

　誰が、いつ、どのように付けた名称なのかを確実に摑む事は困難である。

　技に愛称があるという事は素晴らしい事だが、その技の動きをいちいち説明しなくてはならない事や、その名称からどんな技かイメージが困難なのは不都合でもある。

　一般的使用名称をある程度統一し、術語・技名で比較した表をご覧頂きたい。

　尚、術語・技名は学習指導要領を基にＪＮＦなわとび競技連盟の技名を中心に、表記した。

＜なわ跳びの技の言葉比較表＞

一 般 名 ・ 愛 称	術 語 ・ 技 名	一 般 名 ・ 愛 称	術 語 ・ 技 名
プロペラ	体前（正面垂直）回旋	た　か	二回旋と交差二回旋跳び 両足二重＋交差二重跳び
ヘリコプター 風速計 タケコプター	頭上（水平）回旋	一重跳び ひとふみ跳び ふたふみ跳び	順跳び 一回旋一跳躍跳び 一回旋二跳躍跳び
あや（綾）跳び	順と交差跳び	二重跳び 二段跳び	二回旋一跳躍跳び 二回旋跳び
つばめ・むささび リットル（跳び） 零戦・ゼロ戦・０戦	交差二回旋跳び	サイドクロス 側振跳び	側回旋と交差跳び または、側回旋交差跳び
はやぶさ 隼	あや跳び あや（綾）二重跳び	新幹線跳び イナズマ 稲妻跳び	二回旋跳び＋あや跳び＋交差二回旋跳び 二重跳び＋二重あや跳び＋二重交差跳び
とんび	二回旋跳びとあや跳び 両足二重＋あや二重跳び		

この表以外にも探査機やミサイル等、まだまだ様々な愛称があるようだが、ここでは代表的な技の紹介にとどめた。表で分かるように一般名のほとんどが身近な鳥や乗り物等の名前が付けられているように見える。

　この中から、分かる範囲で少し歴史的な経緯や説明を加えたいと思う。

（1）「はやぶさ」と「ゼロ戦」の名称について

　例えば、「はやぶさ」という技はほぼ全国的に使われている技だが、はやぶさとは一体何の名前なのだろう。おそらく鳥の名前かな、最近だと日本の宇宙船の名前かなという反応が返ってくるだろうが、どうも鳥等の名前ではなかったようなのである。

　これを説明するには、もう一つの技、ゼロ戦という技も合わせて説明する必要がある（正しくは零戦という）。

　時代を昭和初期戦時中に遡る。陸軍所属が「戦闘機隼」に対して、海軍所属が「零式戦闘機」である。

隼（手前）と零戦（奥）

　何故技の名称になったかには、時代背景による影響も大きく、当然テレビもインターネットもない時代であり、ラジオと新聞が生活の情報源の中心だった。

　戦時中両戦闘機は日本中の期待の象徴であり、子ども達にとっても空を飛ぶ戦闘機は強さと憧れの存在だった。

　技に愛称を付けたのには、同じ飛ぶ（跳ぶ）という事に加え、なわの材質や太さ、なわの回る音にも関係がある。現在なわは、ビニールやポリエステル等４mm位の太さであるが、当時は１cmほどの太い紐状で調節が難しい長いとびなわであり、この太く長いなわを使って二回旋跳び以上の技を跳べば、音は「ブンブン」とか「ビュンビュン」とか細いなわより鈍い音がする。その音はプロペラの回転音やエンジン音にも、なわの回旋音同様、腕や手の空中での開閉動作や交差状態で二回旋を跳べば、体を中心に回るなわは音と共にプロペラが回る動きや形にも似ている。この力強い技に、「隼や零戦」の名称を付けたとすればうなづける気がする。大正や昭和初期にはなわの材質等から三回旋跳びは至難の業で、相当体力や跳躍力がある一部の人の技であった事が文献に見られた事を考え合わせ、隼や零戦という二つの技は、子ども達の憧れのカッコイイ技だったのではと想像出来る。

　ところが、戦後に戦争をイメージする言葉は、アメリカのＧＨＱから排除された経緯から、なわ跳び遊びの技の一つとしての言葉でさえも、次第に戦闘機の隼は、鳥の名前にもある「はやぶさ」として残り、零戦ははやぶさより使われなくなり、その代わり地域によって「つばめ」や「むささび」という名前に変化したようである。

　因みに、「はやぶさ跳び」は一回旋の一般名「あや跳び」の二回旋リズムで、学習指導要領では「あや跳び」を「順と交差跳び」としており、「はやぶさ跳び」は前方の場合「前方あや跳び（順・交）または（交順）」となり、術語としてはあや跳びは二回旋跳び以上にしかない事になる。

（2）二重跳び、三重跳びの「重」はどう付けられたのか

「二重（にじゅう）跳び、三重（さんじゅう）跳び」等の名称がある中で、「一重（いちじゅう）跳びはないのか」という疑問について考えてみたい。

結論から言うと「一重跳び」はある。これらの技にも幾つかの解釈がある。

まず、かつての物の数え方との関連である。「一つ、二つ」と数えたり、「ひい、ふう、みい」と数えたりしていた事。

もう一つは、一重瞼、二重瞼という名称があるが、なわを一本の筋と見ると、「一重（ひとえ）跳び」、2回回っている様子を「二重（ふたえ）跳び」と言っていた事、一回旋一跳躍を「ひと踏み跳び」、一回旋二跳躍を「ふた踏み跳び」といった表現も見られる。

一重（ひとえ）跳びは一重（いちじゅう）とはあまり呼ばないが、二重（ふたえ）跳びは、力強く感じる二重（にじゅう）とも読める名称に変化し、一重（いちじゅう）跳びは、二回や三回のように重なってもいない等の理由から次第に使われなくなり、忘れられて来た事がうかがえる。

また、二重跳びは別名「二段跳び」とも言われ、階段や回旋や高さが一段階上がる意味の「段跳び」と、もう一つ当時子ども達の遊びで「ゴム跳び」が広く親しまれ、その一つに「段跳び」という遊びがあった。

遊び方は、向かい合った二人が2～3m離れてゴムを足首辺りに掛け、跳ぶ者は走り高跳びのように少し走ってこれを跳ぶ。ゴムに触れずに跳べれば膝の高さに、太腿に、腰に、胸に、肩にと高さを上げる様子から「段跳び」と称する。

このゴム跳び遊びの「段跳び」となわ跳びの跳ぶ動作に高さを合わせて一段、二段と数えて「段跳び」と付けたのだろうと推測される。

参考までに、台湾・香港・中国等の近隣諸国では「二重跳」と表記し、我が国と同じ名称である。我が国と台湾や中国等とは歴史上深い関連があり、どちらが先かは分からないが、案外影響し合っていると考えられる。

以上、これらは有力な説としてお読み頂きたいと思うが、解釈例以外に愛称の経緯を掘り起こすのも面白いかも知れない。なわ跳びは現在も人気の遊びの一つであり、今後も新しい時代の愛称が付けられる事もあるだろう。

（3）その他の名称について

近年英語が一般的になり、「サイドクロス」や「ダブルクロス」等もなわ跳びの技名として使われているが、全て英語表記にすると、愛称同様に和名のイメージが全く湧かない技となる。学習カードや進級カード等で名称や技名を使用する場合は、表記の仕方に統一を図るよう配慮したい。

4 学校におけるなわ跳びの主な取組みから

なわ跳びは、冬の体力作りとして特に全国各小学校で学校を挙げての多くの取組みが見られ、体育科の指導計画上でもほとんどが冬期間に集中して実施されている。

冬定番のなわ跳びでの体力づくりでは、どちらかというと東日本以北が盛んである。

理由は、寒い時期にすぐに体が温まり易い事、雪が降ったり、霜が降りたり、校庭がぬかるんだりして、外で走り回って遊んだり、運動が出来ない時等に、代わりに体育館で一斉に出来る体力作りに運動量の多いなわ跳びを利用して取組めるからである。

従って、一斉に跳んで体を温め、効率よく運動量を確保しようとすれば、長い時間、回数も多く跳ぶ、という内容の進め方が自然に多くなるのも理解出来る。

体力作りとしてのなわ跳びは、地域や学校にもよるがだいたい１２月以降で持久走やマラソンの取組みが終了した頃から、冬休みや三学期に向けて取組む学校が多いようである。

次に、代表的ななわ跳びの取組みで使用している進級・検定のカード例を紹介し特徴を考えてみたい。時間や回数中心、技の習得を主としたものと、学年により規定種目を選んで挑戦させる方式等、大きくは４種類が代表的なものである。

（1）回数を中心としたカード例

長所は、回数は時計やストップウオッチ等がなくても自分で数えられる。

伸びが分かりやすい方法で、簡単に記録が出来る。

一定のリズムを刻む事により、持久走と同じように心肺機能の向上が期待出来る。

回数の目安は、子どもにとっても明確で確認し易い。

短所は、回数を伸ばす事にとらわれると、次第に持久力の養成が主と成り易い。

また、単調なので神経をそれほど使わなくなる。同じ筋系を使うので、総合的な体力向上の要素がやや少なくなる。例えば両足で順跳びを長く跳び続けると、大人子ども共に、ふくらはぎや膝等を痛める等、ある部分の筋肉等に大きな負担が掛かる事を考慮しなければならない。

体育の時間内では、多くの時間が必要だったり、多くの回数を跳べば、他の種目の時には疲れて跳べなくなったりする。

また、多く跳ぶ中で失敗すると、次に多く跳ぶ力は残っていない状態になる。

多く跳べる子どもとそうでない子に運動量に大きな差が出てしまう。

求める技の回数はどうしても出来なければならないのか、取組みでの検討の余地があるのではないだろうか。

<＜回数を中心に作成したなわ跳びカード例＞>

技名　　　　回数・級	20級	19級	18級	17級	16級	15級	14級	13級	12級	11級
前一回旋一跳躍	10	20	30	40	50	60	70	80	90	100
後ろ一回旋一跳躍	5	10	20	30	40	50	60	70	80	90
前かけ足とび	10	20	30	40	50	60	70	80	90	100
後ろかけ足とび	5	10	20	30	40	50	60	70	80	90
前あやとび		1	3	5	10	15	20	25	30	35
後ろあやとび			1	3	5	10	15	20	25	30
前交差とび				1	3	5	10	15	20	25
後ろ交差とび					1	3	5	10	15	20
前二重とび						1	2	3	5	7

（2）時間を中心としたカード例

　長所は、どれだけ跳び続けられたか、伸びたかが明確である。回数と同じようにどれだけ跳び続けられるようになったかの判断基準としての時間は分かり易い。

　短所は、タイマーやストップウオッチ等がないと、正確な時間が計れない。

　一人一人跳ぶリズムやピッチ数ペース等が違うので、同じ時間でも多く跳ぶ子どもと少なく跳ぶ子どもと差が出る。

　時間も回数もほぼ同じような特徴を持っており、単調な取組みになりがちなので取組み方の工夫を検討する事が必要である。

　時間や回数では、求めている時間や回数はどこまで出来れば良いのか、なぜその時間や回数なのかを明確にして取り組む事と、達成出来ない場合の意欲面の配慮等もしておきたい。

＜時間を中心に作成したなわ跳びカード例＞

技名　　　回数・級	10級	9級	8級	7級	6級	5級	4級	3級	2級	1級
前一回旋一跳躍	15秒	30秒	45秒	1分	1分30	2分	2分30	3分	4分	5分
後ろ一回旋一跳躍	5秒	15秒	30秒	45秒	1分	1分30	2分	2分30	3分	4分
前かけ足とび		5秒	15秒	30秒	45秒	1分	1分15	1分30	2分	3分
後ろかけ足とび			5秒	15秒	30秒	45秒	1分	1分15	1分30	2分
前あやとび			5秒	10秒	15秒	30秒	45秒	1分	1分15	1分30
後ろあやとび				5秒	10秒	15秒	30秒	45秒	1分	1分15
前交差とび				5秒	10秒	15秒	30秒	45秒	1分	1分15
後ろ交差とび					5秒	10秒	15秒	30秒	45秒	1分
前二重とび					5秒	10秒	15秒	30秒	45秒	1分

（3）技を中心としたカード例

　長所は、初級から上級まで系統発展的に配列して取組む事により、自分のレベルに応じて練習出来る。

　一人一人が自分のめあてや目標の技が明確で意欲を持って取組める。

　出来る技が増える事によって、自信に繋がる。

　巧緻性や、瞬発力、敏捷性、リズムやバランス平衡感覚・調整力、タイミング、筋力等を含め、総合的に体力を向上させる事が出来る。

　１０進法で、１０回出来れば次に進めるので、「ちょっと頑張れば出来るかも知れない」という、挑戦意欲が持続出来る。

　短所は、指導側も子どもも多くの技を理解する必要があり、技名と動きが一致しない事がある。

　技により、回数の数え方が分からなくなるものがあり、間違う事がある。

　一人一人が取組む技がまちまちになる為、指導範囲が広がり大変である。

　これらの解消には、一人では全員に対応するのは難しいので、進んでいる子にミニ先生や、リーダーになってもらったり、技の図解や、解説の動画、視聴覚機器等で自分の跳び方の比較等を通して、練習する事も大切になる。

指導はやや大変だが、一人一人の能力に合った取組みである。

<＜技を中心にしたなわ跳び進級カード例＞

級	技　　　名	合格日	確認印	級	技　　　　名	合格日	確認印
44	前方順とび (一回旋二跳躍)	／		20	前方二回旋とび	／	
42	前方かけ足とび (一回旋二跳躍)	／		18	前方順と交差二回旋とび	／	
24	後方側回旋と交差とび	／		1	後方三回旋とび	／	

（4）学年毎に技を決めて取組む例

　長所は、技が限定されており、一斉指導や同じ技での指導や練習がし易い。

　時間や回数が決められているため、個人練習がし易い。

　短所は、定められた規定の回数や時間が出来てしまうと練習意欲が持続しにくい。

　1種目も合格出来ない場合、その後やる気をなくしたり、なわ跳びが嫌いになったりする事がある。

　種目が限定され時間が主なのでやや持久的な筋力を使う。

　これ以外の技が出来ても認定されない。

　定められた種目・技が学年として適切なのか、また時間や回数が学年の実態に合っているか等に検討の余地がある。

＜各学年の取り組む技＞　※　例のため、2～5年生省略

1　年　生	6　年　生
前とび30秒（一回旋二跳躍） 前とび15秒（一回旋一跳躍） 後ろとび10秒（一回旋一跳躍）	前とび　3分 後ろとび1分30秒 前交差とび1分 二重とび50回

3　年　生	＜認定または、合格・賞＞
前とび1分（一回旋一跳躍） 後ろとび30秒（一回旋一跳躍） あやとび15秒（一回旋一跳躍） 二重とび10回	3種目の場合3種目合格A級、2種目合格B級 　　　　　　　　　1種目合格C級 4種目の場合4種目合格A級、3種目合格B級 　　　　　　　　　2種目合格C級、1種目合格D級

（5）なわ跳びカード作成の注意や実施上の配慮

①かつて、子どものなわ跳びを時間跳びで行う場合、3分以上跳ぶのは望ましくないというレポートが出されている。考えてみれば、長く跳び続ければ持久走で培う持久力と同じになる。筆者も練習時に時々、時間や回数を多めに跳ぶ時があるが、両足跳びで、1分も跳べば足がつりそうな程ふくらはぎがパンパンに張ってくる。

　成長期にある子どもにとって単調であまり長く多くの時間や回数で同じ動きを続る事や一部の筋力トレーニングをするのは控えたい。

②なわ跳びを行う場合、特に膝に身体を支える為の大きな負担が掛かっている。なわ跳びは普通に歩いている時にも体重の2～3倍の負荷が掛かっており、なわ跳びをしている時には、歩く時より跳び上がり着地するという動作では、体重の何と6倍以上の負荷が掛かると言われている。

つまり、体重40kgの子どもがなわ跳びで一回跳ぶ度に２４０kgの負荷が膝に掛かるという事になる。大きな負荷でなわを跳ぶ度に膝の痛みとなる事がある。

　それが「ジャンパー膝」と呼ばれ、故障や怪我に繋がる危険性があると指摘されている。

　健康にも、体力作りにも良いなわ跳びであるが、成長期にある子どもの場合、単調な同じ動きだけでのなわ跳びを続ける事を目的とするのはやはり避けるべきである。跳ぶ場合は、動きや方向を変えたり、出来る技を少ない回数で組合せて跳んだりすると良い。

③小学校学習指導要領体育編では、低・中学年までに回数を求めたり、長い時間跳ぶ事を求めていない。高学年で回数や時間を決めてとあるが、それはエアロビクス的にとある事から、音楽に合わせて、跳び方や動きを決めて跳ぶようになる。

　特に小学校低・中学年では、実態として子どもは飽きやすく集中力が持続しにくい。

　また、時間とびで３０秒跳んだが、４５秒は跳べない場合、１０回は跳べたが１５回跳べない場合、友達同士の意味のある具体的なアドバイスは中々難しい。更に求める１５秒や、５回にどのような向上が期待出来るかを考えたい。

④学習指導要領体育編と子供の実態からすると、より多くの技や動きに挑戦したり、自分の出来る技を増やす為に挑戦して行くような活動の機会とすれば飽きずに練習し、更にそれらの技に取組んでいる内に神経系も筋力系も総合的に相まって体力が付くと考えられる。

　技が一つ長く出来るより多くの種目が出来るようになる方法では、楽しさも倍増し、挑戦していく練習の過程で、指示しなくとも自然に友達との意見交流等を通して、共に学ぶ姿も見られるようになる。

⑤例示が出来れば次の目当てにという学習指導要領の考え方では、１０回跳んだら十分その技は出来ているものとし、次の技に挑戦して行く事で、より多くの技を身に付けると共に、自信にも繋がり、次への意欲も持続する。

⑥小学校でなわ跳びを実施する場合、回旋数は前方後方共に、三回旋跳びが出来ればほぼ完成と言って良いだろう。小学校での体育時間内で、なわ跳び運動に掛ける時間は限られている。

　その為、背面交差跳びや混合交差跳びはつまづきも多く、関わりや指導で時間が掛かると、それ以降の技が用意されていても、挑戦出来ないまま取組み期間が終了してしまう等の理由から、素晴らしい技ではあるがなわ跳びカードにこれらの技を入れるのは中々難しい。

⑦全て１０回で進級するなわ跳びカードの中で一回旋系の技が終了した段階で、次に一気に二回旋跳び（二重跳び）１０回となっている事が一般的に多い。

　その為、二回旋跳びの級で１０回跳べないと合格出来ないというハードルが急に上がってしまう事により、挫折したり、つまづいたりしてそれより上の技まで頑張っても中々到達出来なくて取組みが終了してしまうという傾向が見られる。

「二回旋跳びは、壁だな」と考えるのではなく、なわ跳び進級カードや検定カード等で級を決める場合、回旋数が多くなる前に回旋と回旋の間の技を幾つか入れると、スムーズに習得出来るので、スモールステップと緩やかな段差を考慮して作成したい。（下図参照）

＜回旋数が上がる場合の繋ぎの技の工夫＞

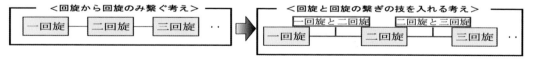

⑧評価との関連から学習指導要領に示す例示の技や動きを含めてなわ跳びカード等を考えて作成する事も当然必要である。

　我が国の学習カードや進級カードは世界で最も研究が進んでいるとされているが、いずれにしても完璧はなく、なわ跳びに取組む場合は、様々な点について配慮検討を加えて計画すると共に、家庭にも意義や目的、効果等について責任を持って説明出来るようにして、理解と協力を得られるようにしたい。

第3章　とびなわに関すること

1　なわ跳び用とびなわの分類

　なわ跳び運動にとって、とびなわの道具としての善し悪しが最も重要であり、それによって技能の向上も左右されると言っても良い。

　運動内容の用途によって使い分けたりする事もあるが、普段跳ぶにはスポーツとびなわ、体操等の利用には紐やロープ状のとびなわがあれば十分である。もし余裕があればビーズロープも面白い跳び方が出来るので、あると便利である。

　なわ跳びの競技者は、自作のとびなわで部品を交換しながらオリジナルとびなわを使用している人達も多い。ここで、それぞれのとびなわのタイプと特徴を紹介する。

（1）紐や布状のとびなわ

　これらは一般的に、幼児用・体操・新体操・健康用とびなわである。

　速い回転は難しく、切れると修理が出来ない事や、一度長さを短くすると長く調節出来ないという特徴がある。

　なわを使った体操や、置いたり縛ったり、引き摺ったりと初歩的な動き等に向いている。

一般用　　　　　幼児用

体操・新体操用

（2）一般市販のとびなわ

　安価でどこでも手軽に入手出来るとびなわである。きらきらして、色合いも豊富な事等から、一番多く見られるとびなわである。

　但し、中が空洞や螺旋状の物は切れると修理が出来ない、なわによっては軽すぎたり、回すと伸びが大きくタイミングが遅れる物もある。

　グリップが小学校高学年辺りからは短く感じ、跳びにくくなる時期が来るようである。

グリップが長いタイプもある

（3）スポーツ・競技用とびなわ

　グリップの長さ、なわの調節や修理、全体の重量や跳び易さ等において、安定したとびなわである。

　中には、人間工学的な見地からグリップの形状が持った時の形に合うように楕円形に作られた物、汗の滑り止め付きの物、冬場でもなわが硬くならない物、燃やしても有害物質が出ないように工夫されたエコロープ等もある。
　一本は持っていたいとびなわ群である。

（4）ロープレス・カウンター付とびなわ

　なわが短く、先端に重りが付いた物でなわ跳びをするという健康器具である。なわが足の下を通過する感覚がなわ跳びの醍醐味であるが、なわなしで失敗しないので誰もが自分のペースで簡単に跳ぶ事が出来る。

　このロープレスとびなわが意外に利点がある。
　一つ目は、初心者が持って回すと、左右がちぐはぐバラバラになり、安定して回らないので、左右対称にきれいに回しているかの確認が出来る。
　二つ目は、多回旋跳びの手首の回転を素早くする為に効果的である。
　跳ばずに手の練習だけ集中して出来る。二回旋や三回旋以上の回し方も十分このロープで効果がある。

　スポーツは感覚的な部分も大きい為、実際は跳ぶ事が出来なくても、「こんな感じだ」と言う事を摑める物があれば、より効果的である。
　正確に回さないと、不自然で回転がずれるので正確性がすぐ分かる。

　更に、回った回数やカロリー表示も出来る物もあり、ダイエット等に使い方によって利用すると良い。
　このロープレスのなわと重りを取って、別の重りや形状に付け替える事も、実際にとびなわに交換しても跳べるようにもなるので便利である。

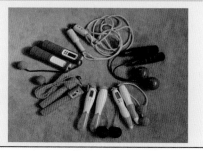

（5）ビーズとびなわ

　ビーズ状のとびなわは、実は海外から入り、近年国内でも生産されるようになったとびなわである。

　ビーズとびなわは、ダブルダッチ用や長なわ跳び用、二人組用等もある。

　ビーズは、癖がつきにくく、やや重みもあるのでなわの形も崩れにくい。簡単には割れたり、すり減って困るという物ではなく、やや長持ちし、中心の紐部分も手芸店かホームセンターでも手に入れられるコードである。

　股下の跳び方や姿勢変化、アクロバット系の動きの他、初歩的な跳び方であればやや重みもあり、なわへの伝達力が弱い一回旋二跳躍等の初期の動きも行い易い。

　但し、二回旋跳び以上では重みがある為、やや跳びにくく、技術系には向かないようである。

　カラーも豊富で部品も交換し易く、自分だけの色合いで作れるのでオリジナル性の高いなわ群で、子どもから大人まで使えるなわである。

様々なビーズとびなわ

（6）トレーニング系とびなわ

　ボクシングや柔道、レスリング、ボート競技、陸上の投擲等スポーツ競技種目の筋力体力づくりに利用する物と考えて良い。

　太くて重い物は、子ども達が跳ぶには筋肉や関節を痛める事や捻挫等の懸念がある。

　このトレーニングロープ形状の一部は、パラスポーツのなわ跳びの利用法が考えられる物があるが、一般的にはトレーニング系ロープは、普段行うなわ跳び練習には適していない。

（7）ワイヤーとびなわ

ワイヤー製は、ワイヤー自体も毛羽立ちにくく、表面をコーティングし、ベアリングや回転部分の構造も進化して、高速回転の必要な多回旋跳びの技に特化したなわに進化した。

手首が強く速く回す事が出来、跳躍力がある人が練習を積み重ねる際にこのロープを利用すれば、床等での四回旋や五回旋跳び以上の技に有効である。

しかし、複合系や接続の必要な技術系や変化技には向かないロープである。

理由は、素早い回転から回旋数を落とす際にかなり神経を使わないと、ブレーキが効かず何しろ当たれば金属であるからかなり痛い。
これを後方で顔や目に当てれば怪我をしないとも限らない。
いつか摩耗して、金属がむき出しになって当たったらと考えると冷やりとする。

筆者も多回旋用に使っていたが、こういうロープもあると言う事で、積極的に勧められるロープではない。
ワイヤー製とびなわというよりワイヤーを利用して作ったなわ跳びロープである。

これに似た物で、電気コードを半分に割って使うとなわのようになるが、安全性の面からも電気コード等も勧められない。

ワイヤー製はスポーツ競技用のとびなわよりもやや高価で、子ども達や、基礎的な動き、技能系を養う上で行うなわ跳びの場合には、特に使わなくても良いだろう。

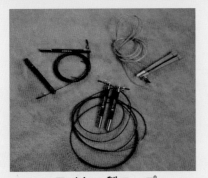

ワイヤー製ロープ

（8）自作のとびなわ

「跳び易く良いとびなわとは何か」を追究していく中で、多くのとびなわを試作した。

その際に配慮した事は、グリップ・把手部の長さや材質や太さ、重さについてである。

なわ自体は自作出来ない為、市販のなわを色々と買い求め、太さと形状、重さについて試し、跳び易いグリップ（把手部分）となわを合わせて自作のとびなわを製作した。

自作とびなわの良さは、
○世界にたった１本の自分だけのとびなわになる。
○自分の好みで色、材質、太さ、重さ、長さ等を選んで組合せが出来る。
○交換修理部品が入手出来、すぐに交換修理が可能である、等である。

円形状のパイプであれば、ほとんどなわ跳び用のグリップにする事が出来る。

自作したグリップを付けたとびなわは、みんなの注目の的ともなるが、自分の物や道具等を大切にする心も養う事が出来るのである。

各種の自作とびなわ

2　良いとびなわの条件を考える

　良いとびなわの条件とは何か、またその根拠について例を挙げて考えてみたい。

（1）グリップ部の太さについて

グリップの太さは他の日常の道具やスポーツの道具とどう関係があるか調べて見て

　日常生活で様々な道具を使用しているが、その太さに何か決まりはないのかを調べてみると次のようであった。

＜日常生活に見る道具等の太さ＞ （平均値）

箸一膳分　約１．５cm～２cm	箒の柄　　　約３～４cm
鉛筆一本　約７～８mm	はたきの柄　　約１．５cm
毛筆大筆　約１．５cm	
毛筆小筆　約８～９mm	

　次に、ラケットを使用する主なスポーツや体育使用施設物品等でその太さを見ると次のようであった。

＜スポーツ用具のグリップの太さ＞ （平均値）

卓　球	約２～２．７cm	鉄　棒	２．８cm
バドミントン	約２．７cm	竹　馬	２．０～３．０cm
テニス	約３～３．５cm	体操用輪	２．７～３．０cm
野球のバットエンド部	約２．５～３cm	ソフトボールバット	２．５cm

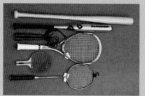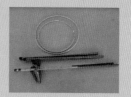

　調査比較から、細かい作業等を伴う道具は細く、大きく動かす作業をするには柄が全般的に太いという事が分かる。一見鉛筆と箸等で関連がないように見えるが、鉛筆２本分と箸の一膳分や小筆の２倍が大筆の太さで何れも約１．５cm程度となる。スポーツのグリップ等で意外な事にほとんど太さが同じ２～３cm程度だが、その動作には間があり、強く打つ事を求める為にやや太い。

　一方、なわ跳びの手の動きは、易しい技は軽く動かすが、高度な技は強く速く小刻みにと、ほぼ常に動き続けなければならないという、他に見られない特徴がある。

　これらの事から、人の手に握る太さは平均的に計算から導かれたある尺度に基づいて製品化されている事が分かる。

　そこで、実際に手の平を軽く閉じて出来た空間に棒等を入れ、自然に握れる太さとその空間を子供から大人まで計測した所、約１．５～２．５cm辺りの範囲であった。日常生活とラケットスポーツや実測を考え合わせ、更に子供から大人まで違和感なく握れる平均的数値は、グリップの太さ１．５～３cm以下が適正なようである。

手の平を軽く握った空間（正面・後ろ）　　　空間にグリッを入れて握る

（2）グリップ部の長さについて

① グリップの必要性と長さについて

　グリップが短くてもグリップが付いていなくてもなわ跳びをする事は出来る。
　しかし、グリップがないと手の力だけでの回旋となり、多回旋になる程難しくなる。グリップが短い場合は、交差等の場合なわが体に近づき過ぎてなわの軌道が狭くなり、わずかななわや回旋のぶれで失敗の一因となる。

　ではグリップは長ければ長い程なわ跳びのグリップに最適なのかという点で考えると、例えばグリップ部が菜箸のように４０㎝とすると、交差時に開いているグリップ部から閉じる動作でほんのわずかだがタイミングが遅れると共に、先端を大きく動かさなければならない。

　また、あまりに長いと自分の手元で回すという感覚とずれが生じたり、交差の時にグリップ部と手や体がぶつかったりして結局、無駄に長いグリップは邪魔で、交差時にタイミングが遅くなる為跳びにくいという事になる。

菜箸を持ち、なわ跳びの姿勢をすると

とびなわと菜箸を持って比較

② 日常生活上の持つ道具等からグリップの適正な長さを掴む

　人は、日常使用している道具の長さに違和感を感じない。日常的に使用している道具の長さを調べてみると、次のようである。

＜日常使用筆記具の長さ比較＞　　（平均値）

箸一膳男性用	２２．５～２３㎝	鉛　筆	１７㎝
女性用	２１～２２㎝	毛筆大筆	２５㎝毛を除くと２０㎝
幼児用	１５㎝	毛筆小筆	２０㎝毛を除くと１７㎝
児童・共通用	１７㎝．１９㎝		

　これらは、長年の職人の研究蓄積から割り出された長さで、表で分かる通り、長さがほぼ同じである。
　因みに、箸の長さは江戸時代に男は２３㎝、女は２１㎝とほぼ統一され、この長さを現在も受け継がれている。この長さには根拠があり（3）で詳しく説明する。

　つまり、違和感を感じない棒状の物の長さ、様々な体格の標準的な長さ等を考え合わせると、グリップの長さは大人用は２０～２３㎝の範囲で、１０歳以下の子供用は１７～１９㎝位が良いのではないかと考えられる。

　尚、小学校１．２年生位では、１５～１７㎝位でも良い。
　しかし、ここで子供用から大人用にいつ交換したら良いのかという疑問も湧くが、一人一人の発達成長によっても違う。筆者が園長時代、幼稚園・保育園の年長児の指導で大人用のスポーツ一般とびなわを使用してみたが、年長児の秋以降だと特に違和感なく使用出来る事が分かっている。

（3）自分に合ったグリップ部の長さについて

　なわ跳びのグリップの太さや長さの基準となる考え方について、一般的に人が生活する上で持って使用する道具は、身長や人の手の幅や大きさに深く関連している。
　特に「咫（あた）」が深く関係しているので、箸を基にグリップの長さを考察する。

＜箸の長さの決め方＞

○　手の親指から人差し指を９０度に開くと「咫（あた）」という単位になり、その長さは、自分の身長のおよそ１／１０になる。

○　箸を使った時、手が最も美しく、使い易い長さはおよそ「一咫半」である。現在は、「咫（あた）」１．３倍〜１．５倍位の長さが良いと言われている。

○　手を開き、手首から中指までの長さに３〜４㎝足すと自分の箸の使い易い長さとなる。

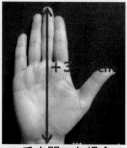

手を開いた場合

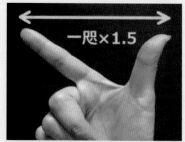

親指と人差し指で測った場合

　手に指３本を握ると太いと感じ、１〜２本だと丁度良い太さと同じなのである。更に、「咫（あた）」は、身長１６０㎝前後で１６㎝、身長１８０㎝でも１８㎝と、身長差を「咫（あた）」にするとわずか２㎝と違わない事から、およそのグリップの太さが決まる。

　「咫（あた）」の考えを基にすると、クリップの太さは手を軽く握った時に出来る親指と人差し指の第一関節から第二関節を合わせた時に出来る空間を図ると、各自のおよそのグリップ・把手部のサイズが分かる。

　人は、感覚的に自分の手の長さを感じており、箸を握った場合にもほぼ手と同じ長さには違和感を感じない。しかし、手と箸の長さと同じだと指先で物を掴んでいる感覚と同じなので、それに３〜４㎝足すと言う事なのである。

　因みに、筆者の手で見た場合一咫が約１７㎝なので、これを１．３倍すると、
　　　　　　　１７㎝×１．３倍＝２２．１㎝となる。
　また、手の長さでみた場合、手首から指先までは約１８㎝なので、これに４㎝足すと
　　　　　　　１８㎝＋４㎝＝２２㎝となる。
　はしは２本で一膳であるから、グリップを持つ太さで考えると
　　　　　　　１本８㎜×２本＝１．６㎝となる。

　筆者が３０年以上愛用のとびなわのグリップ・把手部分の長さは２２．５㎝で、太さは、１．５㎝とほぼ一致している。又、全重量は８７〜８８ｇである。

　グリップの長さや太さは、これらの尺度に当てはめると驚くほど合致する。

　　　自分の手を開いた場合の長さ＋３〜４㎝　＝グリップの長さ
　　　「１咫（あた）」×１．３〜１．５倍　＝グリップの長さ

（４）グリップ部分となわ部分の関係について

① なわの太さと跳び易さについて

　なわの太さに決まった太さはないが、紐状やビーズ状は太く、ビニールなどの材質は細く、一番細いのはワイヤータイプである。
　なわ跳びの技の上達用と考えると、跳び易い太さは３mm～５mm位が良いようである。

　筆者は４mmが好みだが、同じなわでも跳び続ければ接地部分のなわ中央は少しずつ摩耗し細くなる。練習してなじんだ中央が少し細くなったとびなわは跳び易く感じる。
　そこで、早く使い易い跳びなわを作りたい場合は、鍋等に水を張り、沸騰したお湯の中になわの中央を入れて３分ほど茹で、取り出してお湯を拭き取り、熱いうちになわの中央を足で踏んで伸ばしてから、急激に水に付けるとすぐ硬くなり、元の太さには戻らず中央が細いとびなわになる。
　当然ながら出来たなわは、なわの長さが伸びるので、必要な長さに調節してグリップに付ける事になるが、自然に摩耗して出来たとびなわの跳び易さにはかなわない。
　これは、あくまでも一方法である。

　なわの太さと重さには密接な関係は特にないが、材質によって太くても軽い物も、細くても重い物もあるが、市販の物では太くなればなるほど、重くなっているようである。

② グリップ部となわの重さについて

　様々なとびなわを計量して実際に跳んで見た所、次のような事が分かった。
ア　グリップ部となわの重さのバランスを考えると、グリップよりなわが重いと引っ張られるように感じ、高度な技や回旋数が多い技では手や腕、肩に大きな負担がかかっている状態になる。
　　反対に、なわの方が軽過ぎると空回りしたように感じ、実際に手元で振ったり、回したりした感覚よりなわが遅れて回り、非常に跳びにくく感じる。
イ　全重量は１００ｇを越すと重く感じ、７０ｇ位だと軽過ぎるように感じる。なわだけの重さは、個人毎になわの長さが違うので一概には言えないが、軽くて回しにくいなわ部は、４０ｇ以下で更に軽い３０ｇ台前後である事が多い。
ウ　グリップ部となわは、それぞれ５０ｇ前後で余り差が無く、合計では１００ｇ以内であると、跳び易いとびなわになる。

③ なわの確認保管

　なわもグリップも完璧な物はなく自然硬化や変色するので何年かするとどんななわも切れたり、グリップも割れ易くなったり、回転部分も摩耗してくる。
耐寒ロープでも５．６年が経過した辺りから切れる事がある。

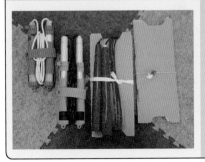
　特に屋外の土で使用後は、軽く洗うか、汚れ等を軽く拭き取り、摩耗や傷等の状態をチェックすると良い。外で使ったなわの汚れ等を落とさずそのまま体育館で使うと、床が傷ついたり、ほこりで白くなったり滑り易くなったりするので、なわは必ず拭いたり、洗ったりしてから使うと良い。
　とびなわの保管は、ぎっちり縛ると癖がついて跳にくくなるので、写真のようにある程度伸ばしたり大きめに軽く折り畳んだり、２０cm位の板状の物に巻いたりして保管すると、持ち運びにも良い。

（5）グリップ部の形状について

　グリップ部分の形状が例えば三角形や四角形等の角がある場合、しばらく握っていると手に跡が付くほど食い込んだりして握りにくいというのは容易に理解出来ると思うが、角張ったグリップより円形に近い方がどこを持っても持ち易い。

　グリップエンドがない物は、練習している時に手の汗で滑って気になったり、手から抜けてしまったりする事がある。

　同じプラスチックで成形された物でも一手間加え、写真右のようにグリップエンドにゴムキャップを付けたり、ラケットのグリップテープやテーピングテープ等を巻くと滑りにくく握りが安定する。

　グリップは、直線的で、後がやや膨らんでいて、滑りにくく円形に近い形状の物が、持ち易く、回し易く、跳び易いと言う事になる。

市販の物　　　　　　**自家製**

（6）なわの選び方について

　なわの一部３０㎝位を両手で持って横に引っ張るように伸ばし、その伸びと元の状態との差が２㎝位以内の伸びであるものが良い。

　横に引っ張って伸び過ぎるなわは、自分で回した感覚よりなわの先端が遅れて回る。伸びの少ないものは、手の回転となわの回転がほぼずれることなく回るが、跳躍と手の回旋タイミングがわずかでもずれると失敗する。
回旋上のわずかなたわみはある程度あっても良い。

　なわは中が詰まっていて、引っ張ってもあまり伸びない素材が跳ぶには適してる無垢（むく）素材のなわが良い。

とびなわ用のなわ

　最近のスポーツ用や競技用とびなわと呼ばれているとびなわのほとんどはこの素材である。この素材は切れても修理が可能であり、なわの素材として一番お勧めである。
　この無垢素材には、塩化ビニル製の材質が多くあり燃やすと有害な物もあり、なわが切れた時に修理の為断面を溶かすと、煙といやな匂いを発する。

　完璧な物はないが、メーカーの中には研究され、冬でも硬くならない耐寒ロープ、燃やしても大気を汚さないエコななわ素材も使われるようになって来ているので、お勧めである。

　とびなわ購入の際は、製品の品質表示をよく読んで購入したい。

　学校で子ども達が使用するとびなわは、技能の習得も早く、時間や回数跳び、様々な体勢で跳ぶには、グリップ部分の長いもので、重さや持ち易さ、なわの太さ等が研究されているので、一般的にスポーツ・競技用として販売されているとびなわが総合的に見て良いだろう。

（7）なわが切れた場合の修理について

　　どんななわも切れない物はない。グリップ部となわの付け根接点部分、中央の接地部分は特に切れ易い。跳び易いとびなわは、切れても修理して大切に使いたい。

　　しかし、切れたなわを修理して使う事は意外に少なく、すぐに新しいとびなわを買う事が多いのではないだろうか。
　　なわ跳びを続けている競技選手等は、とびなわを大切にし何年も同じなわを使い、接着したり、部分的に予備のなわと交換しながら大切に長く使用している。
　　上達すると同時に、次第に道具類も大切にするようになると言っても良い。

　　一般的に、エコロープや耐寒ロープを含めた無垢素材のなわは、接着して利用し続ける事が出来る。太さの違うなわでも無垢素材であれば違う素材でも接着は可能であるが、同じ素材同士よりは長持ちせず切れ易い。

　　中が空洞のなわや、紐布状のなわ、中が螺旋状のなわは、残念ながら完全には接着出来ない。修理や後々の事を考えると、良いとびなわを使う事が大切なのである。

　　子ども達の場合切れたなわの接着の様子を見せる事で、自分のとびなわに愛着を感じ、物を大切にする心を学ぶという教育的効果も期待出来る。
　　この方法で色の違うなわを接着すると、カラフルな世界でたった一本のとびなわを作る事も出来るし、創意工夫というアイディアに結び付く心も養う事が出来る。

　　筆者は多色を接着したり、二色のなわを接着したりした場合は、左右のなわの動きが違う場合やなわの持ち替え跳びの模範等に使用する等して、楽しくなわ跳びをする方法を伝える道具の一つとして利用している。

　　なわ同士の接着には、火傷に注意し使い捨てライター等を利用する事で十分に接着出来る。
　　接着部分はカッターナイフや小刀で成形するが、冷えるとなわが固まるので、刃がよく切れないと中々切り落とせず、力加減が上手くいかず誤って手を怪我するので注意したい。

＜切れたなわの修理方法・手順＞

１ 断面切断　→　２ 熔解　→　３ 接着結合

切れた部分を切り落とし、両方綺麗な断面にする

ライターの内側の炎で、表面だけ溶かす

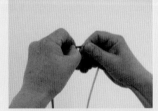

素早くこつ合わせて、中央に強く押す

４ 成形　→　５ 確認　【接着失敗例】

冷えたら、カッターで溶けた接着部分を切り落とす

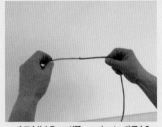

表面全体を見て口が開いていないか、確認する

表面や中に焦げや、口が一部でも開くとやり直し

3　適正ななわの長さについて

　　跳び易い適正なとびなわの長さは、何と関係があるのか紹介したい。

（1）身長に関係している

> 　技能が同じだとしたら、子どもと大人とでは**身長が高い方がなわの長さは**当然ながら**長い。**

（2）技能に関係している

> 　同じ人でも、なわ跳び初心者時と上級者になった頃ではなわの長さは違う。
> 　**技能が上達するに従い、なわの長さは短くなる。**

（3）前方系と後方系ではなわの長さが違っても良い

> 　これは全ての人に当てはまる訳ではないが、上級者の多くは材質が同じとびなわで、前方系のなわは短く、後方系に使用するなわは前方系より若干長いとびなわを使用している傾向がある。
>
> 　若干とはどれ位かと言うと、個人差はあるが前方用と後方用では約５〜１０cm程、後方用がやや長いとびなわを使用しているようである。
>
> 　つまり、なわ跳びの技能が向上すると、なわ１本ではなく最低２本以上必要となり、ジャンピングパネル用や床用等でも何本か使い分けする事もあるのである。

（4）人の重心位置となわの長さの関係

> 　具体的ななわの長さの決め方について、人の重心位置で見ると分かり易い。まず、下の図をご覧頂きたい。

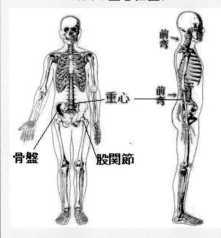

<人の重心位置>

前弯

前弯

重心

骨盤　　　股関節

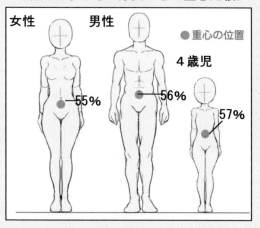

<成人と子どもの床面からの重心比較>

女性　　　男性　　　　　●重心の位置

４歳児

55%　　　56%

57%

> 　人体の重心の位置は骨盤内の仙骨（第２仙椎）やや前方にあり、臍のわずかに下の所で、丹田とも呼ばれている所にある。
> 　個人差はあるが、成人男性と成人女性の重心位置はわずかに異なる。
>
> 　４歳児は成長過程でまだ頭が大きく、重心位置は身長の約５７％の位置にあり大人より重心位置が高く、頭の大きい４歳児は転ぶ傾向があるのは、頭が大きく重く、重心位置が高いので力学的不安定が原因の一つだと言われている。
> 　逆に成人女性が重心位置が低いと言う事は、力学的にも安定していると言える。

幼稚園でかけっこをさせると、４歳児学級の春辺りではほぼ走ると言うより早歩きをしているかに見えるのは、脚の筋肉や神経が未発達であると同時に、本能的に重心を安定させ転ばないように動いているからである。

　また、なわ跳び遊びをしている様子を観察すると、４歳女児の１／３位は上手に一回旋二跳躍で跳ぶ事が出来る位になっているが、４歳男児はまだほとんど連続して跳ぶ事が出来ない状態が見られる。

　小学校入学後も、女子の方が４年生位まで全体的になわ跳びが上手なのは、男女の重心位置や骨盤の構造の違いに関係していると考えられる。

　一方男子は、５年生を過ぎた成長期辺りから筋力も付き、女子を上回る技能でなわ跳びをする子どもが出始めて、少しずつ男女差がその後逆転していく。

　なわの長さは人の重心位置と関係が深く、最終的には重心位置の脇辺りになわを回す手が来る。

　手を中心として、頭から足裏まで回転する円運動に近い動きが必要なので、重心位置から次の計算式を使っておよその適正ななわの長さを知る事が出来る。
これは標準的な数値なので、当然個人差に応じて長さを増減し調節する。

＜計算例＞　身長１６７㎝成人男性の場合の標準的ななわの長さ

	１（身長＋靴の厚さ約３㎝とする）×重心位置（55又は56％）×２をして、重心位置脇に手を置く長さを計算する ２　左右の靴の横幅を１０㎝×２を足す ３　１から３までで出した数値は、重心位置として５０／１００より上にあり、なわを踏んだ状態なので頭上は隙間があるが、足の下は回らない長さなので、そこに手首が片方で上下する１０㎝から２０㎝位の回転する余裕を持たせた長さを足す
計算式	**（身長＋靴）×（重心×２）＋靴横幅＋余裕＝なわの長さ** （１６７＋３）×（０．５６×２）＋２０＋２０＝２３３．８㎝ 身長との差は　概数２３４－１７０＝６４㎝となる。

成人女子の５６％でも、幼児の５７％でもほぼ同じ結果となる。
この結果から、技術の習得状況と身長の伸び等から次のように考えられる。

　標準的ななわの長さは身長＋６０㎝±約１５㎝位の範囲であれば良い。

　一度計算してみると面白いだろう。
　例として、筆者が愛用しているとびなわの長さを身長と比較してみよう。
　使い分け用途によって、なわの長さにも幅があるのが分かるだろう。

＜なわの長さと身長との比較＞

用　途	なわの長さ	－	身　　長	＝	身長との差
前方用	２２７ ㎝				６０ ㎝
後方用	２４０ ㎝	－	１６７	＝	７３ ㎝
床　用	２１２ ㎝				４５ ㎝

（５）なわの長さを目安として決める方法

なわの長さを計測・計算しなくても、およその長さを決める事が出来る。

但し、あくまで目安であるので、個々に微調節するのは当然だが、初心者や初級者の場合、通常使用しているとびなわを一度に１０㎝以上短くしない方が良い。

それは、自分のなわの長さに慣れており、急激に調節すると途端に失敗率が高くなり、リズムが取れなくなって跳べなくなる場合があるので注意したい。

現在の長さと目安の長さに大差がある場合は、無理に短くせず少し観察し様子を見ながら一日１〜２㎝位ずつから長くても５㎝位の間で徐々に短くして行くと良い。その程度であれば違和感なく跳ぶ事が出来ると共に、技能と次第になわの長さが合うようになる。
つまり、微調整しながら徐々にその長さに慣らすのである。

その際、なわを切るのがもったいないとグリップの内側に縛ったり、折り込んだりしてはならない。なわが回転せず絡まって連続して跳べなくなってしまう。

縛って入れない

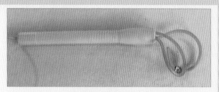
折り畳んで入れない

また、なわが長いからと臨時的には良いが、調節する為にグリップの下あたりにこぶを作るようになわを縛って短くしない方が良い。

通常は、グリップ内に１０㎝程予備を残して微調整を行うか、修理可能ななわは余分な長さを切って保管し、後に切れたら接着調節に利用する。

なわが回っている状態と人との間は最終的には頭と足下２０㎝以内になわが回っている状態が良いとされている。
技能レベルとなわの長さについておよその目安は次のようである。

＜なわと技能との関係で調節する長さの目安表＞

段階・技名／長さ	片足でなわを踏んだ長さ	両足でなわを踏んだ長さ
なわ回しがやっと	口から耳の間位	肩の高さ
一回旋二跳躍レベル	肩とあごの間位	肩から下に５㎝位
一回旋一跳躍レベル	肩辺り位	乳腺上５㎝位で、脇の下辺り
順と交差、交差跳びレベル	肩と乳腺の間位	乳腺の高さ位
二回旋が出来始めレベル	乳腺辺り位	乳腺下５㎝位
二回旋が安定したレベル	乳腺下５〜１０㎝位	臍の上１０〜１３㎝位
二回旋の変化技レベル	臍と乳腺の間位	臍の上５〜８㎝位
三回旋跳びレベル	臍から１０㎝位上	臍の上３〜５㎝位

4 グリップの持ち方と種類

　なわ跳び運動を効率よく行う為にはグリップの握り方が大切であるが、なわ跳び初心者等の場合、一生懸命練習しているとグリップを握っている手の皮が剥けてしまう等、良い持ち方をしていない事が多い。

　テニスやバドミントン、卓球のラケット、野球のバット、ゴルフクラブの持ち方等、握って振る動作を持つラケットスポーツも、とびなわグリップの持ち方に似ている。

　次に、とびなわグリップの良い持ち方や持ち方の種類等を紹介する。

（1）跳び易い良い持ち方とは

　跳び易い良い持ち方は、次のようである。
　強く握らず軽く握るが、初心者ほどぎっちり握り、腕や手が疲れてしまう。
　グリップエンドより内側を持つと、グリップの長さや手首の回転を効率良く生かせない。

<＜良くない持ち方例＞>

　長いグリップの中央辺りをぎっちりグーで握っている。

　てこの原理が生かせず、握りが強いと、手首が動かせず速い回転が出来ない。

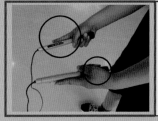

　人差し指を伸ばして持っている。
　一回旋系のあややや交差系にごく一時期このように持つ事があっても、以後、速く細かい回旋動作が出来にくくなる。

<＜良い持ち方例＞>

　手の甲からも手の平からもグリップエンドが見えないように指1本分、後ろを空けて持つ。

　親指と人差し指をわずかに前にして軽く握る。

　鉛筆や筆、はし等の正しい持ち方とほぼ同様になる。

　とびなわのグリップは、下の写真のように軽く握り、形として親指は上から軽く伸ばして人差し指は軽く曲げ、中指・薬指・小指はグリップエンドを包むように握っている。
　適切な表現は難しいが、良いグリップの持ち方は「摘まみ食いをする時の手や指」を想像・イメージすると分かり易いだろう。

横から見た良い持ち方

上から見た良い持ち方

（2）グリップの握り方や持ち方の種類

　　器械体操の鉄棒で「順手」、「逆手」、「片逆手」という持ち方・握り方の名称がある。

　　鉄棒は固定されており、人が握って変化するが、なわ跳びの場合、握った部分と人の動き両方が変化するので、鉄棒の名称では全てが片付かない。

　　これまで、握り方と名称に関しての文献が見当たらず、３種類の握り方、持ち方について筆者が付けた名称である。

　　次に、その持ち方と跳ぶ場合の特徴について紹介したい。

①　「外握り」の持ち方

　　通常なわ跳びといえばこの握り方である。親指と人差し指が外を向いているので「外握り」と称する。

　　持つ時は下から握るようになるが、実際になわ跳びをする時にはグリップは、上から持って手が外向きになっている状態になっている所から付けている。

「外握り」の持ち方　　　　　　　　　跳んでいる時の様子

②　「内握り」の持ち方

　　グリップを上から握る持ち方で、「内握り」と称する。この状態でなわを回すとボートのオールを漕ぐ時に握るような持ち方に見える。

　　子供達のほとんどは誰にも教えられないで遊びの一つとしてこの持ち方をしている。学校等でこの持ち方をして跳んでいたら、指導者等から「ちゃんと持ちなさい」とか、「ふざけてないできちんと持ち直しなさい」等と言われるかも知れない。

　　なわ跳び運動としては不自然に見える持ち方であり跳びにくく感じるが、この持ち方で高度な技までほとんどの技が跳べる。一度跳んでみて欲しい。

　　手首や指の不自由な人の場合、それに対応するこのような持ち方でも良いのである。

「内握り」の持ち方　　　　　　　　　跳んでいる時の様子

③ 「交互握り」の持ち方

　　　片方が外握り、もう一方が内握りの持ち方を「交互握り」と称する。交互握りは
左右を反対にすると二種類の持ち方が出来る。
内握り・交互握り共に、仮に手指に障害があり、どうしても外握りが難しい場合は、
内握りでも交互握りでも持てる持ち方で良い。

「交互握り」の持ち方

（左手内握り・右手外握り）　（左手外握り・右手内握り）
跳んでいる時の様子

　　とびなわの握り方は、以上のように「外握り、内握り、交互握り」の３種類あり、いずれも
正しい持ち方である。もちろん通常は、外握りが一般的で跳びやすいが、障害のある方にも持
ち方の工夫だけでも配慮すれば対応出来る事もある。

　　また、これらの持ち方で順跳びだけでなく、交差やあや系も、側回旋系も、二回旋以上も、
そして前方も後方も出来るので、是非この持ち方全てを経験して欲しい。

第4章　なわ跳び運動練習の注意と工夫

1 場所となわ跳び

　一般的に練習場所は自宅の庭、近くの空き地や公園、時には道路や舗装されたアスファルト、コンクリート等堅い所もなわ跳びの練習場所になる事もあるだろう。

　体育館や床のフロアーでは、天候にも左右されず安全に沢山の人数で一斉に跳ぶ事が出来る。場所による注意点と工夫を次に紹介する。

（1）土の上で行う場合の注意

> 　練習場所が土や校庭等の場合は、近くに人が居ないか周りに気を付ける事はもちろん、なわが回る事によって地面の小石や土、砂等が飛び散る事があるので注意する。
> 　また、わずかな凹凸で足首を痛めたりするので、跳び始める前に跳ぶ場所の安全確認も大切である。
> 　楽しいなわ跳びで怪我をすると一瞬のうちに楽しくなくなる恐れがあるので、十分注意して行いたい。

（2）コンクリートやアスファルト等で行う場合の工夫

マットの上で跳ぶ

　練習環境で堅い場所で練習する場合、バスマットブロックマット等を一枚下に敷いて、行うと良い。

　平らな場所で行うと共に、バスマットは裏の凹凸が少ない物を利用すると良い。凹凸があると折角のなわ跳びで怪我をする事もあるので、注意したい。

　わずか1cm程度のマット等を敷く事により、なわに傷もつかず、減りも抑えられ、足首や膝、腰等への負担軽減となるので利用すると良い。

　下に敷くマットは、ブロックマットやバスマット等で良いが、バスマット等の場合は写真右下のような縦に溝等があるマットはへこんで跳びにくいので、選ぶ時に形状にも注意したい。

　屋外で風の強い時等は、なわが上手く回らなかったり、呼吸も苦しくなりがちなので、気象条件にも注意して行うと良い。

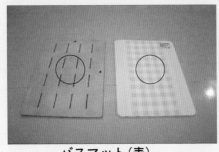

バスマット（表）

バスマット（裏）比較

（3）ジャンピングパネルでのなわ跳び

　二回旋跳び以上の練習には、ジャンピングパネル(跳躍台)利用が効果的である。
　ジャンピングボード、なわ跳びボード、なわ跳びジャンプ台等とも呼ばれている。
　これを使う事により、高い跳躍や多回旋の複数跳躍も可能になり、跳躍での膝や腰への負担も軽減される。
　市販の物も良いが、ロイター板やベニヤ板での代用も可能で、自作も出来る。

市販や自作のなわ跳び用の各種ジャンピングパネル

ロイター板や上にベニヤ板を乗せてのなわ跳び

　なわ跳び用のジャンプ台・ジャンピングパネル発祥の歴史を簡単に紹介する。

　板の上で跳ぶという事は、昭和初期に福岡芸術大学の山内日吉氏（当時）は「リズム縄跳び」という著書の中で「厚さ33㎜位の少し弾性のある体育館のような板張りの上で跳ぶと良い」とある。

山内氏の著書「リズムなわ跳び」と33mmの板の上で跳ぶ様子

　ジャンピングパネルの製作ルーツは、太田昌秀氏(順天堂大学、上越教育大学、聖徳大学元教授)である。
　器械体操のタンブリングバーン等と自宅で家の棚板を下ろしその上で跳んだのが、ジャンピングパネルの基になったようである。
　その後、船橋二和高校や習志野健伸スポーツクラブ等で、台の足部分を固定したパネルが作られて現在の形になった。
　なわ跳び用ジャンプ台・ジャンピングパネルの発祥は日本である。

　手作りジャンピングパネルを製作する事も出来る。製作には、コンパネや角材、木ネジに木工ボンド、足の下部分にはバスマットのようなスポンジとカッター、カーペット用の両面テープ等があれば完成する。

　パネルのサイズは2通りあり、ホームセンター等で入手出来る3×6尺サイズと、注文による4×8尺サイズがある。厚さには18，24，30，33mm等があり、更に薄い板を組合せてプレスする事で、好みの厚さにする事も出来る。
　但し、木材等自然素材は二枚と同じ物はないので、完成後の弾みや堅さは同じ厚さのパネルでも若干異なる。
　完成時の厚さや堅さ弾みの選択は、体重や跳躍能力により異なる。

2　なわ跳びが上達する上で利用したいもの

　なわ跳びの技上達の為に利用したいものとは何か、次に紹介する。

　この他にも、身近でなわ跳びに効果的な物があれば是非利用したい。

（1）自分の影を見ながら跳ぶ

　外で天気が良く太陽が出ている時には、自分の影を見て跳ぶと良い。
　跳ぶ時は、影がほぼまっすぐになる方向を見ながら跳ぶと良い。
　室内の場合でも、窓から差し込んだ太陽光を背にし、影が見える方向を見て跳ぶ。
　室内の場合、太陽光が入る場所が限られる為、外で跳ぶより人数は限られるが、効果は変わらない。体育館の水銀灯でも影が出来るので見て跳ぶ事が出来る。

　不思議な事に、自分の影を見ながら跳ぶと、なわの動きや自分の跳んでいる動きを確認しながら跳べるからなのか、何も見ないで跳んでいる時より失敗回数が減るようである。是非試してみて欲しい。

太陽を背にして自分の影を見て跳ぶ

窓からの光で影を見て跳ぶ

（2）鏡や窓ガラス、扉のガラス等に写った自分の姿を見ながら跳ぶ

体育館の鏡で自分を見て跳ぶ

　学校の体育館に鏡がある場合は扉を開け、鏡に映った自分の姿を見ながら跳ぶと良い。
　2～3人は一緒に跳べるので、跳びながら自分の姿を見たり、友達と比較したりすると、上達が早くなるので利用したい。（写真左）
　備え付け鏡がない時は、家庭用の姿見等移動式の鏡でも同様に、フォームを是正の効果を上げる事が出来る。（写真下）

　また、練習場所に丁度良い高さに窓ガラスや扉等があれば、そこに映る自分の姿を見て跳ぶ事も出来る。場所に見合った安全に利用出来る効果的な器具等は、是非練習に活用したい。

移動式の姿見を見やすい場所に置き、角度を調節して見ながら跳ぶ

3　なわ跳びの指導における技能向上の工夫

　何も使わずに、自分を自己分析し上達するのは通常中々難しい、特に初心者や子供であれば尚更である。そこで、なわとびの技能向上の工夫を次に挙げてみたい。

（1）意欲が出る助言や賞賛、励ましとは

　「もっと頑張れ」、「練習が足りないからだ」、「間違っているよ」、「何やってるの」、「何度言ったら分かるの」、「何でこんなの出来ないの」等、マイナス面の言葉は練習の意欲を失い、なわ跳びが嫌いになったり、落ち込む原因となったりしてしまうので注意したい。具体性に欠けた声掛けは、あまり効果がない。

　それに対して、「今、なわがこんな感じになっているよ。」「ここをこう直すといいよ、体（手・足）がこうなっているよ」、「ジャンプやタイミングがこうだったよ。」「よく頑張ったね、今ここまで出来たよ、後もう少しだよ」「次はこれを注意してみたらどうかな」等、実施者の状態を具体的な言葉として伝えると、次への目標が見えて来るのである。

　また、失敗には、『良い失敗』と『悪い失敗』があり、良い失敗とは、一回一回の練習や技に対して課題を明確に持っていて、跳び終わった時に振り返り、今どうして失敗したかを考え付く事であり、次はここを注意したいとか、今少しここが変わったとか、ここまで出来たとかという失敗であり、改善、解決に繋がる失敗である。

　一方悪い失敗は、何回も何回も頑張って練習しているが、本人に確かめると、本人自身が自分の課題をよく考えないで同じ失敗を何度もしてしまうような事である。悪い失敗は悪い癖にも繋がってしまいがちなので、今のはどうだったかと、自分を見つめ直すような言葉掛けから次への課題解決のヒントを持たせるよう助言したい。

　特に、技能が未熟な実施者の場合、自分自身の動きがよく分からない状態であるのでわずかな変化を見逃さず、優しく丁寧な言葉掛けとその変化を具体的な賞賛の方向へ導く声掛けをしたい。

　上級者でも更に難しい技に挑戦している場合は、壁にぶつかり意欲をなくしたりしている事もあるので、その技を一回旋リズムに直して、ゆっくりした動きで確実に体に覚え込ませてから練習させる方向付けも必要である。

　実施者は、自分の出来ない未知の技に常にチャレンジしているので、始めはどこにポイントを置いて自分の課題を解決するのか等を具体的にしてから自分の練習に取組ませる事により、自分を振り返る良い失敗に繋がるのである。

　現在どんな状況であるか、実施者に記録として示したり、一人一人の動きの特徴や分析には、『短なわとび個人カルテ』等を利用していくと、実施者の特性や癖等が分かるので積み重ねて活用していくと、その後の変容比較の資料としても得るものが大きい。(資料編238ページ参照)

　ある程度技が出来る場合は、鏡の前で一緒に跳んで見せて、自分との違い掴ませるという方法も、動く良いお手本となる。

鏡の前で共に跳び、助言しながら練習する

　鏡は、動きながら目の前で意識しながら跳び方やフォームを確認出来ると共に、改善に結び付くのである。
　脳科学で言うところの「ミラーニューロン」の発達である。

（２）実施者同士のアドバイス

　　多人数で一斉に練習する場合、全ての実施者の状況把握は不可能である。
　　そこで、場の設定や課題別グループ等の配慮が必要で、見て回る順番は特に今日配慮して指導したい、先に見ておきたいグループや個人を決めておくと良い。
　　しかし、時間内に全員への対応は難しいので、実施者同士のアドバイスが良い。
　　実施者同士は、大人からの指導助言より身近で相談や声掛けがし易く、励みとなる事も多いので、自分より一つでも出来ている者は「ミニ先生」や「リーダー」等となったり、今日のミニ先生や技の先生になって助言させたりして行くと、共に高まったり、自分自身の技も確実になったりする事が期待出来る。
　　上達している実施者に、ミニ先生やリーダー等を与えたりする事は自分自身への励みや自信にも繋がるので効果的に活用したい。
　　しかし、技能やその技の知識が身に付いていないと友達への具体的なアドバイスは難しい。その為、指導者側も関わりながら技のポイントが分かるプリント等を渡したり、見える場所に掲示しておいて見させたりして、全体の底上げを図って行く工夫や準備、場の設定も大切となる。

一緒にやってみる　　　資料を見てアドバイス　　　見本を見せて

（３）練習日誌や自己評価の活用

　　一日の練習にどんな技をどれだけの回数練習したか、その技を何回成功したか、体調や意欲はどうだったか、先生やみんなからのアドバイスや感じた事等を記録する事により、自己評価にも繋がり、積み重ねて行く事で振り返りの貴重な資料となる。上手な子とそうでない子に練習の差が見られるのか、確実性はどうなのか等、実施者自身も指導者側も共に参考になる資料を得る事も可能である。
　　工夫した自己評価カードや練習ノート・日誌等を作って活用継続を累積し、これに目を通しながら指導者側との交流で更に自己評価や自己分析能力の向上も期待出来る。

＜なわとび練習確認シート例＞

月/日	曜日	練習時間	取り組んだ主な技	成　功	失　敗	合　計
12／5	金	○校時	○級　　○級 二回旋とび 二回旋と交差とび	正　正　正 ―　　　16	正　正　正 正　正25	41回

体調	◎	意欲	○	感想等	二回旋とびがだんだんできるようになりました。

どうしてもとちゅうでだんだんジャンプができなくなったり、はやくなったりしてしまうことがありました。

今度は、同じリズムでがんばって10回までいつもできるようになりたいです。

（4）視聴覚機器等の利用

　　跳んでいる様子を客観的に見て課題点を解決するには、言葉だけでなく映像で確認しながら行うと効果的である。

　　ミニホワイトボードでポイントを書いてもらったり、ビデオやスマートホン、タブレット、デジタルカメラ等を利用して跳んでいる姿を撮影し、跳び終わったら自分で見たり、一緒に見ながらアドバイスを受けて練習したりすると良い。
　　常時は出来ないが、撮影した映像や画像を保存しておくと、跳び方の変容を確認する事も出来るので効果的な資料となる。

　　また、写真に加工しみんなで見合ったり、意見を出し合ったりして行く事により技に対する考えや見方が深くなったりするので、時々状況に応じて活用したい。
　　大きな三脚までセットしなくても、固定して簡単に撮影出来る各種のスマートホンやタブレット用のホルダー等も市販されているので、利用するのも良い。

　　視聴覚機器等の利用と効果には、主に次の事が期待出来る。
　　これ以外にも利用の仕方の工夫により、大きな効果を生むので取り入れると良い。

〈視聴覚機器利用による期待される主な効果〉

1　一人の時にも利用出来る。
2　分割表示等で、模範演技と自分の演技の比較が出来る。
3　複数台使えば、自分と友達等との比較が出来る。
4　練習前と練習後の変容比較が出来る。
5　繰り返しリピートしたり、少し戻したりして詳しく確認出来る。
6　スローモーションやストップして流れや課題を明確に掴める。
7　跳んだ後、すぐにその場で確認出来る。
8　全体に向けての動く資料として利用出来る。
　　友達の演技を見ていなくても、出来た事や変わった所、課題や注意点等の確認が出来る。
9　プリントすれば掲示用にも資料としても利用出来る、等である。

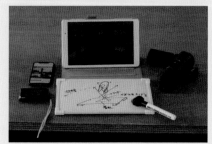

スマホ・タブレット・ビデオ
デジカメ・ミニホワイトボード等

跳躍をいろいろな角度から撮影利用

（5）なわ跳び練習の準備物の工夫

　　なわ跳びを行う際に効率的に行ったり、確認したり、とびなわが破損した時等に即座に対応出来るような準備をしておくと良い。

　　また、準備物は全員対象として利用出来る物が望ましい。

　　実施者に安全な利用の仕方や約束等を示しておくと、用具の対応で時間が削られる事なく、効率的に多くの練習や指導時間を確保出来る。

　　この他に良い準備物があれば、是非備えておきたい。

＜なわ跳び練習の主な準備物表＞

準　備　物	利　用　の　仕　方
予備用とびなわ	壊れたりする事もあるので、直ぐに跳べるようにする為、最低１０本位タイプ別に何種類か用意する。
修理用具・部品　　等	修理部品や修理道具を入れるためのケースに入れて持参し、修理調整時等に対応出来るようにする。 　ペンチ、カッター、カッター台、ピンセット類、グリップ内引き出し用棒、ハトメ、接着時のライター、ワッシャー、修理用予備なわ各種　確認用・合格印　等 <div align=right>ハトメ＝ひもなどを通す穴の補強やアクセントに使うもの</div>
メトロノーム	ペースやピッチを、マイクで大きく聞こえるようにすると全員で確認出来るようになる。 　長なわ跳び練習時にも利用する。
カウンター	ペースや跳んだ回数を数える。 　各グループに１個、複数準備する。
ストップウオッチ	練習時間やタイムの計測　等に利用する。
ホイッスル	電子ホイッスルを開始・終了合図等に利用する。

予備用なわ類

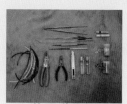
修理道具類

計測関係

第5章　なわ跳び運動練習の工夫

1　なわ跳びの「3の原理・原則」

　なわ跳びを練習する際に注意したい事が幾つかあるが、それを分かり易く「3の原理・原則」として紹介する。

（1）なわ跳び「3」の要点

　なわ跳びの技や動きの要点を分かり易く言うと「リズム」「バランス」「タイミング」の3点に集約される。

　一定のリズムを保持すると跳び続けられるが、リズムが不規則になったり、狂ってしまうと失敗の原因となる。

　空中でバランスを崩すと着地姿勢も崩れて失敗する。
　また、着地場所が動いてもバランスを崩す。一定の場所で一定の高さの跳躍、足の裏から跳躍に移る重心がスムーズに一定である事、着地での足の位置や着地の時の腰や膝、足首の角度等全てにおいて、バランスが崩れると失敗する。

　長い時間跳んでいるうちに跳び始めた場所から前や横に動いてしまったり、中には左右どちらかに回転するように跳んでいる様子を見る事がある。
　これは重心・バランスがどちらかの足に強く掛けられたり、前や横、どちらかの内側や外側に傾いたようにずれている事の表れである。

　タイミングとは、なわの回旋とジャンプのタイミング、着地となわの回旋のタイミング、跳躍前になわの回るタイミング等のずれから、体や足になわが当たって失敗する事である。
上手く安定してタイミングを合わせ続けないと、10回跳ぶ途中でなわが足辺りに当たり失敗する。

　なわ跳びは、跳びながら全ての感覚を調整する力が要求されるのである。

（2）跳ぶ時に曲げる「3」のくの字

　「ピンと姿勢を正して」と言われたりするが、その姿勢では長く跳び続ける事は難しい。

　写真のようにジャンプして下りた時の姿勢を見ると、着地で身体を安定させ、腰、膝、足首が軽く曲がって次のジャンプの準備をしている。
　床や地面から跳躍に入る瞬間は腰から下は伸び上がるようになるが、空中では、腰・膝・足首を軽く曲げ3つのくの字となる。車のサスペンションがクッションを和らげるのと似ており、人のサスペンションとしてのこの3点を軽く曲げて跳ぶ事が大切である。

　この3点を軽く曲げる動作をなわを持たずに、その場で曲げ伸ばしを軽く行ったり、なわを踏んで外れないように軽く小刻みにジャンプしたりすると身に付ける事が出来る。手は最終的には腰の脇に来るが、駆け足進めの号令時の位置と同じと考えると分かり易い。

　3点を軽く曲げると共に、前傾姿勢角度は気持ち3度位と考えると良い。

ジャンプ後の着地の姿勢

なわを踏んで小刻みにジャンプ

（3）見て跳ぶ視線の先の「3」

　一回旋系の簡単な技はどこを見ながらも跳べるが、二回旋跳び以上の技では、視線や視点を定めた方が安定して跳躍し続ける事が出来る。
　その視線は足下から約3m先付近で、自分のなわを伸ばした先辺りを意識するようにして跳ぶと良い。
　上級者では、5～7m位の人も居るが、足下を見過ぎず、平均して3m位は前方を見て跳ぶのが良い。

なわの先3m位前を見て

（4）締める、付けるの「３」

なわ跳びでは、力んだり、極端な姿勢変化をすると失敗に繋がる。
特に膝が重要で、膝と膝が離れれば離れる程失敗が多くなる。
なわ跳びでは、股・膝・足首の３点を締めて付けるように跳ぶと良い。

まず、なわを持たず股・膝・足を付けて跳ぶ意識を持つ。この時、この３点に力を入れるという事ではない。
膝を付けるという意識を具体例で示すと、ファイルや下敷き等を膝と膝の間に挟んで順跳びを１０回跳ぶと、締めている時は落ちないが、ほんのわずかに膝がゆるむと挟んだ物が落ちるので、すぐ自分で確認出来る。
また、締めて跳んでいる時の方が成功率も高い。

跳びながら膝が開くのは、一般的に男子に多く、女子と男子の股関節構造の違いから起こっているが、ある程度は意識して締めて跳ぶと良い。
但し、Ｏ脚の強い人やＸ脚の人、足先が内股の人等、全てきちんとでなくても出来る範囲で意識する事は大切である。
特別な例だが、混合交差という技での跳躍では上体と下半身が捻れが生じ、きれいに足が付かない事がある。

下敷き等を挟んで跳んでみる

（5）跳ぶ高さの「３」

なわを跳ぶ様子を観察すると足音の大きさと共に、無駄なジャンプで跳んでいる事がある。
なわの太さが３～５mm程度に対して１０cm以上ジャンプし、足裏全体で着地して跳んでいると、次第に疲れてなわとジャンプのタイミングは合わなくなって来る。

上級者では、跳び始め５cm位だが、しばらく続けて跳んでいるうちに３cm程度の高さに安定する。
よい跳び方は踵を軽く上げ３～５cm程度のジャンプをする事で、長く多く跳び続けられるようになる。

（○）　正面からみた良い跳び方

（○）　横から見た良い跳び方

（✗）　　良くない跳び方

足裏が平らで足首が固く爪先重心でない

（6）跳び方イメージの「３」

上手に跳び続けられない人の跳んでいる音を聞くと、「ドンドン、バダバタ」と跳ぶ音や、なわが「ビュンビュン」回る音がする。その様子を表現すると、「うるさく、汚く、がむしゃらに」とか、「力んで、無理矢理、目茶苦茶に」等の言葉が浮かぶ。

よい足音は、「トントン」や「トーン、トーン」、なわの音は「シュンシュン」とか、「シュルシュル」というような音で、軽く一つ一つの動きを滑らかに丁寧に、リズムを保持し、落ち着いて跳んでいる様子である。自分自身でイメージしたり、友達同士で跳び方を見るポイントを持つと良い。
「静かに、優しく、丁寧に」や「軽く・きれいに・落ち着いて（慎重に）」と言う３つの言葉に置き換えるとより分かり易い。
なわ跳びは力だけでは跳び続ける事は出来ない。跳び方全体をイメージする端的で覚え易い魔法の言葉は理解し易く、イメージを掴み易い。

（7）腕と手の位置、回し方の「3」

　腕は、回旋数が上がる毎に脇の下の開きが徐々に狭まり、肘が締まり、三回旋を跳ぶ頃には手首が腰の脇に近付く。

　なわを回す手は、腰の脇辺りで、体より前に位置するのが良い。
　回し方は、腕で回しているが、次第に肘から回し、三回旋に入ると回すと言うより振るという動きに近付く。
　なわ跳びの姿勢は熟練が進む毎に変化するが、それでも尚、跳び癖のような状態が残っている時には、基本に戻って少しずつ直す必要がある。
　その理由は、姿勢や手の位置や手首の回旋の仕方が、技の成功不成功に深く関わっているからである。
　顕著にその影響が出始めるのが、二回旋跳びの前方と後方辺りからである。
　なわを回している腕や手首が、水平よりずっと上に位置していたり、グリップをぎっちり握って、腕が棒のようにして回していたり、遠心力で後方に引っ張られるように手首を体の横より後ろに開いてしまったりしていると、１０回という回数でも苦しい跳び方で失敗の原因となり、跳び続けられない。

＜直したい姿勢や跳び方例＞

腕全体が開いている

腕や手首が身体より後ろにある

腕や手は前にあるが、手首が後ろに回っている

膝が折れて、お尻より踵が後ろにある

（8）着地や跳躍の足や膝の動きの「3」

　足は、爪先も踵も開かない方が良い。股関節や足関節部分の違いで完全に徹底は出来ないが、爪先を開くと力が入らずジャンプが高くなりにくく、後ろが開くと膝が上に上がらず、高度な回旋は続けにくい。

　足を前後にずらさない。
　両足を前後に一足長以上ずらすと、なわが後ろの足に引っ掛かり易くなったり、より高い跳躍がしにくい。
　脚は伸び過ぎず、深く曲げ過ぎない。
　下半身がピンと伸びて跳んでいるか、踵がお尻に付くよう膝を折って跳んでいるのは全体的に女子に多く見られる。
　空中に止まろうとする為に、膝から下を深く曲げるのだが、次第に跳躍となわのタイミングが3、4回辺りでずれて来て、足の伸び過ぎも曲げ過ぎも失敗の一因となっている。
　左右の足を、常に完全にぴったり付けて跳び続けるのは難しいが意識はした方が良い。
　三回旋以上の技でこの足の状態が出来る出来ないに顕著に関わって来る。
　練習の一つとして、なわなしで足全体を締め、膝を臍近くまで上げて何回かジャンプし、空中の最高点で膝を打つと、良いジャンプに近付いて来る。

膝から下が開く

足の後ろが開く

内股気味で着地

膝が開く

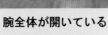

42

2 なわ跳び練習上で起こる現象について

　なわ跳びの３の原理・原則の他、練習上に起こるなわ跳び独特の現象がある。それを例を交えて紹介したい。

（１）「なわ跳ね（はね）」は、近くで小さい方が良い

　一般的にはあまり聞き慣れない、なわ跳びの用語である。
「なわ跳ね」とは、なわが回転して接地した時に跳ね返る現象を省略したものである。

　なわ跳ねは、特に一回旋二跳躍や一回旋一跳躍で跳んでいる時に顕著である。意識しないと気付かないが、全員がなわ跳ねを経験している。
　なわが長いと、回したなわは足下からかなり離れた前に下りて接地し、回旋した力の惰性でパチッと跳ね返る。逆になわが短いと、足下に近い所になわが接地し、跳ね返る。
　この現象は、その技能に応じた適正ななわの調節の必要性を物語っている。

　では、なわが長くても短くて両方跳ね返るのだからなわ跳ねはあまり跳びと関係がないのではないかと思われがちだが、それは全然違うのである。
　なわ跳びは、なわを回すという円運動に近い動きをするので、回している間はなわが長くても短くても何とか同じように回転運動を続けようと腕や手を回すが、体を軸としてなわが長く、接した時にはねが遠いと、なわ自体の接地部分も大きく回転もいびつになり、その分跳ねも大きくなると、回転力が失われる。
　更になわが長く遠くに接地すると、ジャンプまでの時間がわずかにずれて長くなるので速い回転でなわを跳ぶ事が出来なくなる。

　なわが短く接地が近いといびつは少なく、接地するなわもごくわずかになると同時になわ跳ねも小さくなり、円運動としてのなわの回転での崩れも少ない。
　なわが短いと接地してからジャンプまでのずれも少なくなり、接地とほぼ同時にジャンプしても失敗が少なくなり、なわの回転もスムーズになると言う事である。

　なわ跳ねはなわの回旋技能と共に、特に長さに関係するが、次第になわ跳ねが小さく、体に近く３０㎝以内辺りになっていると跳び易くなる。
地面で跳ぶと、足跡となわの接地跡が付くので確認し易い。

　技能が向上して、なわが短くなって来た頃には、なわ跳ねはあまり気にしなくても良い。更に二回旋以上では、回旋中は空中でなわが回り、着地時のなわの接地時間はわずかで、すぐに跳躍に移っているのでなわ跳ねはほとんどない。
　二回旋以上でもなわ跳ねがまだ大きく見られる場合は、なわの長さか、フォーム、跳ぶタイミング等を改善しなければならない。

（○）　適正ななわの長さでの「なわ跳ね」

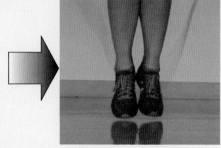

正面から見ると、接地部分は少なくすぐになわが足の下を通過する

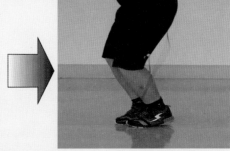

（✗）　なわが長い場合の「なわ跳ね」

横から見ると、接地部分が大きく引き摺るようになる為失敗する

（２）失敗してすぐ跳ぶと、長く跳び続けられない

　いつもは長く跳べるが、ある日やや長い時間や回数を跳んでいて、突然なわが足辺りに引っ掛かり、すぐ続けて跳ぶとなぜか３、４回とか４、５秒跳んだ所でまた引っ掛かって失敗する、という経験をした事がないだろうか。
　実は全ての人が経験する現象で、一度失敗してなわが止まった時にはすでに自分のリズム、バランス、タイミングのいずれかのずれが大きくなりなわに引っ掛かる程に調整出来ない限界に達した瞬間なので、すぐ跳んでも長続きしないのである。
　その様な時は、ほんの１０秒か呼吸４.５回後に跳ぶと失敗が少なくなる。

（３）「技の早読み」「技の先読み」、「技の引き込み」「引き戻し」

　同じ技を跳びながら何故か、途中から別のリズムの動きになってしまうような事を見掛けた事はないだろうか。

　例えば、一回旋一跳躍の前方順跳びを跳んでいた途中に、一回旋二跳躍になってしまったりする。組合せ連続技の場合だと、次の技の回数を間違えて跳んだり、タイミングがずれて不自然な動きで技を跳んでみたり、連続する技では、３番目の技を４回跳ばなければならないのに、３回目に４番目の技に入ってしまったりするような事が起こる。
　これは、幾つかの組合せの技を行ったり、連続技、複合的な技を行ったりする時に時々起こる現象で、初心者だけでなく、かなり上級者にも起こるのである。

　この原因は、幾つかある。
　一つ目は、いつもより調子が良い状態でスムーズに行ってしまう時に起こる。
　いつもはこの技で失敗するが今日は入った、というような感覚が頭をよぎると、次の技に速く移ってしまったり、手がスムーズで頭と体の動きがずれてしまうような状態になるのである。
　二つ目は、調子の悪い時に起こる。
いつもスムーズに行っている技が、跳び始めから何となく重く感じたり、なわが長くまたは短く感じたり、跳ぶ場所があちこち動いてしまったりして、体やジャンプ等様々な事に神経を使うと、技の回数や次の技を焦って行ってしまったり間違えたりするのである。
　これらは、脳の中で小脳の情報がいっぱいの時に、指令が行かなくなり脳と体のアンバランスが引き起こす現象であるとされている。一時的イップスである。

このような現象、つまり、リズムが早くなったり、正規の回数を跳べなくなったりする時は、「技の早読み」や「技の先読み」、手の回旋や動かし方、技のリズムを崩して出来なくなったりする時は、「技の引き込み」、「技の引き戻し」と言う。

誰しもが経験する事なので心配する事ではないが、そのような時は深呼吸して、失敗を整理する等して落ち着いて、時間を置いてから再度練習すると良い。

（4）なわ跳びのフォームや跳び方は、跳べない技で崩れ何度も変化する

① 今までのフォームでは、技が難しくなった時に崩れる

なぜフォームは変わるのかというと、その逆から考えてみると分かる。

例えば、一回旋跳びの様々な技が何とか出来ていたとしても、回旋数の上がる二回旋跳びに挑戦すると途端に跳び方が乱れてしまうという事を、見たり体験したりした人は多いだろう。

結論から言うと、まだ出来ない技では誰しもフォームが崩れてしまうのである。

その技が出来るようになるには、今までの自分のフォームや跳び方で欠けていた部分や改善したい部分等を解決しなければ技を習得する事は出来ない。

その意味で跳べない技で崩れるので、その技を出来るようにする為に、自分自身のフォームや跳び方を見直し、改善しなければならない。

考えてみれば初めて挑戦するのだから、どうしたら良いかいくら人に言われてもやってみないとその意味は理解出来ないので、フォームも当然無理な動きや不自然な動きになる。

なわ跳びは、他のスポーツ同様独特の動きの感覚的な部分全てを言葉で言い表す事が出来ない。挑戦する中で、この感覚的な部分を感じ取り、「どうしたらいいかな、何となく分かったけど、これでいいのかな、まだ駄目だな、もしかしてこれかな、今度はこうしてみよう、これならいいかな、やっと出来た、よく分かったぞ、出来るようになった、もっと確実にしよう」と言う課題克服に向けて挑戦を連続をする中で、自分自身の動きと向き合うような自己分析の眼やアイディアも育っていく。

「なわ跳びの自己教育力」である。

理解しただけですぐには出来ないが、練習実践を通して「分かって、出来る」フォームに近付き、その先に新しい技や回旋数に見合った跳び方やフォームの完成がある。

② なわ跳びのフォームは上手に跳べるまで何回も変わる

なわ跳びのフォームが変化して安定する事については①と関連があり、フォームは技能の向上と共に変化し、次第に無駄なく洗練された動きやフォームになる。

フォームの変化は、幼少期からジャンプが出来るようになってから、年齢や男女差等に関係なく変化して行く。

全体的に見て、跳べるようになった頃から考えると、順跳びの段階、順と交差跳び辺りの段階、交差跳び辺りの段階、二回旋跳びの段階、三回旋跳びの段階辺りの技で安定して跳べるようになった所で変化が顕著になるようである。

大きな区切りで見れば、たどたどしいやっと跳べる段階から、一回旋系で変わり、二回旋系で変わり、三回旋系で変わるというように、フォームは回旋数が上がる毎に大きく変化すると考えても良い。

もちろん、それ以上の高度な三回旋跳びの変化技や四回旋跳び、五回旋跳び以上でもその技を跳ぶのに必要な適切なフォームに変化する。

難しく高いレベルの技を安定して跳ぶには、フォームの改善習得への努力は不可欠である。

（5）長く跳び続ける為の、腕の位置の変化となわの長さとの関係

　　腕の動きは、跳べずに体を前に折り曲げながらなわを床や地面に叩き付ける段階から、次第に体が起きてほぼ直立姿勢で跳べるようになるが、ほぼ直立姿勢で跳び続けるという所までやや時間が掛かる。
ここでは腕はどう変化して行くのか、なぜ長く跳び続けられないのかという現象について、腕の位置となわの長さの関連で考えてみたい。

　　なわを「小さく速く回して跳べる」のは、姿勢と共に腕や手首の位置にも関係がある。
　　しかし、最終的な良い腕や手の位置になるには、どんなに練習しても最初から出来るようになるものではなく、無理にやろうとしてもすぐには身に付かない。

　　もちろん、その都度姿勢や腕や手の位置を意識する事は必要だが、なわ跳びの姿勢やフォーム、腕の位置は、なわの回転や跳躍という運動そのものに慣れたり、なじんだりする事、なわを回すという回数を数多く重ねる事で、徐々に無駄が省けて変化し、良い姿勢や良い腕や手の位置が身に付くのである。
「脇を締める」とか、「気をつけの姿勢で」等、無理にそれだけ意識して跳ぶと、固い動きになり、逆に跳べなくなってしまうので気を付けたい。

〔やっと跳べる頃〕　　〔一回旋跳びの頃〕　　〔二回旋跳びの頃〕〔三回旋跳びの頃〕

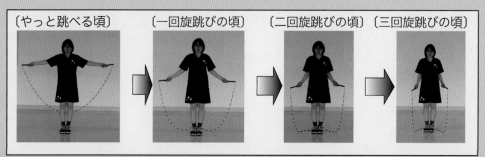

　　なぜ、腕は体に近い方が良いのか説明すると、〔やっと跳べる頃〕の横に伸ばすように上がっている腕をしばらくそのまま上で止めておけば疲れてしまう。
　　また、片側から手を引っ張ると姿勢は簡単に崩れる。

　　それに対して、〔三回旋跳びの頃〕には、体の側に自然な腕や手の位置になって来る。
　　この体勢であればいつまでも疲れず跳び続けられる。片側から引っ張っても踏ん張りが効く。体育の集団行動の号令で「駆け足、進め」の時の姿勢にほぼ近い状態が、なわ跳びをする時のほぼ完成された姿勢と考えて良い。

〔初心者〕　　　　〔上達した者〕

手の位置となわの長さの比較

　　次に、技能となわの長さの関係を左の写真でご覧頂きたい。

　　同じなわを持っているが、写真左の〔初心者〕の腕の状態でなわを持つと足首より短く、写真右の〔上達した者〕の腕の位置でなわを持つと、台の下までとなり長く見える。
　　これを見て分かる通り、同じ人でも技能が未熟なうちは、なわは長くないと跳べない。技能が向上するとなわが長いと逆に跳びにくくなるので、短く調節する必要性が、手の位置となわの長さの比較写真の例からも分かるだろう。

　　また、技として姿勢となわを見ると、例えば後方の二回旋跳びの場合、前方で跳ぶ時より腕や手を体の前の離れた場所や体の上方でなわを回す動作をしてなわが足首に当たって失敗する事がある。回転の中心や回旋軸がずれる為で同じ長さのなわでも姿勢により跳べなくなる例もある。
　　技能と回転させる手の位置やなわの長さには、姿勢とも深い関わりがある。

（6）１０回続けて跳べない理由

二回旋跳びを例に考えてみよう。次のような例を目にした経験はないだろうか。

＜大人の例＞

> 「どれ貸してみろ、昔二回旋跳び（二重跳び）は１００回以上跳べたぞ。」
> なわを持って、２，３回一回旋跳びの順跳びを跳んでから二回旋跳びに入る。
> 「ピョンピョンピョンピョン・ビュンビュン・ビュンビュン、バチッ！！」
> 「あれぇ、おかしいな」
> 「ピョンピョンピョンピョン・ビュンビュン・ビュンビン・ビュンビュン、バチッ！！」
> 何回か跳ぶが１，２回回数が伸びても１００回どころか５回と続かない。
> そこに居合わせた人は大笑いだが、本人にとっては笑い事ではない。

筆者はこのような光景に何度か立ち会った事があるが、原因は何だろう。

答えは、簡単である。

力が入り過ぎて、手の回旋リズムとジャンプのタイミングが合わないで状態で勢いで跳ぼうとしているからである。

分かり易く言うと、手の回旋が速過ぎて、二回旋を跳んで着地したが、二回目の跳躍前にすでに手が回旋に入ってしまって次第に手とジャンプのタイミングのずれが大きくなり、バチッとなったのである。

つまり、「二回旋は高くジャンプして速く回すんだ」という概念が残っていて、そのリズムやジャンプとのタイミングをすっかり忘れてしまったからである。

子どもは体で跳ぶが、大人は頭で跳ぶと言われているが、その例である。

＜子どもの例 ①＞　これにも幾つかの原因が考えられる。

> 二回旋跳びを１０回に挑戦しているが、二回旋跳びのリズムがだんだん速くなってしまい、バチッ！！となわが足に当たって止まってしまう。

一つ目は、人は、物事に慣れるとスピードが増すという現象が起こる。計算でも慣れれば速くなるのと同様である。

二つ目は、調子が良くなると徐々にスピードが速くなるという現象も起こる。

三つ目は、あと何回だ、もう少しだという焦りが次第にスピードを上げてしまう。
　　　　　　　　　　　　　　　　　　　　　　　　　　　　　　等が考えられる。

＜子どもの例 ②＞

> 「おっ、○○君、やったね、今二回旋跳びとうとう１０回跳べたね、良かったね。」「みんなあ、○○君跳べたよ。」
> 「○○君、みんなの前で跳べた所を見てもらおう。」
> おもむろに跳び始める。「ビュンビュン・ビュンビュン、バチ！！」
> 何回か挑戦し、みんなも「がんばれ！がんばれ！」と声援を送った。
> しかし、どうしても１０回跳ぶ事は出来なかった。
> 「さっきは出来たんだけどなぁ」先生も、その子自身もそう思う。

この原因は何か。答えは明確である。

「緊張・上がり」である。

人の前で行うと、「上がる」という現象を誰もが起こす。すると出来た事が出来なくなったりする。頭の中が真っ白になったり、顔が真っ赤になったり、冷や汗をかいたりする。練習で出来ても、本番や検定時、大会で、みんなの前で出来ないという事は、本当に自分の物になっていないからである。緊張や上がると身体が固くなり、思うように動かなくなるのだという事も忘れてはならない。

これらの事象から、１０回続けて跳ぶには、どんな精神状態の時もリズムとタイミング、バランスを保持し続けなければならない事が分かるだろう。

技術として跳べていても精神的な部分の影響も大きいという３つの例である。

3　なわ跳び運動の練習と道具の利用

　なわ跳びの技習得の練習に、各種の道具を利用して効果を上げる事が出来る。

　紹介する例以外にも、安全で効果的に利用出来る物があれば工夫して取り入れたい。

（1）新聞紙や補助具を巻いて跳ぶ

　なわ跳びの初歩的な段階では、手でなわを回す感覚と実際のなわが動く回旋感覚の間にずれが生じて跳べない事や、なわへの回旋伝達力をコントロール出来ない状態が多い。

　それはなわが柔らかい事に起因しており、この段階ではなわを何らかの方法で硬くして感覚を掴む工夫をした練習方法が良い。

　なわが固いとなわへの回旋伝達力が手となわで一体感覚として掴み易くなり、スムーズに回転して跳べるようになる。

　硬くする方法は、新聞紙や広告等を折り畳んでなわに巻き、セロテープ等で止めるだけで良い。その際中央は少しあけておき、巻かない方が良い。

　身近な材料で手頃な大きさで、お金も掛からず、汚れても破れても修理や交換が簡単な方法である。

　この仮称「新聞紙なわ」は、移動かけ足跳びや一回旋二跳躍、一回旋一跳躍の順跳びや順と交差跳び（あや跳び）、交差跳び位までの初歩の段階では有効である。

　跳べるに連れて巻く部分を少なくする事により、次第に本来のなわの回す感覚に近付いて行く。

　この原理を生かした市販の物もあるが、なわ跳び練習初期のある一時期だけなので、新聞紙なわでも十分効果がある。

  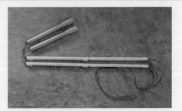

新聞紙を巻いたなわ　　なわ取り付け具　　取り付け具を付けたなわ

（2）ホース等を使って跳ぶ

　水やガス等を通すゴムやビニルホースをなわ跳びに利用すると、新聞紙同様なわ跳び初歩の段階での練習に有効な方法になる。

透明ホース　・　水用ホース　　意外に跳び易い

　ホームセンターやＤＩＹショップ等で１本分３ｍの長さを購入すれば十分である。

　材質も太さも重さも種類が豊富で安価である。

　ホースの良さは、適度な重さで手と手首、ホースを回した時の一体感が感じられ、失敗して踏んでも、体に当たっても透明ホース・水用ホースは意外に跳び易く安全である所が良い。

（3）「ポイ」を使って回す練習する

　「ポイ」は、ハワイアンダンサー、ジャグラー等で幅広く使用されている道具で、発祥はニュージーランドのマオリ族が起源の道具である。この道具の良さは中央が切れたなわと似ている点と、正確な回旋の確認が出来るという点にある。
　遊び感覚でなわに近い動きで、前や後ろはもちろん、頭上にも、背中にも回す事が出来るだけでなく、側回旋のように回したり、あやや交差のように回す事も、両手で同時に8の時回旋や方向転換等の動きも出来るので、なわ跳び練習にも適している。
　ポイの先には、公式テニスボールが入っており、当たると痛いが怪我する程ではないので安全な道具である。
　跳ばずに、なわの動きとほぼ同様な動きなので違和感なく回転させたり振ったりと、遊び感覚でなわ跳びの動きを身に付けられる。
　正しく回さないと自分の体にポイが当たるので正しい動きを自覚出来る。
　楽しく上達する為の道具の一つとして、手に入る場合は利用してみるのも良い。
　面白さにはまってしまった頃には、なわ跳びも上手になっているだろう。

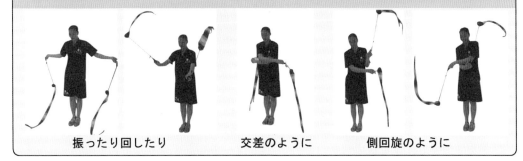

振ったり回したり　　　　交差のように　　　　側回旋のように

（4）「輪」を使って跳ぶ練習をする

　輪は、サイズや太さが何種類かあるので自分に合った輪を選んで跳ぶと良い。
　輪の良さは、なわだと例えば一回旋二跳躍ではなわが頭上でたるんで跳びにくくなるが、輪は、手首での回旋したイメージが輪の保持している場所と反対側の先端まで一体となって伝わる事で、回旋感覚を身に付け易いという良さがある。
　輪をぎっちり握ると回転しないので、軽く握り回転スピードを手の中でコントロールする事で、とびなわを軽く握り手首を中心に回転させるイメージを掴む事にも繋がる。なわ跳び初心者には特にお勧めの用具である。
　また、交差跳びが出来ない場合にも交差した状態の回転はどうなるのかをイメージとして掴む事が出来る。
　更に、上級者でもこの輪で前にも後ろにも跳ぶ事が出来ると共に、二回旋リズムでも三回旋リズムでも、交差しての二回旋や三回旋、横からの二回旋リズムでも回せるので、結構楽しく練習出来る。
　実は、輪は継ぎ目から外せるようになっていて、継ぎ目の端を持つとホースに近い動きになるが、跳んでいて形が歪んだりするので注意したい。
　体操用だけでなく、なわ跳びの練習にも是非、輪は活用したい用具である。

前や後ろに　　　　交差して　　　　　横から回して

（5）「補助棒や輪」を使って、跳ぶリズムを掴む練習をする

　　グリップを持ち、棒や輪を叩く音やリズムから実際の跳ぶ状態に生かす方法である。
　　前方や後方の一回旋二跳躍や一跳躍、二回旋跳び等の跳躍感覚を掴む為に有効で、前方は上から、後方での場合は棒や輪を下から打って練習する。
　　一本の棒でも二本の棒でも、輪でも次の二つの練習確認を行う。

> ①　なわなしグリップで、腹部位の高さにある棒や輪を同時に（一回・二回）叩く
> ②　ジャンプしている間に棒や輪を（一回・二回）叩く

①　1本の棒で練習する

棒の位置や高さを変えて、自分に合った所で叩く。

その場で叩く

ジャンプして叩く

②　2本の棒で練習する

　　二本の棒の場合は、実際に跳ぶように手をやや横に広げて跳び上がって打つ事が出来る。どの場所が良いか移動させながら自分に合う所を探して叩く。

直立でジャンプ

膝を曲げてジャンプ

③　輪で練習する

どこを叩くか決める

ジャンプして叩く

　　輪の中に入って輪を叩く。輪は大きさを変えたり、叩く高さや叩く場所も変えたりして行う事も出来る。

4 道具以外の二回旋跳び習得の練習方法例

　二回旋跳びは、一回旋の技がある程度出来ると憧れの技でもあるが、そう簡単に１０回跳べるようにならない場合も多い。その際の、その場で行う練習方法例を段階を追って紹介したい。

（１）なわを持たないで練習する方法

①　その場で二回拍手

　二回旋跳びが跳べない場合、まずなわを持たずにリズムを作る事から始める。
　立った姿勢で、跳ばずに二回拍手・二回拍手・二回拍手を何回か行う。
　「トントン・ウン・トントン・ウン・トントン」と二回拍手の後にほんのわずかに休みを入れて、拍つ。

②　その場で二回拍手の時に膝を曲げる

　①の立っての拍手二回を出来たか確認した後、次に少し膝を曲げて拍手を二回して、一度膝を伸ばしてから曲げて拍手二回という動きを続ける。
　この練習で、空中で跳んでいる時に近い姿勢を膝を曲げながら行う事になる。

③　その場でジャンプして二回拍手

　ジャンプしている間に拍手を二回して下りる。
　間を空けたり、少しテンポを早めたりして１０回位行う。

④　その場でジャンプして腿の脇を二回叩く

なわを回す体の脇に近い動きとして、ジャンプして腿の脇を二回叩く。

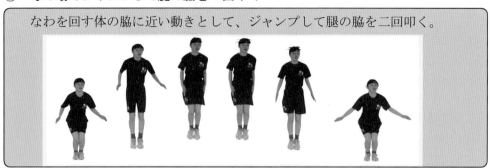

⑤　その場でジャンプして腿の脇と胸の前で二回叩く

下からジャンプすると同時に腿の脇を一回叩き、次に胸の前で二回目を叩く。
反対に、ジャンプと同時に胸の前で一回叩き、次に腿の脇を叩く事も出来る。

⑥　その場でジャンプして膝の上を二回叩く

　ジャンプして、膝を二回叩く。簡単そうだが、膝から後ろに足を曲げ過ぎると手が下がって膝が上がらないうちに迎えに行くように下で打つようになり、ジャンプが抑えられた動きになってしまう。写真例のように、空中に垂直に上がって頂点にある時に膝上を叩く事がやや難しい。
　この練習方法は、三回旋跳びや四回旋跳びの練習にも特に効果的である。

　これらのなわを持たない二回旋跳びの練習は、①から始め、徐々にレベルを上げて行く事と、いつも同じパターンでなくその中から自由に何種類か選んで行っても良い。
　ジャンプと拍手のタイミングが明らかにずれていると不自然な動きとなるので、なわなしジャンプ二回旋跳びの練習は、各１０回安定して出来るようにすると良い。
　⑥のうち⑤まで出来ていれば、なわを持って実際に回しても間違いなく二回旋跳びが跳べるようになっているだろう。

リズムやジャンプが出来てもなわを二回回せないのでは二回旋跳びは完成しない。次に、なわを持っての二回旋跳びの練習例を紹介する。

（２）なわを持って練習する方法

① なわを持って速く２回回す

> 片手でなわを持って、体側で垂直回旋を回してから速く２回回すを続ける。
> 次のように、次第に間を少なくして行く。左右片方の手でも行う。
> その際、速く回すには体全体を締めるようにする。
> 速く回す部分は、軽く膝を曲げて脇の下を締めるようにして回す。
>
> > ① ゆっくり４回回して、速く２回回す動きを何回か行う
> > ② ゆっくり３回回して、速く２回回す動きを何回か行う
> > ③ ゆっくり２回回して、速く２回回す動きを何回か行う
> > ④ ゆっくり１回回して、速く２回回す動きを何回か行う

② なわを持って速く２回をジャンプして回す

> 片手でなわを持ち、体側で垂直回旋を回してから、速く２回回すという部分だけ、ジャンプして続ける。左手と右手で交代して行う。
>
> 下の①から④の行い方は、次の２種類の方法がある。
> 一つ目は、２回速く回すの部分だけ跳ぶ方法。
> 二つ目は、間の部分も軽く跳び、２回速く回すの部分も跳ぶ方法。
>
> > ① ４回回して、速く２回をジャンプして回す動きを何回か行う
> > ② ３回回して、速く２回をジャンプして回す動きを何回か行う
> > ③ ２回回して、速く２回をジャンプして回す動きを何回か行う
> > ④ １回回して、速く２回をジャンプして回す動きを何回か行う

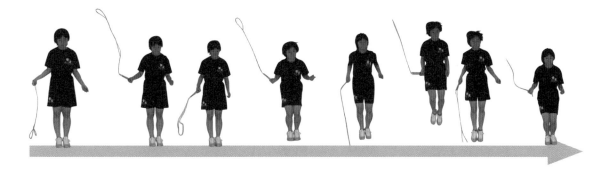

③　二本のなわか、切れたなわを左右の手に持って二回旋跳びの練習をする。

　　実際に跳ぶ状態に近い練習方法で、なわが切れているので失敗する事はないが、タイミングが取れないと１０回きれいに回せず不自然な動きになったり、左右の手となわがずれて動いたりするので注意したい。
　　この方法は、②と全く同じで両手になわを持っている部分だけが違う。
　　なわを両手に持ち、体側で垂直回旋を何回か回してから、速く２回回す部分だけジャンプして続ける。左手でも右手でも行う。

　　下の①から④を行うが、その方法には二種類ある。
　　　一つ目の方法は、２回速く回す部分だけ跳ぶ
　　　二つ目の方法は、間の部分も軽く跳んで、２回速く回す部分も跳ぶ

　　　①　４回回して、速く２回をジャンプして回す動きを何回か行う
　　　②　３回回して、速く２回をジャンプして回す動きを何回か行う
　　　③　２回回して、速く２回をジャンプして回す動きを何回か行う
　　　④　１回回して、速く２回をジャンプして回す動きを何回か行う

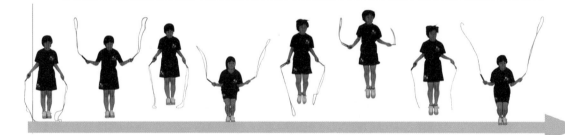

④　最終段階としてなわを持って、二回旋跳びを練習する

　　実際になわを持って、順跳びを４回跳んだら二回旋跳びを跳んでみる。
　　その後、次第にその間を少なくして行く。

　　　①　順跳びを４回跳んでから二回旋跳びを１回跳ぶ動きを何回か行う
　　　②　順跳びを３回跳んでから二回旋跳びを１回跳ぶ動きを何回か行う
　　　③　順跳びを２回跳んでから二回旋跳びを１回跳ぶ動きを何回か行う
　　　④　順跳びを１回跳んでから二回旋跳びを１回跳ぶ動きを何回か行う

　　主になる技の前に調子を付ける為に跳ぶ事を予備跳躍というが、二回旋跳びの前の一回旋での順跳びは、本来は予備跳躍である。
　　二回旋跳びの前の練習として、最初誰もが通る道でもある。
　　１回跳べたら体勢を整え、２回目を跳ぶ練習をして次第に回数を伸ばす。
　　ここまで出来れば、後は練習を積み重ねると回数は増え、１０回跳ぶ二回旋跳びの完成に近付く。
　　床等で跳べない場合、ジャンピングパネル等の弾みを使うとジャンプの補助になり、跳べる確率が高くなる。

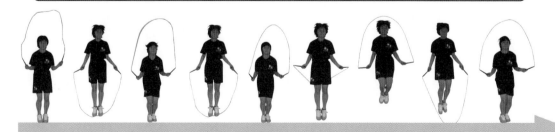

（３）二人組で手を繋いだり、手を添えて練習する方法

　　跳躍のタイミングが取れなかったり、動きが理解出来ない時に利用する方法である。

① 二人組で、手を繋いでタイミングやジャンプの仕方を確認する方法

　　一回旋二跳躍や一回旋一跳躍の順跳び、二回旋跳びの練習に有効である。

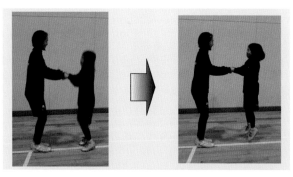

　　注意点としては、身長差があり補助者の技能が高い事が大切である。
　　また、補助者は、手を下にしてジャンプの補助をすると理解しやすい。
　　バランスを崩しても補助者が調節してくれるので跳び易い。
　　一方、子ども達の場合、似たような動きとして窓枠等でジャンプ使用する事がある。前に跳び上がると、ガラスに当たり大怪我をしとても危険なので、決して行わないで欲しい。(写真下)

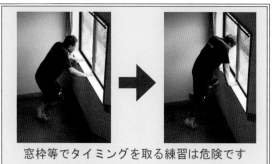

窓枠等でタイミングを取る練習は危険です

② 二人組で、手を添えて動きを理解する方法

手の動きを教える

　　新しい技や複雑な動きの技は、後ろから手を添えてゆっくりと覚えさせると良い。前からでも出来るが後ろからの方が手の動きを掴み易い。(写真左)
　　手の動きと共に、「ここで左の手をこの位上に上げてから下ろすと良いよ。……」等、言葉の説明を加えながら行うと理解が深まる。
　　この方法は、特に側回旋系や混合系の技等に効果的である。
　　似たような動きとして、補助者が後ろから実施者の両脇の下に手を入れて、ジャンプさせる方法もあるが、この場合は一回旋一跳躍や一回旋二跳躍、二回旋跳びなど順系統の技にのみ有効である。
　　手を添えて行う練習方法に、一つだけ注意点がある。
　　それは、「ここでジャンプ」等の言葉で実施者がジャンプすると、実施者の頭が補助者の顎や顔に勢いよく当たる事があるので、手を添えて説明している間は、安全の為ジャンプさせないで行うと良い。

（４）二人組でなわを持ったり、掛けて練習する方法

　　補助者になわを持ってもらっての練習や扉や柱等に掛けて行う練習方法は、一回旋二跳躍、一回旋一跳躍が全く跳べない場合の練習、交差跳びがどうしても上から交差を解いて跳んでしまう場合の練習や、あや跳び（二回旋あや跳び）交差二回旋跳び、三回旋跳びにも利用する事が出来る。

　　補助者が誰もいない場合は、扉や柱等の金具になわを掛けて同様の練習も出来る。

　　この練習の良さは、高さや角度を変える事により、回している時の部分的な動きに近い場所での動きや、二回旋跳びでのなわの引きや強い張り具合、グリップや手の動き等も体感し身に付ける事が出来る事にある。

　　これらは、あくまでも手軽な方法の一例に過ぎないが、他にも屋外だと高鉄棒に掛けたり、低鉄棒に掛けたり、登り棒等でも同様に練習する事が出来る。

　　更に、なわの先端にトレーニングチューブ等を取り付けて、伸びる状態にして行うと、なわを動かしながら跳ぶ練習に付ける事等も可能である。危険でなければ様々な方法を工夫してみるのも楽しい。

　　但し、補助者や何かに掛けて行う練習は、純粋な順二回旋跳びまでで、更に難易度が高い技にはそれ程必要なく、跳びながら課題を解決する方が適している。

① 始めは、跳躍・ジャンプせずに補助者は、高い位置でなわの先端を持ち、実施者は床でなわを下に振り下ろすようにグリップを上下して練習する

身長差で共に床で練習する場合 　　補助者が台等に上がって練習する場合

② 回旋角度を換えて部分練習をする

上から振る 　　胸斜め上の状態で振る 　　腰前後で振る

③ ジャンプしながらグリップを上下させて練習する

　実施上の注意点は、二回旋跳びの場合ジャンプをした時の高さを変え、床での跳ばない補助時より、なわの先端を２０㎝から３０㎝位高く持って実施すると、より実際の二回旋跳びの練習に近付ける事が出来る。

　更に、慣れて来たら補助者が実施者の身長やジャンプの状況に合わせて、二回旋跳びの一回目の手の振りは高い位置で持ち、二回目の手の振りは一回目より１０㎝位下に下げて持つと、実際のジャンプの時に高い位置で１回目が回り、ジャンプの終わり近くで２回目が回るという動作に近い感覚を身に付ける事が出来る。

実施者のジャンプと手の上下に合わせてなわも上下させて練習した場合

④ 交差跳び系の練習の場合

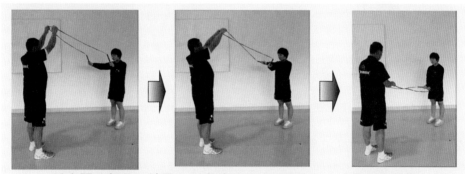

手を開く部分の練習から交差に入って手を下ろす部分の練習

⑤ 金具等に掛けて練習する場合

　補助者がいない場合の練習方法の一つだが、無理して強く引くと金具が外れたり、曲がったりする事もあるが、短時間で無理矢理力一杯でなければ練習する事も出来る。金具は、Ｌ字状金具よりＳ字状金具やヒートン金具だと外れにくく、外れが気になる場合は、金具となわの中央に輪ゴム等を掛けたり、紐等で縛ったりすると良い。

金具に付けての練習

なわを金具に付けたり通したりした状態

第6章　なわを使った各種の運動例

　小学校学習指導要領体育編では、なわを使った体つくりの運動遊びや体つくり運動の中での、体ほぐしの運動がある。ここで学校や家庭でも参考になる多くの動きを紹介する。

　なわ跳びの跳ぶ技のみに取組むと、行き詰まってしまい意欲をなくしてしまう。これらの様々な動きを経験する事により、以後の技の習得もスムーズになる。

　また、沢山の動きを体験しながら自然に体幹を鍛え、バランス感覚等も養う事が出来る。

　是非これらの例を参考に、楽しく創意工夫を加えて実施してほしい。

1　なわを置いて行う動き
○　1本で1人で行う足の動き
（1）伸ばして置いたなわの上を歩く

なわの上を、前や
後ろに歩く

なわの上を、片足ケンケンで進む。ケンケンをする時は、捻挫等に注意する。

なわが横に捻れたり、転がったりするので、急がないで行うようにする。

（2）伸ばして置いたなわの周りをぐるりと走る

　始めは、ゆっくりと歩いて行い、途中から軽く走ったりする事も出来る。

　左回りや右回りを行ったり、両足や片足、かけ足で回る事も出来る。

　軽く2周位して、折り返すように動く等、色々と工夫する事も出来る。

（3）伸ばして置いたなわを中央で横切りながら8の字に走る

　左回りの8の字走りと、右回りの8の字走り、両足で跳びながらや、片足で行う事等も出来る。

　片足の場合、連続しても出来るが、横切る時に足を交代する事も出来る。

（４）伸ばして置いたなわの後に立って、前後に跳ぶ

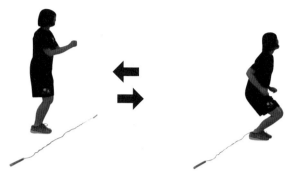

　両足で、前後に二跳躍や一跳躍で移動したり、またその組合せで移動したりする。
反対足で行ったり、途中で足を変えたりしても出来る。
　更に、動きに合わせて手拍子を加えて行う事も出来る。

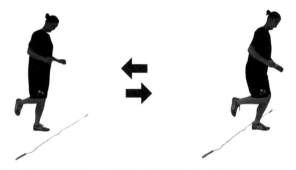

　片足で前や後ろに、二跳躍や跳躍で、またその組合せでも出来る。
反対足でも行ったり、途中で足を変えたりしても出来る。
　更に、動きに合わせて手拍子を加えて行う等も出来る。

（５）なわの後ろに立ち、前に跳びながら半回転１８０度回転する

　この動きは、伸ばしたなわの後ろに立ち前に跳躍しながら左右どちらかに１８０度
半回転する動きである。
　最初は、その場で何回か跳んでから調子をつけて半回転１８０度すると行い易い。
　この動きは、バランスを崩して着地時に足首を捻る事もあるので注意したい。
　小学校中学年以上向きである。左回りと右回りのどちらも行う事が出来る。

（6）なわを背にして立ち、後に跳びながら180度半回転する

後方にジャンプしながら左回りに半回転する

後方にジャンプしながら右回りに半回転する

（7）なわの後に立ち、前に跳びながら360度1回転する

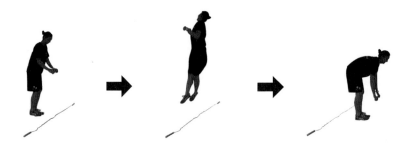

　　跳躍前に手と膝でリズムを取り、前に跳び上がりながら、空中で一回転して着地する動きで、左右どちらかの1回転も出来る。小学校高学年以上向きの動きで、着地時にバランスを崩したり、回転不足での捻挫に注意して行う。

（8）なわの横に立ち、左右に跳ぶ

　　なわの横に立って左右に跳ぶ、二跳躍や一跳躍で・両足や片足で、リズムを変えて、拍手も添えて等工夫して行う事が出来る。

（9）なわの横に立ち、左右に跳びながら１８０度半回転する

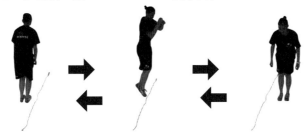

　　なわの横から前から右回りに右に１８０度半回転したり、左回りに後ろから右に
１８０度半回転する事も出来る。

（10）なわの横に立ち、左右にリズムを取りながら移動する

　　左右に移る時に、両腕を下から上げて調子を付けて行うとやり易い。

（11）なわの横に立ち、右や左にクロス片足で移動する

　　右横に跳ぶ時は左足〜右足に、左横に跳ぶ時は、右足〜左足へクロスして跳ぶ。
反対足で跳ぶようになるので、バランスを崩さないよう注意して行う。

（12）なわを跨いで立ち、跳び上がりながら空中で足の横を合わせて開いて下りる

　　最初は、空中で足打ち１回を１０回位続け、出来るようになったら、手拍子１回と足打ち
１回を一緒に１０回続ける。高度な段階では、空中で足打ち２回や手拍子２回と合わせて行
う事も出来るが、かなり難しい。実は空中１回が１０回出来ると二回旋跳びのリズムとほぼ
同じなのである。

(13) なわを跨いで立ち、跳び上がりながら空中で足の裏を合わせて開いて下りる

足の横を合わせるのに対して、足の裏を合わせるのはかなり難しくなる。
小学校中学年以上向きの動きで、足首を捻挫しないよう注意して行うと良い。

(14) なわを跨いで立ち、跳び上がって空中で体を 180 度半回転させながら足を合わせて開いて下りる

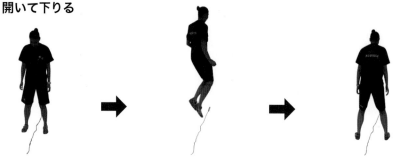

空中で足打ちを一回しながら 180 度半回転する。左回りや右回り、拍手も添えて行う事も出来る。小学校高学年以上向きの動きである。

(15) 置いたなわで円を作り前後左右に移動する

この動きは、両足でも片足でも交互に足を変えても出来る。
また、二跳躍でも一跳躍でも出来る。
更に、動きに合わせて手拍子も加える事も出来る。
前後左右、どこから始めてもよい。

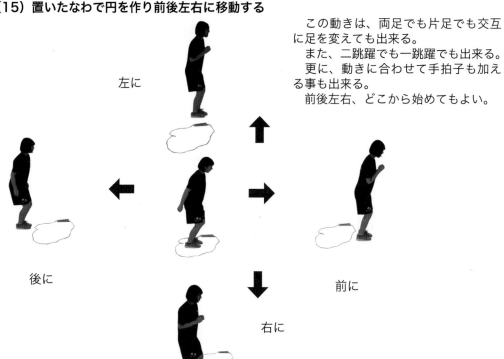

左に

後に

前に

右に

(16) なわをUの形にして下に置き、二本連続で前や後ろに両足で跳ぶ

そのまま前や後ろに跳ぶ動きと、移動毎に１８０度半回転する動きも出来る。

(17) なわをUの形にして下に置き、二本連続で横に両足で跳ぶ

そのまま前や後ろに跳ぶ動きと、移動毎に１８０度半回転する動きも出来る。

(18) なわをUの形にして下に置き、二本を前や後ろに片足で跳ぶ

左足だけ、右足だけ、または往復で足を変える動きも出来る。

(19) なわをUの形にして下に置き、二本を横に片足で跳ぶ

左足だけ、右足だけ、または往復で足を変える動きが出来る。

（20）なわをＵの形にして下に置き、二本を前や後ろに３拍子で片足で跳ぶ

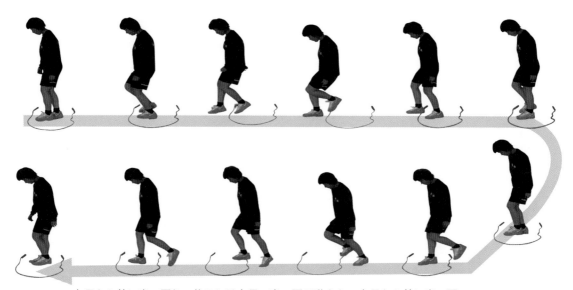

　　左足から前に出て戻り、後ろには右足で出て戻る動きと、右足から前に出て戻り、後ろには左足で出て戻る動きがある。
　　また、左右の動きを往復で変えながら動く事も出来る。

（21）なわをＵの形にして下に置き、中央から前に、中央から後へと２拍子で跳ぶ

　中央から前に片足で　　　中央に戻り　　　後ろに片足で　　　中央に戻る

（22）なわをＵの形にして下に置き、二本を１８０度半回転しながら両足で跳ぶ

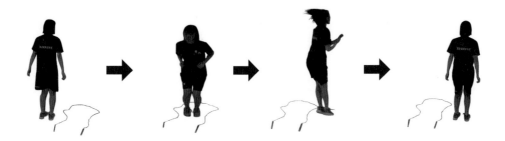

　　１８０度方向転換して中に入り、中から外に１８０度方向転換する動きである。

（23）Uの形に下に置いたなわを跨いで両足を広げて立ち、なわの外と中に足を開いたり閉じたりして連続して跳ぶ

なわの外で足を開き、中央では足を閉じて入る。Uの形をやや狭めて行う。

（24）Uの形に下に置いたなわを横から３拍子のリズムで跳ぶ

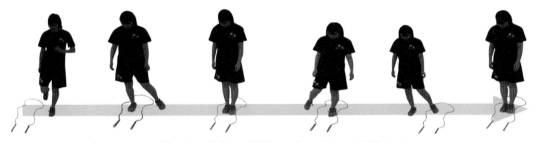

バンブーダンスの要領で外・中・中等と３拍子でなわの外と中を移動する。
最初はゆっくり歩くように移動し、出来るようになったらリズミカルに移動出来るようにする。

○ なわ１本で手をついて行う動き
（１）膝と手をついて、手だけなわの前と後ろに片手ずつ移動する

| はじめ | 片手前 | もう一方前 | 片手後ろ | もう一方後ろ |

正座のような姿勢から、手だけなわの前と後ろに移動する動きをする。
左からでも右からでも、両手を移動させる事も出来る。
また、左から前に出し、戻す時にも左からと、出す時も戻す時も同じ方向と、前に左から、後ろへは右手から等、手を入れ替える動きも出来る。
更に、ゆっくりや速く等、速さを変える事も出来る。
小学校入学前の子どもでも考えながら楽しく出来る動きである。

（2）伸ばして置いたなわの後に腕立ての姿勢になり、なわの前後に手だけ片手ずつ移動する

　この動きの前（1）の正座や四つん這いの動きに慣れたら、腕立ての姿勢で行う。
しっかり体を支えないと体勢を崩して床に体をぶつけたりするので注意する。
　小学校低学年でも、出来る動きである。

（3）伸ばして置いたなわの後に腕立ての姿勢になり、なわの前後に両手を一度に移動させる

　　両手で前への準備　　　　　　　空中で両手前に　　　　　　　両手前で着手

　移動前に少し力をためてから一気に前に両手を移動させるが、ガクッと崩れ落ちて、肘や肩、顔
等をぶつけたり、手首を捻ってしまったりする事もあるので、安全に注意して実施する。
　小学校高学年以上向きの動きである。

**（4）伸ばして置いたなわの後に腕立ての姿勢になり、なわの前に片手を後ろに反対の手を
　置き、一度に前後の手を入れ替えて移動させる**

　　左手前から　　　　　　　　空中で手を入れ替えて　　　　　　　右手前へ

　腕立て姿勢からなわの前後の手を空中で同時に入れ替える動きである。
　入れ替え時、しっかり体を支える力とタイミングを図ってから体をやや持ち上げるように手を交
換する事が必要である。支えきれないと肘から落ちたり、顔等をぶつける事もあるので注意したい。
　小学校高学年以上向きである。

（5）伸ばして置いたなわの後に後ろに両手をつき、足をなわの前後に移動する

　両手をついて膝を曲げ、なわの前と後ろに足だけ片方ずつ移動させる動きである。
手で体を支え、お尻はつかないようにして行うようにする。
　小学校低学年でも出来る動きである。

（6）伸ばして置いたなわの横に腕立ての姿勢になり、手と足を同時に横に移動する

　なわの横に腕立ての姿勢になり、左右に手と足を同じリズムで一緒に横に移動する動きである。
しっかりと手で体を支え、つぶれないよう注意したい。
　小学校低学年でも出来る動きである。

（7）伸ばして置いたなわの横に腕立ての姿勢になり、手と足をずらして移動する

　なわの横に腕立ての姿勢になり、左右に手と足をどちらか先に横に移動する動きである。手が先
に移動する方法と、足から先に移動する方法がある。
　小学校低学年でも出来る動きである。

**（8）伸ばして置いたなわの横に腕立ての姿勢になり、左右に手と足を同時に跳ぶようなリ
　　　ズムで移動する**

　腕立て姿勢でなわの横から両手両足で同時に移動するやや高度な動きである。
　しっかり体を支えないと、手首等を痛めたりするので注意したい。やや難しい動きで、小学校高
学年以上向きである。

（9）伸ばして置いたなわを中心に手と足を開いて腕立て姿勢になり、空中で手や足を合わせて開いて下りる

① 手を合わせる

　　なわを跨いで両手両足を開き、両手を空中で合わせて開いて下りる動きである。
　　手でしっかり体を支える必要がある。小学校中学年以上向きである。

② 足を合わせる・手も足も合わせる

　　なわを跨いで両手両足を開き、空中で足を合わせて開いて下りる動きである。
　　小学校中学年以上向きである。
　　空中で両手両足を合わせる高度な動きは、体支えとタイミングが難しい。
　　小学校高学年以上向きである。

（10）なわで輪を作り、腕立ての姿勢でなわの周りを手で移動する

　　足の位置は固定し、なわの周りを左回りや右回りで手で順に移動する動きである。
　　なわの近くは、腰が高くなり、なわの遠い部分は体や手を伸ばすようになり、動きながら姿勢が変わるように動く。
　　遠くなるほど腕で体を支える力が必要になり、力加減が徐々に変わるので筋力や体幹バランスを鍛えるのにも良い。
　　頭と動きを連動させるので、小学校中学年以上向きである。

　　この発展として、支える足を片方をわずかに挙げて手を動かすようにすると、かなり体幹が鍛えられる。半分で足を交代したり、一回りで足を交代したりと色々出来る。
　　この場合は、小学校高学年以上向きとなる。

（11）なわで輪を作り、腕立ての姿勢でなわの周りを手と足で移動する

　この動きは、３種類の行い方がある。

① 手を先に動かして、足を後から動かして移動する方法
② 足を先に動かして、手を後から動かして移動する方法
③ 手と足を同時に動かして移動する方法

　実施者の実態に応じて動き方を変えると良い。
難しくも危険な動きでもないが、動いているうちに次第に手と足の動きが合わなくなる事もあり、
意外に頭も使う動きである。
　落ち着いて、ゆっくり少しずつ行う動きである。
　左回りと右回りの両方の動きが出来る。
　小学校低学年でも出来ない事はないが、中学年以上向きな動きである。

　発展として、手と足をクロスするように移動すると難しくなり、体幹も鍛える事が出来る。この
動きの場合は小学校高学年以上向きである。

○ なわを何本か置いて行う動き

（1）縦直線に等間隔に置いたなわの間を、走ったり片足で進んだりする

＜走りながら行う＞

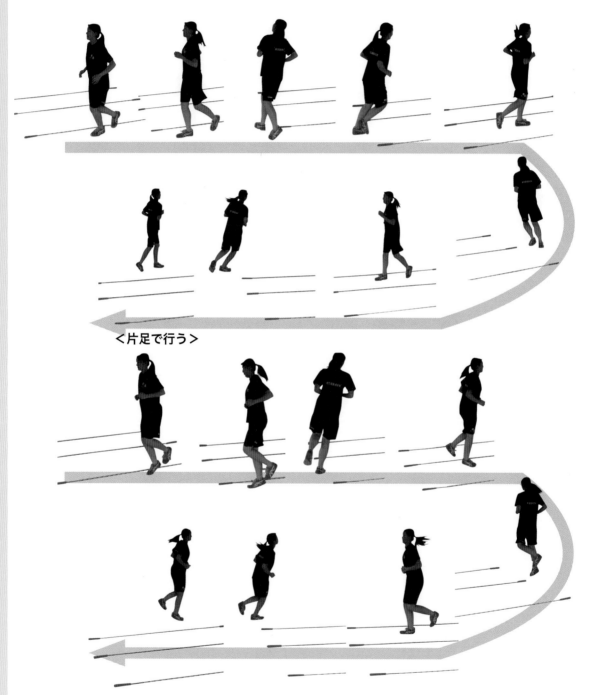

＜片足で行う＞

　なわの間をジグザグに走ったり、片足で進んだりする動きである。動きの変化として、両足で行ったり、スキップや各種のツーステップ、横向きに移動する、一本毎に足を交換して交互に片足跳びで行う、戻って来る時に足を変える等様々な工夫が考えられる。

（2）縦平行に半分ずらして置いたなわの上を、歩いたり跳び移ったりしながら前に進む

　　なわの上を歩いたり、隣のなわに跳び移ったりして進む動きである。右に移る時は右足で左には左足で行う動きと、右に移る時は左足で、左に移る時は右足で行うという動きも出来る。なわを踏むので足裏でなわが横に滑ってバランスを崩して転ぶ事もあるので、なわの間をあまり広くせずに、子ども達の肩幅位にして行うとよい。床等が冷たくなければ、裸足で行うのもよい。

（3）縦平行に半分ずらして置いたなわを、跳んだり走ったりしながら前に移動する

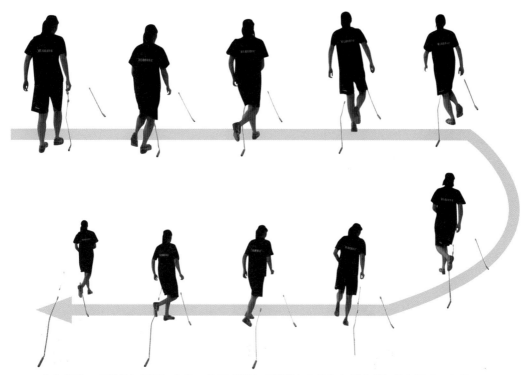

　　なわを走って斜めに横切ったり、片足で跳んで移動したりしながら前に進む動きである。
　　この動きでは、ただ斜め前に移動するだけでなく、その間になわを越すタイミングに合わせてステップを調整する事が必要になる。例えば一本目は左足で越し、二本目は右足で越すなど同じ足で全て越す方法と一本毎に足を変える方法がある。
　　間をどう移動するか、リズムやタイミングを考えたりするので工夫しがいのある楽しい動きである。

（4）縦直線に半分ずらして平行に置いたなわを、両足や片足で斜め前に跳んだりしながら
移動する

＜両足で前に移動する＞

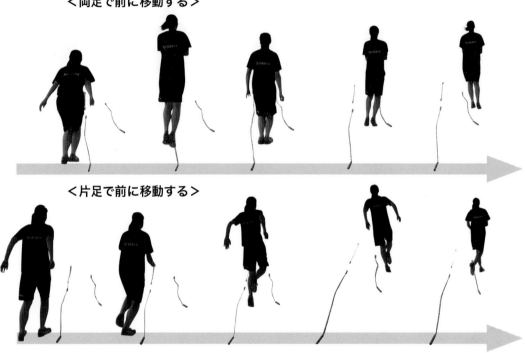

＜片足で前に移動する＞

反対の片足で行ったり、なわ一本毎に足を変えたりする事も出来る。

（5）等間隔に置いたなわを、同じリズムで横に跳びながら移動する

　　同じリズムであれば、両足で横に移動したり、片足で横に移動したり、各種ツーステップで横に
移動したり、1本毎に180度半回転したり、バンブーダンス（片足で横に跳んで着地は両足とも
に下ろす）のように3拍子で移動したりする事等色々と出来る動きである。

（6）等間隔に置いたなわを、同じリズムで前に跳びながら移動する

　　この動きは、二拍子や一拍子で進んだり、手拍子をつけて行ったり出来る。
　　また、1本毎に180度半回転したり、片足で前に進んだり、ゆっくりであれば後ろに片足で進ん
だりする等色々と工夫出来る動きである。

（７）なわ同士の端をつけて４５度に置いたなわを、跳んだり走ったりする

　２本以上のなわ同士の端を付けて、４５度に変化させたなわをジグザグに走ったり、両足で、片足で、足を交互に跳んだり１８０度半回転や３６０度１回転しながらも行う事が出来る。動きに手拍手を加えたりする事も出来る。

（８）なわで輪を作り、輪から次の輪に両足や片足で跳びながら移動する

　幾つかの輪を跳んで移動する事や二人で、同時にお互いに右回りや左回りに同時に跳びながら移動する事も出来る。掛け声や手拍子でタイミングを取ると良い。

（９）２本のなわを十字に重ね、４つの部分を両足や片足で跳びながら移動する

片足で前に移動する

移動毎に１８０度半回転する

　伸ばしたなわを十字に重ね４つの区切りを使って、１人から４人位まで区切りを左や右に走ったり、ぶつからないように互いに反対向きに走ったり、跳んだりして移動する動きである。
　何人かで行う場合は話し合って決め、掛け声を掛けながら調子を合わせて一緒に行ったり、手拍子を付けて行ったりすると、更に楽しく出来る。
　リズムも二跳躍から一跳躍にしても良いし、両足で前に、両足で横に、左片足で、右片足で、移動毎に１８０度半回転しながら等、区切り毎に動きを変える事も出来る。

2 なわを持ち、立って行う動き

（1）なわを持ち、頭上・前後・左右に上げたり傾けたり出したりする

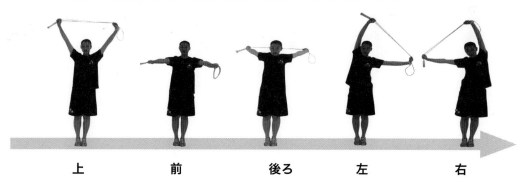

| 上 | 前 | 後ろ | 左 | 右 |

両足を揃えて立ち、なわを二つ折りにして左右の手で持ちながらピンと伸ばして、上・前・後ろ・左・右と傾ける。順番を自由に変える事も出来る。

（2）二つ折りにしたなわを持ち、なわと一緒に体を左右に捻る

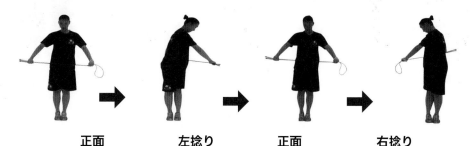

| 正面 | 左捻り | 正面 | 右捻り |

この動きは、足を開いて行ったり反動をつけて大きく体を捻ったりして行う事も出来る。また、正面で止めずに左右に連続して捻る事も出来る。

（3）二つ折りにしたなわを水平に保ち、足を交互に出したり戻したりする

| 始め | 右足を出す | 戻す | 左足を出す |

なわを床に平行・水平に保ち、片足を膝から前に深く床ぎりぎりまで曲げてから戻し、次に反対足も同様に行う動きである。
　どちらの足から始めても、同じ足を何度も行ったりする事も出来る。
　見るより行ってみると結構きつく感じ、いい運動になる。

（4）なわを後ろに構えて、片足を前に出したり戻したりする

始め　　　　　右足を出す　　　　戻す　　　　　左足を出す

　この動作は、なわをピンと張って背中や肩の高さ辺りに持ち、片足を交互に前に出したり戻したりする動きである。
　この動きは、二つ折りでも四つ折りでも、同じ足を複数回出してから交換したり、なわを前や上に上げたりする等変化を加える事も出来る。

（5）片足を前に出しながら、なわを縦にして伸ばす

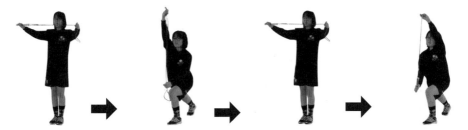

正面から左足を出して右手が上に　　　正面から左足を出して左手が上に

　なわの端を持って、片足を出す時なわを縦に出したり、戻したりする動きである。
　足を出す度に上下の手を入れ替える。左右どちらの足からも同じ足を繰り返したりも出来る。体の中心軸をしっかり保つ体幹運動としても良い。

（6）片足でなわを踏み、体を前に倒しながら手を開いたり戻したりする

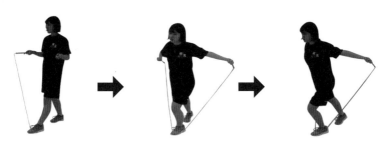

始めと終わり　　　　　体重を徐々に前にかけて止める

　なわの中央を片足で踏み、なわをたるませないようにして徐々に上体を前に倒しながら両手を真横に開いたり、元に戻したりする動きである。
　重心を前に掛ける事により、出した足の腿辺りの強化になる。

（7）四つ折りにしたなわを後ろに構えて持ち、腕を上下させる

準備　　　　　　　　肩の高さまで　　　　　　　さらに高く

　二つ折りでも四つ折りでも良い。肩の高さやそれ以上に上げたり下げたりする事で肩関節の可動域を広げたり、ストレッチの運動となる。止めたり、そこから小刻みに上下したり、やや捻る事等も出来る。

（8）二つ折りにしたなわを背中で上下縦に持ち、上体を左右に曲げ伸ばしする

左手が上で左に曲げる　　　　　　右手が上で右に曲げる

左手が上で右に曲げる　　　　　　右手が上で左に曲げる

　なわを縦に伸ばし、片手は背中の腰あたりで、もう一方は頭上でなわをピンと張って上体を横に曲げる、体側伸ばしの運動となる。
　左手が上でも右手が上でも、上がっている手と同じ方向に曲げたり、反対に曲げたりも出来る。
　また、二つ折りの方が楽だが、四つ折りで行う事も出来る。
　更に、上体を曲げずに縦にしたなわを上下に引き上げたり戻したりすると、肩関節のストレッチになる動きも出来る。

（9）伸ばしたなわと上体を左右に曲げる

上から　　　　左横に　　　　上から　　　　右横に

　足を左右に開き、二つ折りに伸ばしたなわを上から左横に出す時はなわを左手が下の縦にしながら上体を左側に曲げる。
　その時に膝も一緒に横に曲げる。一度戻してから、同様に右にも上体や膝を曲げたり戻したりする。体の側面のストレッチと、横で曲げた足の運動になる。

（10）なわを縦にして、体の横に出したり戻したりする

左手が上で右に曲げる　　　　右手が上で左に曲げる

右手が上で右に曲げる　　　　左手が上で左に曲げる

　この動きは、正面から真横になわを縦に出したり、戻したりする動きである。
　なわと足を出す時に、上下の手を反対にする事も出来る。
　なわと足を出した所で、なわの上下を入れ替えてから戻す事も出来る。
　何種類か工夫する事が出来る、ストレッチや筋力系の動きである。

（11）なわを持って体を左右に捻りながら膝を曲げ、横向きになわを前に出す

正面から右横に捻って前に　　　　　　正面から左横に捻って前に

　　正面に二つ折りや四つ折りにしたなわを持ち、左右横に上体を捻りながら膝を深く曲げて、なわを床に平行に保ち、しっかり前に両腕を伸ばして出す動きである。
　　深く曲げて行うと、股関節や腕のストレッチの動きになる。

（12）なわを持って足を開いて体前後屈する

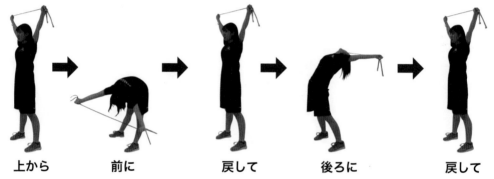

上から　　　　　前に　　　　　戻して　　　　　後ろに　　　　　戻して

　　二つ折りにしたなわを伸ばして端を持ち、足を開いて体前後屈をする動きである。
　　何回か反動を付けたり、回数も自由に決めたりして行う事も出来る。

（13）なわを持って体回旋する

　　足を横に開き、二つ折りにしたなわを伸ばして端を持ち、左右に体回旋をする動きである。
　　なわをピンと張り、下からゆっくりと上に上げて反対側に下ろすように回す。
　　持っているなわの先を意識して、見ながら大きく回すと更に運動効果が高まる。

（14）なわを体の前から後ろに回して通す

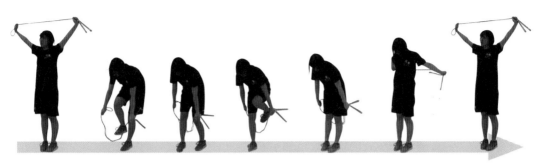

　二つ折りにしたなわを、前から下ろし足の下でゆっくり片足ずつ跨いでから、背中側を通して前に戻すという動きである。

（15）なわを体の後ろから前に回して通す

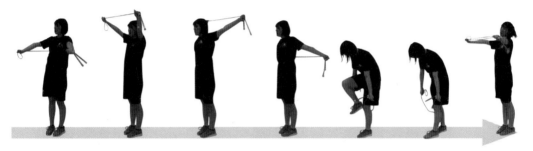

　二つ折りにしたなわを、ゆっくり頭上から背中側に下ろして、足の下で片足ずつ跨いで通して前に戻すという動きである。

（16）なわを片足に踏み、足を前に上げる

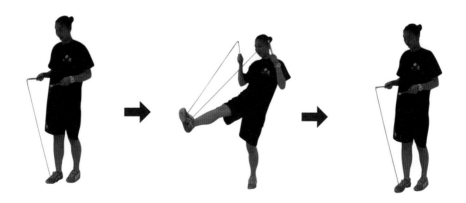

　なわの中央を片足で踏み、足を前に伸ばしながら上げて片足立ちになる動きである。
　徐々に足を上げて、何秒か決めて前上で止めると体幹バランスにも良い。
　左右どちらの足でも行う。
　この動きは、とびなわのグリップからなわが外れる事もあるので、グリップのすぐ下のなわ部分を持って行うと良い。

（17）なわを片足で踏み、足を横に上げる

　　なわの中央を片足で踏み、足を横に伸ばして片足立ちになる。
　　徐々に足を上げて、何秒か決めて横上で止めると良い。左右横にどちらの足でも行う。
　　この動きは、とびなわのグリップからなわが外れる事もあるので、グリップのすぐ下のなわ部分を持って行うと良い。
　　この動きは、片手でなわをまとめて持っても出来る。
　　更に、片方の手を前や横に伸ばすと体幹運動にもなる。

（18）なわを片足で踏み、足を後ろに上げながら体を前傾する

　　なわの中央を片足で踏み、体を前に倒しながらなわを掛けた足を後に上げて止める動きである。左右どちらの足でも行う。片手でなわを持っても行う事が出来る体幹運動である。
　　この動きは、とびなわのグリップからなわが外れる事もあるので、グリップのすぐ下のなわの部分を持って行うと良い。前傾しながら両手を横に開く事や片手になわを持ってもう一方を上や横にする事も出来る。

（19）なわを頭上に上げて、体を前に倒しながら片足で立つ

　　二つ折りや四つ折りにしたなわを頭上に構え、徐々に体を前に倒して、水平片足立ちになり元に戻る動きである。左でも右でも行う。
　　水平になった所でしばらく止めると、体幹やバランス感覚を養う事が出来る。

（20）なわを斜め上に上げて、片足で立つ

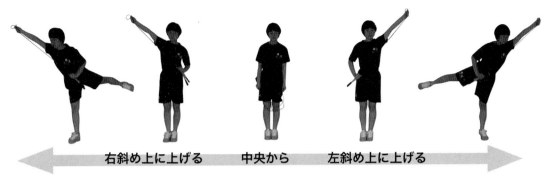

右斜め上に上げる　　　中央から　　　左斜め上に上げる

　四つ折りにしたなわを頭上から両足で軽く跳躍しながら徐々に下に下ろしたり、徐々に上に上げたりする動きである。めりはりを付けて、途中で止めたり、流れるように上げたり、下ろしたりする事も出来る。

（21）跳躍しながら腕を徐々に上下させる

上　　　　　　顔の前辺り　　　　　　胸の前辺り　　　　　　下に

　四つ折りにしたなわを頭上から両足で軽く跳躍しながら徐々に下に下ろしたり、徐々に上に上げたりする動きである。めりはりを付けて、途中で止めたり、流れるように上げたり、下ろしたりする事も出来る。

（22）跳躍度に腕を上下させる

はじめ　　　　　　　　上　　　　　　　　下

　四つ折りにしたなわを体の前で持ち、跳躍する度に頭上に上げたり、腿辺りに下ろしたりを、交互に行う動きである。上下どちらから始めても良い。

（23）なわと体を、跳躍する度に左右に捻る

はじめ　　　　　　左に捻る　　　　　　右に捻る　　　　　　左に捻る

四つ折りにしたなわを持ち、跳躍度に腰付近で左右に捻るように動かす動きである。
左右どちらから始めても良い。
同じ方向で複数回捻ってから、反対も同様に捻る事等も出来る。

（24）なわを両足で踏み、前後左右に移動する

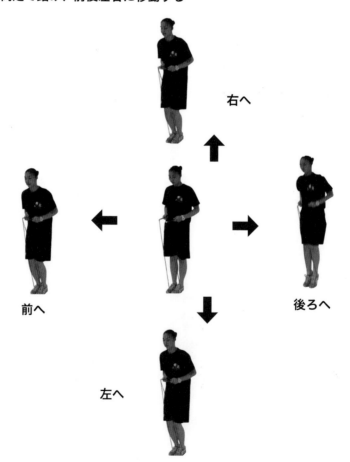

右へ

前へ　　　　　　　　　　　　　　　　　　後ろへ

左へ

なわが外れないように注意して、回数を決め同じ回数で小刻みに移動すると良い。
移動は、指示で動いたり自分で考えたり、またどこから始めても良い。

(25) なわを両足で踏み、跳びながら左右に一回転する

| 正面から | 徐々に回る | 元の位置へ | 一回りして戻る |

　なわの中央を両足で踏み、なわが外れないように注意しながら左右に一回転する。
　左回り、右回りのどちらから始めても良い。
　少しずつ1回転を8跳躍で回る位が丁度良く、4跳躍で1回転も試してみるとよい。
　2回や1回の跳躍でも回転出来るが、バランスを崩したりするのでそこまで無理しなくて良い。

(26) なわを片足で踏み、前後左右に移動したり左右に一回転したりする

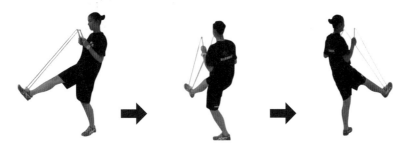

| 正面から | 右90度移動 | 180度後方に回転移動 |

　なわの中央を両足で踏み、足から外れないようにして、跳びながら前後左右に移動したり、左右に一回転したりする。
　また、左右どちらの足でも行うと良い。

(27) 立ってなわを踏み、片足を上げる

| 片足を前に上げる | 片足を横に上げる |

　この動きは、なわを踏んで立ち、なわの中央を片足の爪先辺りに掛けて行う体幹トレーニング的な動きである。チューブで行うより、ゆるむと外れたりふらふらと動いたりするのでなわをピンと張って行う確認が出来る。外れないように足首や爪先を意識すれば、一定回数上げたり少し下ろしたりを続ける事が出来る。
　手は横に開いても、上と横にしても、前に出したり、胸の所で縮めて付けたり、腰に当てて行ったり、手と足を同時に縮めたり伸ばしたりする事により、難易度が変化し、多くの動きの応用が可能である。小学校中学年以上向きの動きである。

3 床に座ったり、横たわったりして行う動き

（1）開脚して座り、なわを左足の裏に掛けて体を倒す

右に倒して　　　　　　はじめの姿勢　　　　　　左に倒して

　開脚して座り、４つ折りにしたなわを左右の足裏に掛けながら上体を倒す動きをする。掛けてから弾みを付けても、しばらく止めても良い。左右どちらから始めても良い。

（2）長座して、なわを両足の裏に掛けて体を倒す

頭上になわを上げて　　　　　　体を前に倒しなわを足裏に掛ける

　長座して足を揃えた姿勢から、四つ折りにしたなわを足の裏に掛けながら上体を前に倒す動きで、弾みを付けたり、足裏に掛けたら何秒か止めたりすると良い。
　柔軟体操やストレッチ的な動きである。

（3）なわを片足や両足の裏に掛けて、足を上げる

片足の裏に掛けて足を上げる　　　　　　両足の裏に掛けて足を上げる

　二つ折りにしたなわを、左右どちらかの足や両足裏に掛けて足を上げる動きである。
　片足は楽に上がるが、両足を上げると後に倒れる事もあるので腹筋を使う動きとなり、体幹が鍛えられる。一定時間上で止めるたりすると、結構きつい運動になる。

（4）なわを足を曲げて足の下に通したり、上に戻したりする

　二つ折りや四つ折りにしたなわを、膝を曲げてなわが足の下に入れたら足を伸ばし、曲げながら上に戻す動きをする。最初は、床に足を付けながら行い、慣れたら足先を床に付けず上下すると、腹筋やバランス感覚としての体幹が鍛えられる。

（5）なわで頭上回旋してから、お尻の下を通す

　　長座して、なわを片手にまとめて持ち、頭上回旋からなわを足先に入れながら両足を上げてお尻の下をずらして通す動きである。この時、なわを持たない手は床に付けないで行う。慣れると、なわを上に上げずゆっくり連続してお尻の下を通す事も出来る。
　　更に高度だが、腹筋を使って一気にお尻の下を通す事も出来るようになる。

（6）正座して、頭上回旋からなわを膝の下に通す

　　頭上回旋から、膝下に一気になわを通す動きだが、その場合マット等を下に敷いて行うと良い。マット等がないと足や膝が痛くなるので注意したい。
　　この動きは始めは頭上回旋から膝の前になわを持って行き、片足ずつずらしてなわを通す動きをして、慣れて余裕があれば一気になわを通してみると良い。

（7）なわを頭上に持ってうつ伏せになり、上半身を起こす

始めの姿勢　　　　　　　　**上体を起こす**　　　　　　　　**元の姿勢に**

　　なわは四つ折りにして持ち、足は閉じても開いても良い。
　　この動きは思い切り一気に行うと背筋を痛める事があるので、無理せず最初は３秒とか５秒位にし、慣れてきたら１０秒位我慢出来るようにする等、徐々に時間を延ばして行くと良い。

（8）うつ伏せでなわを足首に掛け、上半身を起こす

はじめの姿勢から　　　　　　　　　　　**体を反らせる**

　　なわの中央を足首辺りに掛けて、なわをピンと張ったまま手と足を上げて胸を反らせるという動きである。
　　なわの先端が足から外れないようにして、船の底のように両手両足を床から離して上体を反らせ、上げたままで次第に時間を延ばし１０秒位止めると良い。
　　また、強く引き過ぎてグリップからなわが外れないよう注意する。

（9）２つ折りにしたなわを頭から背中・お尻を通して前に出す

　長座して足を揃え、２つ折りにしたなわを頭上から背中、お尻まで下ろしながら体をゆりかごのようにして後に傾け、足が上がった時に下にあるなわを体を起こしながら抜く動きである。
　また、なわを足の前からお尻の下に入れ、後ろ回りをするように上体を寝かせた時に、なわをお尻から背中の下に通して、起きると同時に背中から肩を通って頭になわを抜く、という反対の動きで通したり、前後に連続して通す事も出来る。

（10）なわを両足先で挟み、頭の上に置いたり、捕ったりする

長座の姿勢から両足先でなわを挟んで頭上に置く

なわを置いたら一度戻る

もう一度頭上に置いたなわを足で捕って戻る

　なわを縛って両足先の間に挟み、後ろ回りのように下半身を後ろにして頭上の床になわを置き、一度始めの姿勢に戻り、もう一度両足を後ろに曲げて頭上に置いたなわを足先で挟んで戻るという動きである。
　なわを置く時に、惰性で後ろに投げるように置くと遠くなって捕れなくなったり、なわを平たく置くと足先でなわが捕れなくなったりするので、静かに置くと良い。
　この動きは、どちらかというと足で挟んで置く時より、置いたなわを捕る時の方が難しい。
　動きから、肥満気味の方はこの姿勢を取る事が難しいので、実施する場合は臨機応変に対応したい。

（11）なわを持って横向きに寝て、なわと上体を横に上げる

横向きに体を伸ばして → **上体となわを床から上げて**

　　４つ折りにしたなわを頭上に伸ばし、体を伸ばして横向きに寝る。そこから、足は上げずに上体となわを床から上に上げる動きをする。
　　上げた所で、次第に５秒位止めるようにしたり、繰り返し行ったりするのも良い。
　　意外に止めるのが難しく、体幹を鍛えられる動きである。
　　写真は左だが、右に上げる事も出来る。
　　発展として、足も同時に上げたり、片足だけ上げる動きが出来るがかなりきつい動きになる。

（12）なわを使って、床で手や膝をつき腕や足を伸ばす

対角線の前後に片腕片足を上げる　　　**対角線の左右に片腕片足を上げる**

　　この動きは、体幹トレーニング等でよく見られる動きであるが、膝等でなわをおさえて一方を手に持ってなわを伸ばす動きをする。正確に行わないと、なわがぶれたり、ゆるんだりするので更に難易度が上がるが動きとなる。一定時間上げた所で止めても良いし、一定回数手足を縮めたり伸ばしたりして行っても良い。
　　対角線の発展として、同方向の手足を伸ばすとかなり難しい体幹運動が出来る。
　　小学校中学年以上の動きである。

（13）床に手と足をつき、なわを持って伸ばしながら体を横に上げる

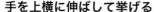

手を上横に伸ばして挙げる　　　**手を頭上に伸ばして挙げる**

　　この動きも、体を横に伸ばして上げながら行う体幹トレーニングとしての動きである。
　　下の手や肘の下でなわを抑えながら、もう一方の手や腕に持ったり掛けたりして横や頭上に上げるという動きで、伸ばして張ったところで止めたり、一定回数下にゆるめてから上げて伸ばして張るという動きを行う事も出来る。応用発展として上のなわを持つ腕や手を前に出したり、回すように動かしたりと、発展も可能である。見るより行ってみると体を横に支えるのは難しく、それになわを持って行うと更に高度になる。
　　小学校高学年以上向きな動きである。

（14）床に横たわり、なわを足にかけて片足横に上げる

　　この動きも体幹トレーニングとしての動きであるが、なわを足の下におさえて、なわの中央を上げる足に掛けて横に開く動きである。チューブ等で行うより、正確性が要求され、開いて上げた所で一定時間止めたり、少しゆるめて下ろしたり上げたりという動きも出来る。ゆるみと張りでチューブや何もない時より意識して運動する事になり集中力が必要である。
　　小学校中学年以上向きな動きである。

4　なわを持って、振ったり回旋したりする動き

（1）片手なわ前後揺らし

　　なわを片手にまとめて持ち、膝を曲げ伸ばししながら体をくの字に曲げ、腕を前後に振る動きに合わせてなわを動かす動きである。行い方としては、最初小さくなわを前後し、次第に大きく動かして行くと良い。

　　左手でも右手でも出来る。腕を前後に振る動きに合わせて、わずかに膝を上下に曲げ伸ばしすると心地よく動く事が出来る。

　　この動きは、片手で連続するだけでなく、前から後に行く間と、後から前に行く間に体の前でなわを持ち替えて動く事も出来る。

（2）両手なわ伸ばし持ち8の字

　　二つ折りや四つ折りにしたなわの端を持ち、膝を曲げながら左右に8の字を描くように体を曲げたり捻ったりしながら、同時に左右で手の上下を入れ替える動きをする。

　　前と後ろからの動きがあり、左からも右からも動き始める事が出来る。

　　左右になわを動かす時に顔も動かす方向に向けて動かすと行い易い。

　　動きのイメージとしてカヌーのオールを左右に漕ぐような動きに近く、見ているより行うと結構運動強度が高い動きである。

（3）頭上水平回旋

　水平回旋の最も体の上部で行う頭上での回旋である。左手と右手でそれぞれの左右回旋と、両手でも出来る。ヘリコプター、タケコプター、風速計等の愛称もある。
　また、回転しながらジャンプしたり、歩いたり、走ったり、スキップして行ったりする等応用も出来る。

（4）頭上8の字回旋

　片手でなわを持ち、頭上で左右に8の字回旋をする動きであるが、完全に水平に動かす事は出来ない。手首を左右に振り、なわを上下に動かし続けるような動きとなる。
　左手でも右手でも出来る。
　また、左と右からの回旋と、斜めに始める前回旋や後ろ回旋も出来る。

（5）体中央周回回旋

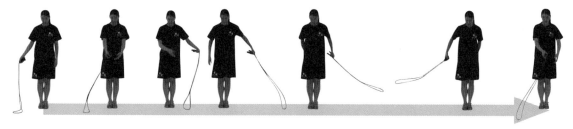

　体の前から回し始め、背中から前に出る時に持ち替える回旋の動きとなる。
　左回しと右回しがあり、胸近くのやや高い回旋と腹部や腰近くでの回旋が出来る。

（6）膝下周回水平回旋（回旋のみで跳ばない）

　膝下水平回旋を跳ばずに足の周りをなわを持ち替えて回旋する動きで、左回りと右回りがある。

（7）膝下水平回旋跳び

＜右手左回しの両足膝下水平回旋跳び＞

　　膝下辺りの高さで回っているなわを跳ぶ動きである。頭上回旋と共に、最もよく行われている動きで、足きり跳びとか時計跳び等の愛称で親しまれている。

＜膝下水平回旋跳び（右手なわ左回し・右回りかけ足跳び）＞

　　膝下水平回旋をしている中で、自分も左右に回りながら走るように跳んだり、両足で跳んだり、なわの中央を見ながら回る等色々と応用が出来る。
　　この跳び方や動きには、下表の24種類がある。
　　これらを両手でなわを持って、中央を向いて行う事や回しながら手を持ち替えても出来るので、更に種類が増える。

1　左手なわ左回しその場両足跳び 2　左手なわ左回しその場かけ足跳び 3　左手なわ左回しその場片足跳び (左・右)	4　左手なわ右回しその場両足跳び 5　左手なわ右回しその場かけ足跳び 6　左手なわ右回しその場片足跳び (左・右)
7　右手なわ右回しその場両足跳び 8　右手なわ右回しその場かけ足跳び 9　右手なわ右回しその場片足跳び (左・右)	10　右手なわ左回しその場両足跳び 11　右手なわ左回しその場かけ足跳び 12　右手なわ左回しその場片足跳び (左・右)
13　左手なわ左回し右回り両足跳び 14　左手なわ左回し右回りかけ足跳び 15　左手なわ左回し右回り片足跳び (左・右)	16　左手なわ右回し左回り両足跳び 17　左手なわ右回し左回りかけ足跳び 18　左手なわ右回し左回り片足跳び (左・右)
19　右手なわ左回し右回り両足跳び 20　右手なわ左回し右回りかけ足跳び 21　右手なわ左回し右回りかけ足跳び	22　右手なわ右回し左回り両足跳び 23　右手なわ右回し左回りかけ足跳び 24　右手なわ右回し左回り片足跳び (左・右)

（8）足下水平回旋跳び

床や地面すれすれになわを回して跳ぶ動きである。左手と右手での回し方と、前回しと後ろ回しがある。
膝下よりは易しい動きである。

（9）体前垂直回旋（体前回旋）

＜右片手垂直回旋・正面＞

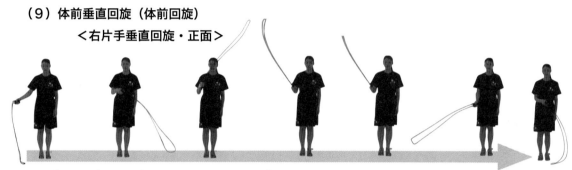

この動きは、右手でも左手でも両手でも行う事が出来る。
また、左回しと右回しがある。正面で回すので、飛行機のプロペラという愛称もある。

＜右片手垂直回旋・側面＞

横から見た体前垂直回旋・腕全体から肘、そして手首と同じ回旋でも次第に回し方も小さくきれいに回
せるようにして行くと良い。

（10）体前水平回旋

なわを４つ折り位にやや短くして、お腹と腰を後ろに引き、体の前で水平に回旋する動きである。
左手・右手での左回しと右回し、両手での左回りと右回りの計６種類が出来る。

（11）なわを持って体回旋をする

　　なわを両手で持って体回旋する動きである。なわの先を床に付けて回すイメージで、大きくゆっくり回す動きである。均等に、左右どちらの回旋も行うと良い。

（12）背面（体後）垂直回旋
＜下（腰後ろ）での背面垂直回旋＞

　　体の外側から弾みを付け、手首を内側に返して腰より下で背面に回旋する動きである。

＜上（頭後ろ）での背面垂直回旋＞

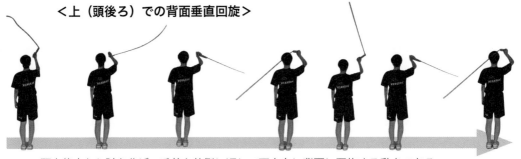

　　頭上後方から肘を曲げ、手首を外側に返して下方向に背面に回旋する動きである。

＜肩口での背面垂直回旋＞

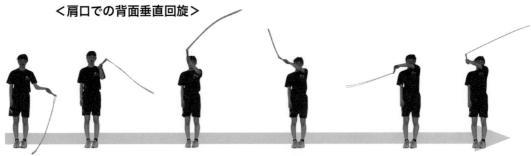

　　写真では左腕回旋右肩だが、右腕回旋だと左肩で回旋する動きとなる。
　　これらは背面プロペラ等とも呼ばれている。背面回旋は、他の回旋に比べると手首を意識しないと出来にくい動きであり、一般的にあまり行われていない。
　　例のように背面下での回旋と、頭後ろ辺りでの上の回旋と、腕を斜めにした肩口での回旋の3種類がある。
　　右手でも左手でも、左回しも右回しも両方出来る。

（13）頭上水平回旋と膝下（足下回旋）水平回旋連続（体上下８の字回旋）

　頭上で水平に一回旋させ、続けて足の下でもう一回旋を繋いで跳ぶ動きである。

　下に下ろして跳ぶ場合、足下の回旋と膝下回旋があり、足下はやり易く、膝下の場合はやや高く跳び上がる事が必要になる。

　この動きは、左手と右手のそれぞれ左、右からの回旋の４種類が出来る。両手でも行う事が出来るが、片手で行った方が自然な動きになる。

（14）正面・背面８の字回旋（体前・体後８の字回旋）

＜右手での左回旋の正面・背面８の字回旋・上＞

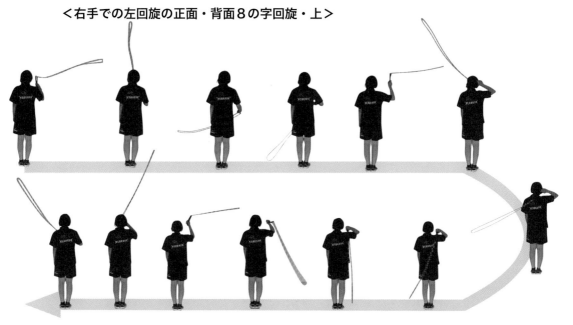

　体前・正面で右手の左回旋を１回回してから肘を上げて、手首を後ろ側に返して頭の後ろ辺りで上から１回体後の背中・背面回旋での左回旋を繋げる動きである。

　前方での回旋が終わり近くで肩になわが来た所で、体前正面から体後背面に、背面ではなわが体の外に回った所で体前正面に戻すようになわを動かして繋ぐようになる。

　この連続した動きは、右手の右回旋で体前正面・体後背面と、左手で左回旋と、左手で右回旋で体前正面・体後背面を繋ぐ事も出来る。

　跳ばないなわの動きも多く経験しておく事により、跳ぶという動きにも有効である。

　自由自在になわを操り、さばき、動かせるように是非行いたい。

＜左手での左回旋の正面・背面８の字回旋・肩口＞

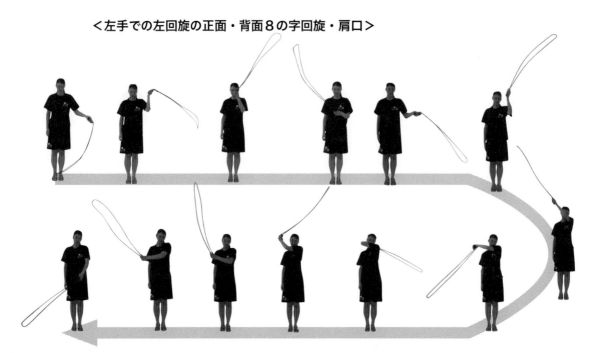

　体前正面・体後背面８の字を片手で行う場合は、後ろ・背面に移る時に上・下・肩口の３つの場所で行う事が出来る。

　両手では後方への上と肩口は出来るが、下の腰辺りの体後・背面を両手で行うと片方が後ろまで手が回らずに、なわが斜め後ろに広がって回るため、正確には回せない。

　左手、右手での左・右回旋と両手での左右回旋は、下表の合計２０種類が出来る。

1 右手で前右回旋で上から右肩後ろへ		13 右手で前右回旋で左肩から後ろへ	
2 右手で前左回旋で上から右肩後ろへ		14 右手で前左回旋で左肩から後ろへ	
3 左手で前右回旋で上から左肩後ろへ		15 左手で前右回旋で右肩から後ろへ	
4 左手で前左回旋で上から左肩後ろへ		16 左手で前左回旋で右肩から後ろへ	
5 右手で前右回旋で右下から右後ろへ		17 両手で前右回旋で左肩から後ろへ	
6 右手で前左回旋で右下から右後ろへ		18 両手で前左回旋で左肩から後ろへ	
7 左手で前右回旋で左下から左後ろへ		19 両手で前右回旋で右肩から後ろへ	
8 左手で前左回旋で左下から左後ろへ		20 両手で前左回旋で右肩から後ろへ	
9 両手で前右回旋で頭上から後ろへ		× 両手で前右回旋で左下から後ろへ	
10 両手で前左回旋で頭上から後ろへ		× 両手で前左回旋で右下から後ろへ	
△ 11 両手で前右回旋で右下から後ろへ			
△ 12 両手で前左回旋で左下から後ろへ			

　　　　　　　　　　　　　　△は、出来なくはないがやや斜めに開く回旋になる。
　　　　　　　　　　　　　　×は、大きく開く回旋になりほぼ正確に出来ない。

　この動きは、意識しないと自然に行う動きではないので、こつを掴み、無理せず「こういう動きもある」という程度でも良いだろう。

　実施者全てが出来なくてはならない動きではないが、出来ると中々楽しい動きである。

（15）頭上水平回旋から仰向け体前（正面）水平回旋

仰向け回旋になるまでは、次のように段階的に行う方法がある。

1 頭上回旋しながら、軽く膝を曲げたり伸ばしたりして回してみよう。
2 頭上回旋しながら、床等に片手を付けてから立ち上がってみよう。
3 頭上回旋しながら、床等に片膝を付いてから立ち上がってみよう。
4 頭上回旋しながら、床等に両膝を付いてから立ち上がってみよう。
5 頭上回旋しながら、床等にしゃがんでお尻を付いて、両足を伸ばしてから立ち上がってみよう。
6 頭上回旋しながら、床等にしゃがんでお尻を付けてから両足を伸ばして、上体を後ろに倒して仰向けに寝ながら、回旋をして立ち上がってみよう。

　　　仰向けに寝た時にスピードをゆるめれば体に当たる事もあるが、痛くて困る程ではない安全な動きである。左でも右手でも両手でも右回しや左回しが出来る。

（16）足首なわ掛け水平回旋跳び

　　片方の足首になわを掛けて回旋させ、なわを掛けていない足はなわの回旋に合わせて、ぶつからないよう片足でなわを避けながらステップして跳ぶ動きである。
　　この動きは、なわを掛けて回した状態で歩いたり、走ったりしながらも行う事が出来るが、グリップが傷ついたり、踏んで破損したりする事もあるので注意したい。
　　左足での左回旋と右回旋、右足での左回旋と右回旋の４種類の動きが出来る。

　　実は、左右の足にそれぞれなわを掛けて、同時または、交互に内回しや外回し、二本同時に右回しや左回しも出来るのだが、二本のなわ掛けの場合、リズムが狂ったりすると、それまで良い調子で走っていたのがなわ同士と足が絡まり、例えとして二人三脚時のように転倒してしまうので、二本まで無理にしなくても良いだろう。

（17）片側回旋（片手・片側方垂直回旋）

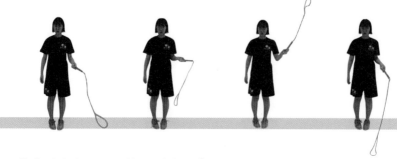

片手でなわをまとめて持ち、左右いずれかで垂直に片側回旋をする動きである。
この動きには、次の４種類の動きが出来る。

　　　　左側側方回旋・・・１ 左手での前方回旋、２ 左手での後方回旋
　　　　右側側方回旋・・・３ 右手での前方回旋、４ 右手での後方回旋

（18）片側回旋（両手片側方垂直回旋）

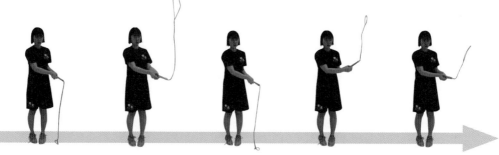

両手でなわを持ち、左右いずれかで垂直に片側方回旋をする動きである。
この動きは、次の４種類が出来る。

　　　　左側側方回旋・・・１ 両手での前方回旋、２ 両手での後方回旋
　　　　右側側方回旋・・・３ 両手での前方回旋、４ 両手での後方回旋

（19）片側回旋・瞬時方向変換

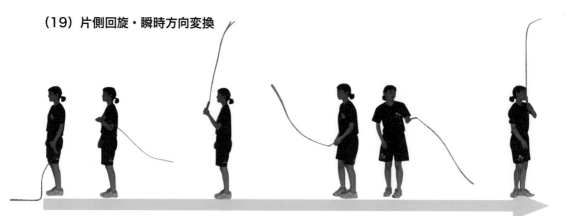

前方の左側方回旋からなわの回旋方向は変えずに、体の向きだけ変えて

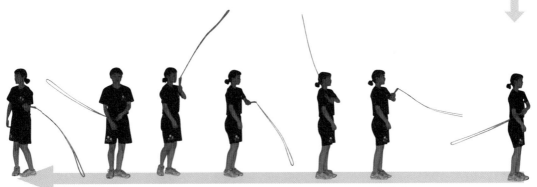

後方に向きを変え、瞬時に後方の右側方回旋に移り、その後前方へ

この動きは、片手と両手で次の下表の6種類の動きがある。

　　　1　左手で左側回旋前方から右側側方回旋後方
　　　2　左手で右側回旋後方から左側側方回旋前方
　　　3　右手で左側回旋前方から左側側方回旋後方
　　　4　右手で左側回旋後方から右側側方回旋前方
　　　5　両手で左側回旋前方から右側側方回旋後方
　　　6　両手で右側回旋後方から左側側方回旋前方

　「前に回したまま、なわを止めないで後ろ回しにしてみましょう。」と言われたら、きっと考えながら夢中になって色々と回す事になるだろう。

（20）両側方垂直回旋・持ち替え（持ち替え8の字回旋）

＜前方持ち替え＞

前方の片手から反対の手に持ち替えた左右両側8の字回旋

＜後方持ち替え＞

後方の片手から反対の手に持ち替えた左右両側8の字回旋

（21）両側方垂直回旋・片手（片手８の字回旋）

　　どちらか片手になわをまとめて持ち、左右の両側回旋８の字回しを片手で行う動きである。写真は左手での両側回旋前方回旋をしている例である。

　　両側回旋・左右の８の字回しは、なわを回しながらなわが体のどこの部分にも触れずに続けて回す事が出来るようになれば完成となる。
　　この動きには、次の６種類の動きがある。

左手で、両側回旋前方回旋、両側回旋後方回旋
右手で、両側回旋前方回旋、両側回旋後方回旋
両手で、両側回旋前方回旋、両側回旋後方回旋

（22）両側方背面垂直回旋（背面８の字回旋）

　　背面での両側方回旋（背面８の字回旋）は、どちらか上に上げた手を下から前に出しながら外側に半円を描くようにして、なわと手が腰付近に降りてきたら反対側の手を下から外側に出すよう繋ぐ動きである。

　　普段あまり行わない動きなので、最初はなわを持たずに、ゆっくり動きを確認してからなわを持って行うと良い。

　　小学校低学年では中々難しいが中学年以上であればほぼ全員、時間を掛ければ出来る動きである。背面での両側回旋（背面８の字回旋）は、背面交差跳びや背面側回旋交差跳びに繋がる動きである。

（23）両側方背面垂直回旋（背面8の字回旋・まとめ持ち背面持ち替え）

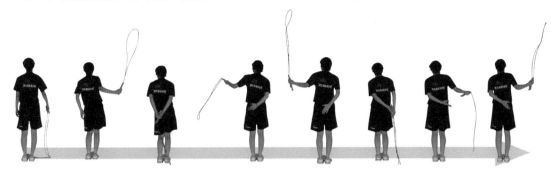

　　この動きは、右回しは右手で、左回しは左手と片手で行う動きで背中・背面から反対になわが動いた所でなわを持ち替えて続ける動きである。
　　持ち替えなしで背面両側方回旋をするよりは、易しい動きである。

　　始めは、片側で後方回旋を1回回したらなわを止めてでも良いから、背中辺りでなわを持ち替え、反対の片側で後方の回旋をするようにする。
　　次第に流れるようになわを動かして上手く持ち替えて行けば、出来るようになる。

（24）片足バランス軸足水平回旋・持ち替え

　　この動きは、右足でも左足でも軸としても出来る、また左回しと右回しがある。行ってみると不安定で中々続けて回す事が難しい。

　　行う秒数や回数を決めて行うと、かなりバランス感覚や体幹が鍛えられる。
　　更に、応用としてゆっくり1歩ずつ前や後ろに進みながら、同じ足でも足を交互にして行う事も出来る。

　　頭上回旋や側回旋等の動きを紹介して来たが、周りとぶつからないようにすれば歩いたり、走ったりしても出来る動きもある。
　　どうしても得意な方や利き手のようにどちらかの手は動くがもう一方は動きがぎこちないとか、動きに左右の差等がないよう、どの回旋の動きも片手でも両手を同時に持っても、交互に持ち替えても出来るようにしておくと良い。

　　なわを自分の思うようにさばき、操り、動かす事が跳ぶ技の習得もスムーズになるのである。

（25）両手正面半回旋

　両手でなわを持ち、体の前で左右に揺らし、次第に大きく振って頭上位まで振る動きで、左右どちらから始めても良い。

　ここからの正面半回旋や一回旋系の動きは、なわが太い方が行い易く、新体操等で使用するなわのような物の方が揺らし易い。
　なわを揺らしながらその揺れに合わせて軽く膝を曲げて行ったり、大きな動作で行ったり、上体を揺らす方向に向けたりする動きが、スムーズに動ければ心地よいものとなる。

（26）片手正面半回旋

　片手でなわを持ち、体の正面で半回旋する動きで、左右どちらの手でも出来る。
　少しずつ高く上げて行くと良い。
　両手で大きく揺らして上げるより、片手の方がやや上まで伸びるようである。

（27）片手正面半回旋・持ち替え

　この動きは、左右になわを揺らしている途中で身体の正面で持ち替えて上げる動きである。上手く持ち替えて揺らすと、とても軽快な感じがする動きである。

（28）片手正面半回旋・片足斜め後ろ上げ

　片手でなわを持ち、左右に振りながら次第に頭上まで振り、足を斜め後ろに上げる動きである。
　この動きは、なわ揺らし部分をなわの先端を意識して揺らしながら足を上げるときれいに出来る。左上になわが上がった時に、右足を斜め後ろに上げる。右になわが上がった時は左足を斜め後ろに上げる事により、体は斜めに一直線になる。

　この動きには左手と右手で持つ方法と、正面で持ち替える方法と、両手で持って行う方法の4種類がある。

（29）片手正面半回旋・片足同方向横上げ

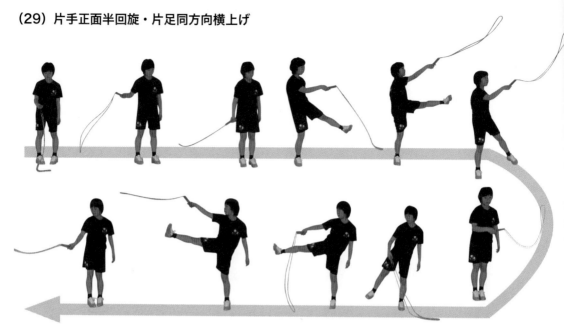

　この動きは、なわの揺れに合わせて足を上げるので、なわ揺らしをゆっくりと行いながら足を上げる動きである。左上になわが上がった時に、左足を横に上げ、右になわを上げた時に右足を上げるというように、なわが上がる方向と上げる足は同じになる動きである。この動きは、左手でも右手でも両手でも出来る。

（30）片手正面半回旋・片足異方向横上げ

　この動きは、ゆっくりとしたなわの揺れに合わせて左上になわが上がった時に、右足を横に上げ、右になわが上がった時に左足を上げるというように、なわが上がる方向と上げる足は異なる動きで、体を閉じる、クロスする、または横に足を蹴るというような動きとなる。

（31）片手正面半回旋持ち替え・片足斜め後ろ上げ

　なわをまとめて片手で持ち、左右に揺らしながら正面でなわを持ち替え、なわを上に上げる時に片足を斜め後ろに上げる。左手でも、右手でも同じ動きが出来る。

　写真は、右になわが動く時に左手でなわを揺らし、左に動く時に右手を上げているが、その反対に右に動く時に右に持ち替え、左に動く時に左になわを持ち替える方が自然である。更に、写真では手をクロスするように持ち替えた方法で行っている。
　上げる手は説明の通り２種類ある。

（32）片手正面半回旋持ち替え・片足同方向横上げ

　左右に揺らしたなわを体の正面で持ち替え、なわが上に上がったら足を横に上げる。
　左上になわを上げる時には左足が、右になわを上げる時は右足を横に上げる、というようになわと足は同方向に上がる動きである。

（33）片手正面半回旋持ち替え・片足異方向横上げ

　　左右に揺らしたなわを体の正面で持ち替え、なわが上に上がったら足を横に上げる動きである。
　　左上になわを上げる時には右足が、右になわを上げる時は左足を横に上げる、というようになわ
と足は異方向を上げるので、体を捻って閉じる、クロスするような動きとなる。
　　これらの動きは、体の後側、背中方向でも行う事が出来るので、時々やってみるのも面白いが、
前だけでも十分楽しめる動きである。

（34）片手正面垂直一回旋

なわを片手で持ち、左右に正面垂直回旋３６０度一回転をする動きである。
左からの開始回旋と、右からの開始回旋の２つの動きが出来る。
また、この動きはなわを左手でも右手で持って行う事も出来る。

（35）片手正面垂直一回旋・持ち替え（オープン）

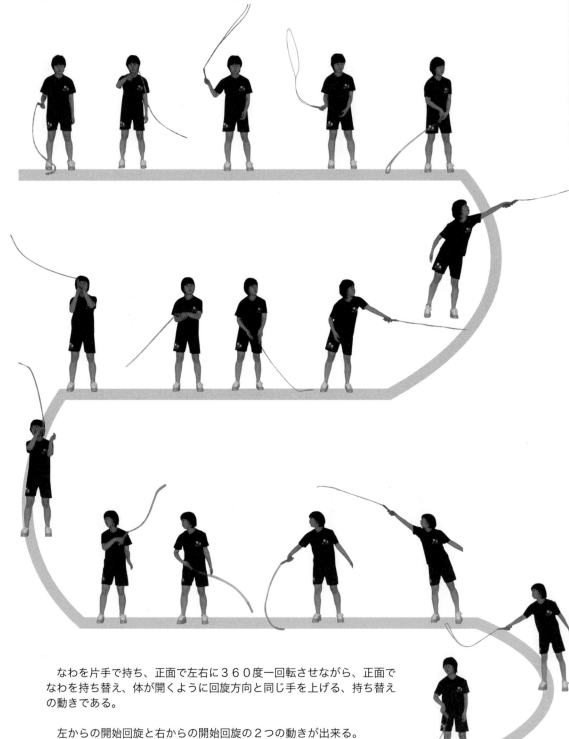

　なわを片手で持ち、正面で左右に３６０度一回転させながら、正面でなわを持ち替え、体が開くように回旋方向と同じ手を上げる、持ち替えの動きである。

　左からの開始回旋と右からの開始回旋の２つの動きが出来る。
　なわを持ち替える場所やタイミングは、３６０度一回転してなわを上げる前に下で持ち替えると良い。

（36）片手正面垂直一回旋・持ち替え（クロス）

なわを片手で持ち、左右に３６０度一回転させながら正面でなわを持ち替える動きである。
左からの開始回旋と右からの開始回旋の２つの動きが出来る。
なわを持ち替える場所やタイミングは、３６０度一回転が始まった時に上で持ち替えると良い。

写真の動きは体が閉じるように回旋方向と反対の手を上げるクロスの持ち替えの動きである。

（37）両手正面一回旋

　両手でなわを持ち、正面で左右に３６０度一回旋する動きである。
　左だけの連続回旋と右だけの連続回旋、それを繋いで行う左から右へ、右から左への連続回旋が出来る。

　連続回旋の場合は、左からの開始回旋と右からの開始回旋の２つの動きが出来る。
　上になわを回す時に体をよく伸ばすと共に、背筋も伸ばすように意識すると姿勢が良くなる感じがする、体操的な動きである。

（38）両手正面一回旋、片足斜め後ろ上げ

　　両手でなわを持ち、左右に正面で３６０度一回旋した動きの終わりに、足を斜め後ろに上げる動きである。

　　左になわを上げた時には右足を斜め後ろに上げ、右になわを上げた時には左足を斜め後ろに上げる。

　　つまり、上げた方向と反対の足を斜め後ろに上げる動きになる。
　　なわの先端から後ろに上げた足先までを伸ばすイメージを持って行うようにすると良い。

（39）両手正面一回旋、片足同方向横上げ

　　両手でなわを持ち、左右に正面で３６０度一回旋を回した後に、足を横に上げる動きで、回旋の終わりに上げる足は、左に回旋したら左足を横に上げ、右に回旋したら右足を上げるというように、回旋と同じ足を横に上げる動きになる。

（40）両手正面一回旋、片足異方向横上げ

　両手でなわを持ち、正面で左右に３６０度一回旋して、なわが上がる方向と異なる足を横に上げる動きである。足を横に蹴るように、下半身をクロスして捻るような動きになる。

　なわの先端への意識と足の動きを同調する意識を常に持っていないと、なわの動きがきれいにならなかったり、足を上げるタイミングがずれたりする。

　手と足の動きのずれをなくし、なわの回旋の形をきれいにする為には、正面垂直一回旋でなわの動きを行った後に、なわを上げる時にたるませないように意識して行う事が大切である。

　なわを回したり、足を上げたりするこれらの動きは、全体的にゆっくりと丁寧に行う動きである。

（41）片手正面一回旋・片足斜め後ろ上げ

　片手でなわを持ち、体の正面で一回旋して、左になわを上げる時は右足が後ろに上がり、右にな
わが上がる時は、左足を後ろに上げる動きである。

　写真では右手で回しているが、左手でも回す事が出来る。その場合は、右手と反対の動きになる。
また、左からでも右からでも回旋を始める事が出来る。

（42）片手正面一回旋・片足同方向横上げ

　　片手でなわを持ち、体の正面で一回旋して、なわを右上に上げる時に右足を横に上げ、左上にな
わが上がる時には、左足が横に上がる。
　　この動きは、左手でも右手でも行う事が出来るが、左手で回す場合は、右手の反対の動きになる。
また、左からも右からも回旋を始める事が出来る。

　　足を斜め後ろに上げる動きと似たように見えるが、後ろに上げる動きと横に上げる動きとでは
行ってみると重心移動が全く違う事が分かる。

（43）片手正面一回旋、片足異方向横上げ

　この動きは、右手で回旋して右上になわが上がる時には左足がクロスするように横に上げ、左上になわが上がる時は、右足がクロスするように横に上げる動きである。左手で行う場合はその反対となる。

　右手でも左手でも、どちらでなわを持っても出来る動きである。

　後に、体の前でなわを持ち替える動きに発展させる事が出来る。

114

（44）両手３６０度頭上一回旋

　　左右のなわ揺らしから、頭上になわを上げたまま体となわを同時に一回転させてから下ろす動きである、左回転と右回転しながらの両方の動きが出来る。
　　また、この動きの途中で一回転して、前に来た時や反対に回し始めた時に、床に手が着くような所まで体を折り曲げたりすると、柔軟性に富んだ大きく柔らかな動きになる。
　　更にこの回転の動きの最後に、後ろ斜め足上げや同方向や異方向の片足横上げ等を組合せたり、付けたりしても行う事が出来る。

（45）両手３６０度頭上一回旋から体横巻き付け

なわを頭上に上げながら横に一回転し、回転後になわを下ろしながら体に横巻き付けをする動きである。左回りと右回りの回転後の巻き付けが出来る。

（46）両手３６０度頭上一回旋から体上下縦巻き付け

　　両手を上下に開きながらなわを上げて横一回転し、その後に縦に体に巻き付けをする動きである。体以外に足や腕等巻き付ける場所も、巻き付け方も色々あるので動きを工夫すると良い。

　　但し、ふざけて頭や顔、首等に巻き付けて引っ張る等、危険な事をしないよう注意して巻き付けを行ってほしい。

5 足下・股下系のなわ跳び

（1）前方股下持ち替え8の字回旋（開脚）

　　両足を肩幅よりわずかに開いて立ち、片手に持ったなわを前中央に動かしながら左右反対の足後側になわを通すと同時に腿の後ろで持ち替える動きである。
　　最初はゆっくり足の下で持ち替える時に止めて行い、慣れたらなわの動きを止めずに足の下でなわを持ち替えるようにする。

　　この動きは、前方からも後方からも出来る。前方は1つしか動きがないが、後方の8の字持ち替えは、内足での持ち替えと外足で行う持ち替えの2種類が出来る。

（2）前方片足上げ股下持ち替え内側8の字回旋

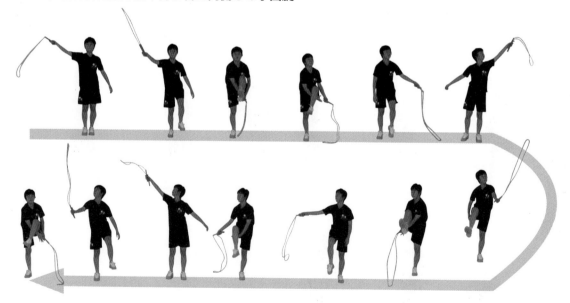

　　片手になわを持ち、前方中央になわを下ろしてながらなわを持っている手と反対足を上げて、上げた足の腿の下辺りでなわを持ち替える動きである。
　　往復2回位は行うと良い。左右どちらから始めても出来る。

（3）後方片足上げ股下持ち替え内側8の字回旋

　なわを後方に回しながらが、床や地面に当たった時になわを持つ手の反対足をやや内側に向けて上げ、なわ全体が足の下を通った所でなわを持ち替えて8の字回旋を行う動きである。
　後方は、上げていない軸になっている足の爪先辺りになわが当たってなわが止まってしまう事があるので、なわの動きをよく見て行う事が大切である。

（4）後方片足上げ股下持ち替え外側8の字回旋

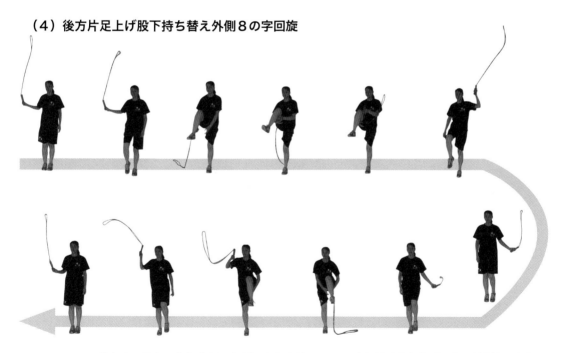

　この動きは、後方になわを回しながらなわを持っている手と同じ足を上げ、足の外側からなわを入れて、体の中央でなわを持ち替えて8の字回旋をするという動きである。
　前方は動きが1つだが、後方は（3）の内足と（4）の外足と2種類の8の字持ち替えが出来る。

（5）両足下膝曲げ横回旋・持ち替え

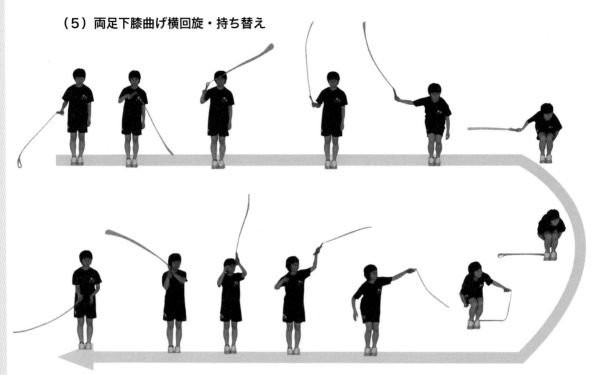

　この動きは、体前（正面）水平回旋した後、膝を曲げ腿の下辺りでなわを持ち替える動きである。
ゆっくり回旋し、なわの動きをなるべく止めないで続ける事が出来ると良い。
　左右どちらの手でも、また左回しと右回しの両方が出来る。
　なわを抜いてから体の正面でなわを持ち替えると、続けて同じ動きが出来る。

（6）両足下横回旋・跳躍同時持ち替え

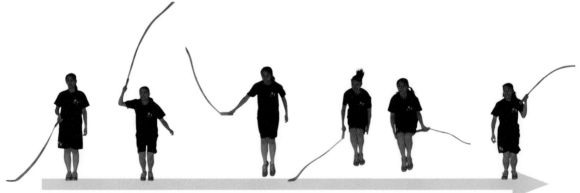

　何回か体前でなわを垂直回旋し、タイミングを図ってやや膝を曲げて高く跳躍すると同時になわ
を横から両足の下方向に勢いよく持って行き、腿の下辺りでなわを素早く持ち替えて反対側に抜い
て着地するという動きである。
　この動きは左右どちらの回転からでも持ち替えが出来る。

　跳躍的に、やや三回旋に近い跳躍力と素早い持ち替えが出来る事が必要である。
　何回か体前垂直回旋をすると、間に休みが入るので繋ぎ易く、体前回旋を１回位ですぐに持ち替
えるとかなり難しくなる。
　体前回旋をしないで、直接ジャンプしての持ち替えも出来るが、相当高度になるので一部の人に
しか出来ない。
　そこまで出来なくても、効率良く間をあけて左右１回ずつでも出来れば十分である。

（7）前方片足上げ股下返し（前方片足上げ股下振り返し）

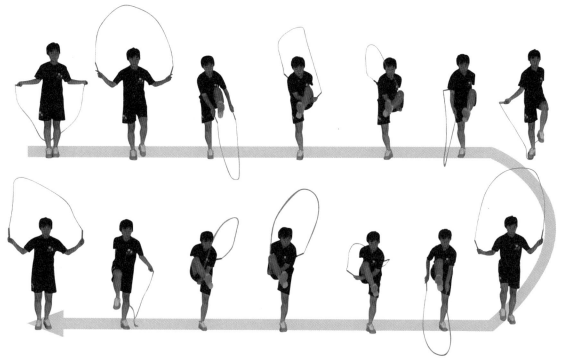

　この動きは、脇振り返し回旋を片足を上げて前方で行う動きである。なわを前方に回すと同時に上体をやや前傾しながら片足を上げ、そのままなわを開いて入れると、なわが自然に惰性で回って来る。回ったなわが床に当たったら腕を開いて反対側に移るという動きとなる。
　立位姿勢での脇振り替えし回旋や、混合という手の状態を理解した上で行わないと出来ない。
　最初は片方ずつ練習し、その後左右を繋ぐと良い。

　動きとして、片足立ちで体を前傾しながらなわを動かしているので、不安定となり体幹やバランスを鍛える動きとも言える。
　この動きを、前になわが下りて来る時に腕を開かずに跳ぶと片足片手膝下交差跳びとなり、その基礎となる動きである。

（8）後方片足上げ股下返し（後方片足上げ股下振り返し）

〈前方から見た動き〉

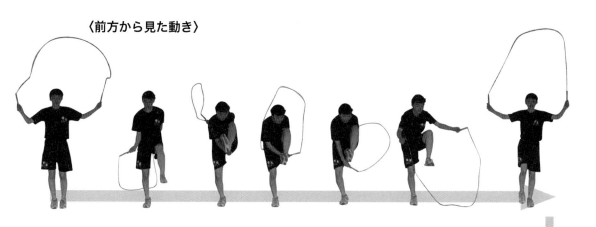

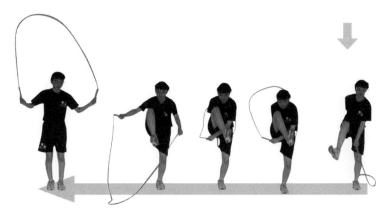

〈後方から見た動き〉

　この動きは、脇振り返し回旋を片足を上げて後方で行う動きである。
前方同様跳ばないなわの動きであるが、前方に比べて後方の方がかなり難しい。

　前方はなわが入る方向と上げる足が同じであるのに対し、後方はなわが入る方向と反対足を内側
にして上げ、体を前方より前に丸め込むようにしないとなわが通らないので難しくなる。

　がっちりした体型の人や肥満気味の人は中々この体勢がとりにくく、なわが上手く通らない事が
多いので更に難しく感じる。

（9）体なわ抜き・左右通し

　　この動きは、なわをどちらか片足から入れて反対方向の足に通してなわを抜き、抜いた足から入れて通して元に戻すという、体の左右を往復してなわを通す動きで、左右どちらの方向（足）から始めても良い。動きは、次のようになる。

　①　手を上下にし、下になっている手と同じ片足を挙げて、足の下になわを入れながら、頭上方
　　　向にあるなわを左から頭、背中を回して反対足先に動かして抜く。

　②　抜いた足を上げたまま上下の手を反対にして足の下になわを入れる。

　③　上の手を動かして頭、背中足先にとなわを抜く、という動きをする。

　　最初に、完成されたスムーズな動きを見て行わせると、ほとんど混乱して出来ない。

　　見るのと行うのではかなり違いを体験する動きであるが、説明を加えてゆっくり途中で止めながら行えば特に難しくない。

　　小学校中学年以上向きの動きで、出来るととても楽しい動きである。

(10) 前方股下内（下向き）交差跳び

　足を開き、上体を前に倒しながら回したなわが床に当たった所で股下内に引き、同時に両手を交差して回ったなわを跳ぶ動きである。
　跳び終わりは、体を起こしながらなわを前に出すと終わりとなる。

　この下向き姿勢のまま何回も続けて跳ぶ事も出来るが、重心が崩れると前方に倒れるので注意したい。この動きの後方も出来るが、かなり難しい。

(11) 前方股下内（下向き）両手外向き跳び

　この動きは、股下内交差跳びと入り方は同様で、股下内になわを引いた時に、膝の外側に両手を開くように出してなわを跳ぶ動きである。

　後方も出来るが、かなり難しい。

（11）前方片足上げ膝下片手外向き跳び

〈右での外向き跳び〉

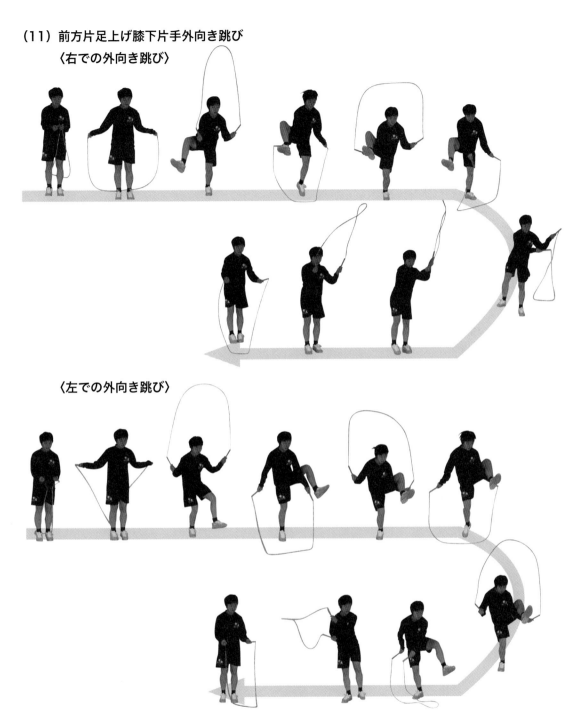

〈左での外向き跳び〉

　　この動きには、片足の左外下と右外下の両方が出来る。
　　同じ足で何回も連続して跳ぶ事も出来る。片足が上がっている為、跳ぶのはどちらか片足となる。

　　この跳び方から元の体勢に戻すには、前になわが回った時に上げていない足の外方向になわを寄せて、空回しするような動きとなる。

（13）前方片足上げ膝下片手外向き左右連続跳び

片足上げ膝下片手外向き跳びを、左右で連続して跳ぶ動きである。

（14）前方片足上げ膝下内側片手交差跳び
〈右足下での交差跳び〉

　右足を上げて交差する場合は左手が膝下に入り、右手は足の上で左に向けて交差体勢を取りながら跳ぶ動きである。

〈左足下での交差跳び〉

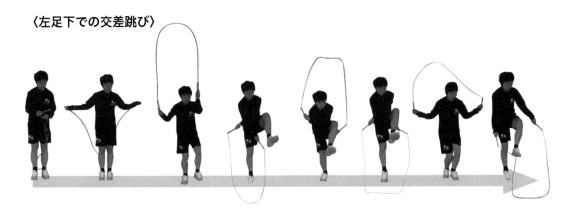

　左足を上げて交差する場合は、右手が膝下に入り、左手は、足の上で右に向けて交差体勢を取る。
　この動きは、通常交差している手の下になっている手を片足を上げた膝の下に入れて、もう一方は体の上の方に位置しながら斜めに交差したような形で片足で跳ぶ動きである。
　つまり、右膝の下には左手を入れて跳び、左膝の下には右手を入れて跳ぶという動きとなる。
　この動きは交差状態の変形であるから、元の姿勢に戻すには前になわが回った時に、手を開いて半歩前に出るように動くと良い。

（15）前方片足上げ膝下内側片手交差左右連続跳び

　　片足上げ膝下内側片手交差跳びを左右で連続して跳ぶ動きである。
　　通常の順と交差跳びの交差の部分を、片足の下に片手を入れた状態で行っているという動きとなる。

（16）前方片足上げ膝下両手交差跳び

〈右足上げ膝下での両手交差跳び〉

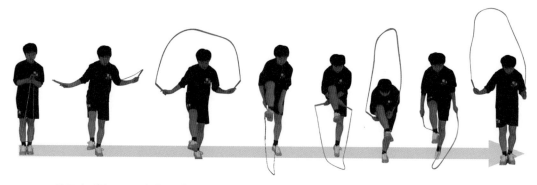

　　片足上げ膝下両手交差跳びは、右足の下で行う交差と、左足の下で行う交差がある。
　　最初１回だけ回せるようになったら、同じ足で４．５回回せるように練習すると良い。
　　この技は足を上げて手となわを交差に入る所までのタイミングが難しい。姿勢も片手膝下交差より前傾抱え込みが強くなるので、やや苦しい姿勢となる。

〈左足上げ膝下での両手交差跳び〉

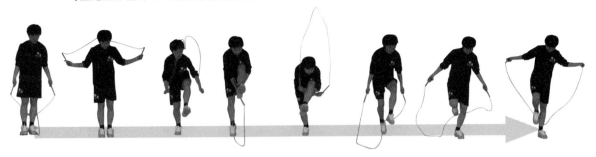

　片足上げ膝下での両手交差跳びは、ゆっくり足を上げて膝の下に交差を入れる動作をするが、入った時に片足ジャンプを合わせるタイミングがやや難しい。

（17）前方片足上げ膝下交互片手内側交差・外向き順連続跳び

　この動きは、片足膝下片手交差跳びをしたすぐ後に膝下の手だけ内側から外側に移動させ、同時に上の手は左右に片手で8の字を描くように動かして股下の外と中で、外では手を外向きに出して順で跳び、内では交差して跳ぶ動きとなる。
　どちらから跳び始めても良い。また左手下の場合と右手下の場合のどちらでも出来る。

　この技の練習は、最初椅子等に座って、片手だけ足の下で左右に動かし、もう一方の手も上で左右に動かすようにして一連の動きを理解した後に行うと、迷わずに動けるようになる。
　例えとして、猿が踊っているような動きに見えるのでモンキーという人もいる。
　常に足と手を左右に振ったり上げたりしているので、休みがなく大変忙しい跳び方で、タイミングを合わせたり体力も必要な動きである。

（18）前方片足上げ膝下両手交差左右連続跳び

　　膝下での両手交差跳びを、左右連続して跳ぶ動きである。
　　左右を繋ぐ場合、交差する手は一度開いて跳んだ時に左手と右手を上下入れ替えて膝下で交差して跳ぶようになる。片足上げでの体勢の中では一番姿勢保持が苦しい跳び方である。

　　完成すると、リズミカルで軽快な動きになる。

（19）後方片足上げ膝下外側片手交差跳び

〈左足の膝下外側片手交差〉

　　後方の片足膝下外側片手交差跳びは、左足の外側から交差に入る方法と右足の外側から入る方法がある。

〈右足の膝下外側片手交差〉

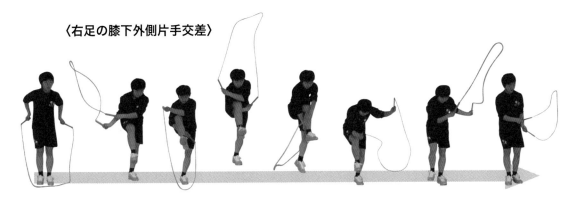

　この動きは、なわを後方に回しながら片足を上げ、上げた足の外側下に同じ方向の手を入れて、交差しながら片足で跳ぶ動きである。

　入り方は2種類あり、前から後ろに回して入る方法と、後方の側回旋をしながら入る方があり、どちらかというと側回旋を入れて入った方が跳び易い。

　前方より交差時に狭く回りがちで、やや跳びにくい動きである。

（20）後方片足上げ膝下外側片手交差左右連続跳び
〈左足の外側から右足の外側への連続した場合の跳び方〉

　この跳び方は、後方での側回旋と交差跳びに近い動きをするが、膝下での左右連続跳びを行った時の方が流れとして跳び易く感じる。

　この跳び方での失敗の多くは、後ろから回ったなわを前に抜く瞬間である。

　理由は、後ろから交差して回ったなわの幅が狭くなると同時に、自分のイメージよりなわの先端の通過がやや遅れて来るからである。

6 巻き付け系のなわさばき

　ここからは、なわを巻き付ける動きを紹介する。

　通常なわを巻くと、止める、終わるというイメージであるが、跳んでいる間に入れたりする事も可能でなわを自在に操るというなわを使った動きとして、とても楽しい動きであるので是非試して欲しい。

　基礎となる（1）～（3）の動きを、きちんと身に付けてから行うと分かり易い。

（1）片手固定8の字回旋

〈前方の片手固定8の字回旋〉

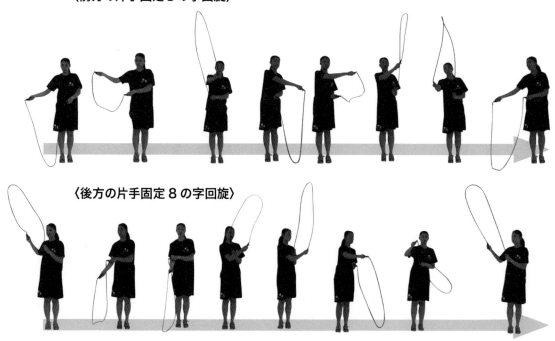

〈後方の片手固定8の字回旋〉

　この動きはそれほど難しくないので、小学校低学年でも動きを理解すれば直ぐに出来るようになる。

　但し、通常の8の字回旋に慣れていると、固定した手が体から離れて大きく動いてしまうので、手を臍近くに付けて手首から先だけ動かせるようにすると良い。

　動きとしては、左手・右手どちらも出来るので左右両方行っておく。

　また、前方・後方、両方向出来るようにしておくと良い。

（2）8の字回旋・交順

〈前方8の字回旋・交順〉

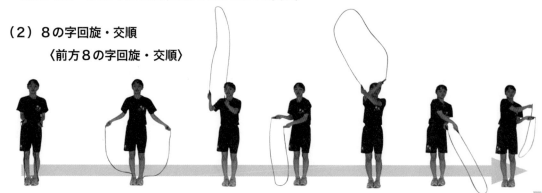

〈後方8の字回旋・交順〉

　動作は、1でなわを左から右の体側へ交差した形を作って動かす。2で垂直回旋を1回行う。3で2回目の垂直側回旋でなわを開く、というリズムになる。
　通常両側の8の字回旋動作は、両手のなわを揃えて動かすか、片手でなわを束ねて体の両側で8の字を回すという動作を行う。普段ほとんど行わない動きなので始めやりにくいが、この動きの発展があるので前方・後方両方向出来るようにしておくと良い。

（3）片腕巻き付け

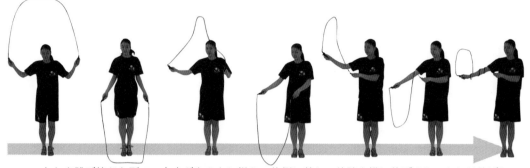

　なわを跳び終えた所で、左右どちらかに揃えて体側に外して片腕を横に伸ばすと、なわは伸ばした腕に自然に巻き付けられる。最初は跳ばずに巻き付け練習をし、次に跳んで巻き付けを行うと良い。この片腕巻き付けと、この項（1）～（2）の動きが、次からの巻き付け系の基の動きになっている。
　この動きは、左右どちらかの腕にも巻き付けが出来る。
　また、前方・後方の両方向で巻き付けが出来る。

（4）8の字交順からの片腕巻き付け・リズム3

〈前方の巻き付け〉

〈後方の巻き付け〉

　この動きは、この項の（2）の動きの後に腕に一巻きだけなわを巻いて、巻いたまま反対方向に腕を動かすと惰性で巻き付いたなわが解けて、そのまま開いて垂直回旋してなわを腕に一巻きするという動きである。

　例えとして、反対側に着物の振り袖を放り投げて解くというイメージである。

　リズムとして1で反対方向になわを向け、2で開き、3で巻くので、リズムは3になる。

　この動きも、前方・後方の両方向が出来る。

　実は、この巻き付け方はリズム4と3の2種類がある。

　写真例ではリズム3を行っているが、リズム4の場合は次のようになる。

　　　　　1の動作で、なわを反対側に振る。
　　　　　2の動作で、反対側から来たなわで体側で交差を作る。
　　　　　3の動作で、体側で交差したなわを開いて垂直に一回回す。
　　　　　4の動作で、伸ばした片腕になわを一回巻き付ける。

　巻き付け方はリズム4でも3でも良いが、次第にリズム3になって行く。

　客観的に見た場合、リズム3の方がスムーズに見える。

（5）8の字交順からの片腕巻き付け360度1回転（180度2回連続）

　　巻き付けをしながら180度半回転を2回行い、1回転する動きである。
　　最初前方で巻き付け、体勢を180度半回転した後に、後方の巻き付けを行い、解きながら前方に向きを変えるという動きになる。

　　この動きを初めて見ると目の錯覚で両手で行っているように見えるが、実は同じ腕で巻き付けをしている。
　　前から後ろにはリズム3で巻き、後ろから前に戻るにはリズムが3ではなく4で巻く動きになる。
　　この動きは左回り左腕1回転と、右回り右腕1回転の両方出来る。

（6）前方背面８の字回旋からの片腕巻き付け・リズム３

　この動きは、脇振り返し回旋の動きにやや似ている。理由は最初の入り方が半分その動きを利用する事から、脇振り返し回旋が出来ないとこの動きは出来ない。

　１．２で片側方からの返し動作をし、３で巻き付ける動きとなる。そこからは返し動作とは別で、反対方向に動かすには、前方で一度内側に振り袖を振るように巻いた腕の斜め上方向になわを上げ、その反動からなわを背中下方向に移動させながら次の巻き付けに向かうような動きとなる。

（7）後方背面8の字回旋からの片腕巻き付け・リズム3

　　背面から前に来たなわを1巻き腕に巻き付けた後、振り袖を内側に振って反対方向になわを解くような動きとなるが、基になる背面8の字回旋が出来ないと出来ない動きである。

　　前方背面巻き付けと後方背面巻き付けは名前は似ているが、方向が違うと共に明らかに違う動きをする。

（8）体を横一回転させながらなわを体に巻き付ける

　左右いずれかに水平回旋横一回転した後になわを体に巻き付け、それを解きながら反対方向に水平回旋横一回転をしてなわを体に巻き付けるという動きである。
　左右どちらから始めても良い。

第7章 方向やなわを変化させたり、技を連続・組合わせたりするなわ跳びと止め方

1 方向転換と前方後方の得意不得意

なわ跳びの前方・後方の得意不得意は、同種目での前後の練習回数の差によって作られている事が多い。

その解消として、方向転換を利用して練習を行うのが効果的である。

それによって、前後の方向の得意不得意や前後いずれかの抵抗感も減り、方向転換する事でその場で跳んでいても気分転換するように意識も変わりながら跳ぶ事が出来る。

前後の方向転換は、跳ばないで行う方向転換と一回旋で跳ぶ方向転換等、練習の仕方によって多くの種類がある。

（1）前後切り替え・「スイッチ」での方向転換

前方も後方も、易しい技の時からほぼ同じ回数跳んでおく事が、その後の技の習得に大きく影響している事は間違いない。

主に後方の技に苦手と感じる事の多くは、後方から回したなわが足の下から前に来る時に顔や頭に当たるのが怖い。後方だけ練習しようとするので怖いから腰が引けて手を大きく回し、頭を下げる動作になってしまう。前方の動きと後方が全く違う動きをしようとしてしまうという精神的なものと、動作的な理由が考えられる。

「前後スイッチ」の大切さと行う意味を通して、前方後方の苦手意識克服やフォーム改善の仕方について紹介したい。

＜前後スイッチの良さと気付き＞

> ○　前も後ろもなわのスピードに変化はない。
> ○　前も後ろも姿勢にほとんど変化はない。
> ○　ゆっくりしたなわの動きからなわの動いている感覚を養う事が出来る。
> ○　前も後ろも怖くない、難しくないと実感出来る。

「スイッチ」とは、電気のスイッチを思い浮かべて欲しい。左右にスイッチをパチパチと切り替える様子から、その場で前後の方向を入れ替えると言う意味から名付けた。

＜「跳ばない前後０スイッチ」の仕方＞

> ①　なわを後ろの足下に置き、なわの前方回旋をして爪先になわが来たら一度なわを止める。
> ②　爪先で止めたなわを後方回旋をして、踵辺りで止める。

注意点は、なわを回すスピードをあまり速くせず、前方であれば足下に来た時には力を緩めて爪先に、後方の時は後ろになわが下りたら力を緩めて踵に持ってくるという感じで行うようにする。

もし、まだなわが前後に回せない場合は、なわを持たないでも、スポーツタオル等で行っても、片方になわを持って行っても良い。

跳ばないで出来ないものは、跳んでは出来ないので出来る事から始める。

跳ばないスイッチが出来たら、次に跳びながらのスイッチに入る。

最初はすぐに前後多くの回数を跳ばず、空回しの０スイッチを２.３回行ってから続いて前１回、後１回の跳びながらの前後スイッチを繋ぐようにする。

つまり、跳ばない０スイッチと跳ぶ１スイッチを続けて行うのである。

筆者が考えたこのスイッチを利用した方法として、次表のような行い方がある。

＜前後スイッチの練習の仕方＞

1　**跳ばないスイッチ**を何回か行う。これを「**0スイッチ**」とする。
2　次に前後1スイッチを行う。これで実際に跳んでもほとんど前後共に変化がない事を掴む。
　　　　　　　　　　　　　　　　　　　　「**1スイッチ**」
3　前後スイッチを1．2．3・・等と順に上げていく。　　　　　　（**アップスイッチ**）
4　前後スイッチを1．3．5や、2．4．6等、間を開けて跳ぶ。　（**中抜きスイッチ**）
5　前後スイッチを5．4．3．2．1や6．4．2．等、多い数から順に少なく跳ぶ。
　　　　　　　　　　　　　　　　　　　　　　　　　　　　（**ダウンスイッチ**）
6　前後スイッチを1．4．2．5等順にならない数を跳ぶ。　　（**不規則スイッチ**）
7　前後スイッチを前は1．3．5・・、後は2．4．6・・等前後で数を続けて跳ぶ。
　　　　　　　　　　　　　　　　　　　　　　　　　　　（**前後連続スイッチ**）
8　前後スイッチを前は1．2．3．4・・、後は5．4．3・・等と前後の跳ぶ数を反
　　対にする。または、その反対でも良い。　　　　　（**アップ＆ダウンスイッチ**）
9　前後で前は1．2．3・・順と後ろは2．4．6・・等と中抜きで行う、またはそ
　　の反対にする。　　　　　　　　　　　　　　　（**アップ＆中抜きスイッチ**）
10　前後で不規則な数を跳ぶ、前は1．6．4．2で、後は7．3．8．5等、前後で跳
　　ぶ数を変える。　　　　　　　　　　　　　　　　　（**前後不規則スイッチ**）

応用1　例えば前方が順跳び、後方が交差跳び、前方はかけ足跳び後方は両足跳び等、前後
　　で技を変える事も可能である。　　　　　　　　　　（**前後技変化スイッチ**）
応用2　例えば前方は一回旋系の技を跳び、後方は二回旋系の技を跳ぶ。
　　　　　　　　　　　　　　　　　　　　　　　（**回旋数の変化スイッチ**）

　　この前後スイッチを基にすると、順跳びだけで行うだけでなく、あや系や交差系、側回
旋系、更に二回旋系以上の発展技ほぼ全てに利用して行う事も出来る。
　　次第に慣れて来たら、数を10単位として前後で入れ替えたり、幾つかの技を連続して
跳ぶ事により、前後スイッチの連続技の構成をする事も出来る。

　　これまで決まった回数等を中心に練習していたのを、スイッチの中から実施者自身が決
めて跳んだり、多人数で跳ぶ時は、実施者に今日はどう跳びたいか等意見を取り入れて練
習する事も可能となる。
　　強制より自主性、基礎から応用発展へ練習方法を工夫したい。

〈跳ばない「前後0スイッチ」の行い方〉

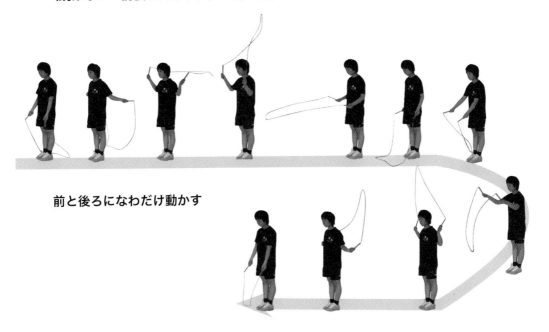

前と後ろになわだけ動かす

141

（2）前後止めて行う１８０度方向転換跳び（ハーフターン１）

この動きは次のようになる。
① 前方に跳んでいて、前になわが下りたら一度なわを爪先辺りで止める。
② なわを止めた状態で体を左または右方向（後ろ向き）に１８０度方向転換する。
③ 転換が終わったら後方になわを回して跳ぶ。
④ 後方を跳んだら後ろで一度踵辺りでなわを止め、そのままの状態で左または右に（前に）、
　　１８０度方向転換して前を向く。
⑤ 前を向いたら、前に１回跳んで止める。
という動きで、左回りと右回り両方出来る。

この動きは、左に１８０度半回転して、次に右に１８０度半回転と連続する事も出来るが、そう
すると１８０度半回転２回で１回転ではなく、片側しか使わないで戻る動きになってしまう。

左に１８０度半回転したら、次にもう一度左に１８０度半回転をすると、丁度１回転で前に戻る
形になる動きの方が自然に見える。

（3）片側回旋を１回入れて行う１８０度方向転換跳び（ハーフターン２）

　　この動きは次のようになる。
　①　前方に跳びながらある時に、なわを左または右に手を寄せて片側回旋をしながら１８０度方向転換して後方を向く。
　②　後方を向いてなわと手を開き、そのまま後方で跳びながらある時に、左または右に手を寄せて片側回旋をして前を向く。
　③　前方に入った手となわを開いて前方で跳ぶ。
　という動きである。
　　回り方は、左で１８０度半回転方向転換したら左に１８０度半回転方向転換して１回転となる。
　右の場合は、右で２回方向転換を続けると１回転して戻る事になる。

（4）片側回旋を１回と、なわを上に上げたまま行う１８０度方向転換跳び（ハーフターン３）

　　前方から後方へは片側回旋を入れて左右どちらかに１８０度方向転換し、後方から前方へは、なわを上に上げたまま前方に１８０度方向転換し前を向いた所で前方になわを下ろして跳ぶ動きである。前方から後方までの動きは、ハーフターン２と同様である。
　　要約すると、前から後へは下を通り、後から前に戻るには上を通る動きになる。
　　後方では跳んだ所でスピードをゆるめ、なわを持っている両手となわの先までを斜め上前方に上げたまま１８０度方向転換し、前を向いた所で両手となわを下ろしながら前方に跳ぶという動きになる。

前方から後方へはそれほど抵抗なく方向転換出来るが、後方から前方への方向転換でなわの先まで力を伝達させて、両手を斜め上前方に万歳をしたようになわの先端を上方に保持したまま方向転換するように動きを意識しないと、なわが方向転換前に下りてしまうので注意したい。

　一回旋で行う方向転換の中でこの動きが最も難しいが、出来るとかなりの達成感が得られる動きである。
　実はこの発展としてこの技を二回旋リズムで方向転換も出来るが、その基になる動きである。

（5）３６０度一回転ターン・フルターン

　この動きは、前方に跳びながらなわが斜め上前方にある間に、左または右に３６０度一回転ターンして、前方に戻って跳ぶ動きである。
　この行い方は二種類あり、一つ目は跳んでいる途中でなわを下からほぼ真上に上げたまま回転する方法と、二つ目は陸上競技のハンマー投げをするように片足を軸にしてなわと体を回す方法がある。一つ目の、上に上げてターンする方が易しい。
　ハンマー投げのように回す方法は、なわの先端を斜め上方に保持したままスムーズでスピーディな回転が必要でやや難しい。
　この二つの動きは、横の方向転換の最終的な応用の形の動きで、左回りと右回りそれぞれが出来れば、左右の連続回転も出来る。
　慣れると２回転も３回転も連続して出来るが、３６０度フルターン１回でも十分である。

　これらの一回旋で行う方向転換のハーフターン１８０度やフルターン３６０度の方法で順跳び以外に、順と交差跳びや交差跳び等ほとんどの技を繋ぐ事が出来る。
　更に二回旋リズムでも出来るが、床で三回旋跳びが跳べる位の力が必要となる。

　二回旋リズムで行う動きは、名称のみ紹介しておく。

○ 前後連続１８０度を切り替えて行う二回旋リズムのターン
○ 空中で３６０度一回転しながら前後二回旋を行うターン
○ ３６０度フルターン二回旋とび

2 跳びながら手を変化させるなわ跳び

（1）空中8の字跳び

　この跳び方は、初期の段階で前方順と交差跳び、俗称「あや跳び」が未完成な状態で何とかあやを跳ぼうとする時に見られる動きで、手を交差しようとするが空中で8の字を描いて体の近くに交差した手が下りる前に開いて順跳びを跳ぶ動きである。

　この動きは、前方でも後方でも出来る。

　手を変化させると言うより、なわの形を変化させていると言っても良いだろう。

　この跳び方は、実際にはあやになっていないので「あや戻し」とか「あやもどき」等とも呼ばれる事もある。実は、なわを操る動きの跳び方の一つなのである。

（2）内外握り替え跳び

　この跳び方は、グリップの持ち手を跳びながら指を動かして外握りから内握りへ、内握りから外握りへと握り替えながら連続して跳ぶという動きである。

　なわの回転で頭上を過ぎたら指を動かしながら持ち替え、次の回転で頭上に来た時に握り替えが完了となる。この跳び方は、前方でも後方でも出来る。

　グリップを固く強く握っている子どもへの対応の中で筆者が考えた跳び方である。

　この動きは、交差しながらでも二回旋でも持ち方を効率よく行えば出来るようになるが、前方や後方の順跳びで出来れば十分楽しい動きである。

　練習は、跳ばずにグリップだけ指を動かしながら外から内に、内から外に握りを替える動作を行ってから跳ぶようにする。

　最初は、上手くいかずに手からグリップが離れて思わぬ方向に飛んでしまう事もあるので、出来るまでは一回旋二跳躍の順跳びで行い、次に一回旋一跳躍での順跳びで練習するように段階を追って行うとスムーズに身に付く。

　もう一つは、握り替えや握り直しをする際に、左右いずれのか握りを先に変化させて行い、慣れて来たら最終的に両方の手を同時に外から内に、内から外へと握りを変化させても良い。余裕を持って5回位の間に跳びながら握り替えると安定して出来る。

　手の指を動かして行うこの内外握り替え跳びは、「指のなわ跳び」とも言える。楽しい跳び方である。

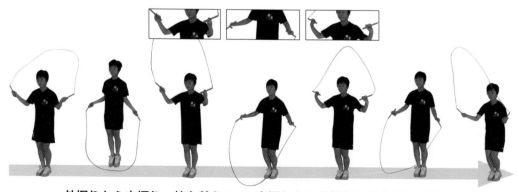

外握りから内握りへ持ち替えて ～ 内握りから外握りに持ち替えて戻す

（3）片手なわ離し受け捕り跳び

　　この跳び方は、順跳びで体の前になわが来た時に、いずれか片手のなわを一瞬離し、落ちて来るなわを受け捕って続けて跳ぶという動きで、前方でも後方でも出来る。

　　行う時は、なわの回旋速度をゆるめて離す方向に視線を向けながら、もう一方の離さない手をやや斜め上方向にゆっくり上げてタイミングを合わせるようにする。
　　最初得意な方の手で行い、出来るようになったらもう一方も練習する。
　　最終的には左離して捕る、右離して捕る動作を次第に間を詰めると、**「片手なわ離し左右交互連続とび」**になる。練習では、上手く捕れずになわを落としグリップ部が割れたり、捕り損ねて人に当たったりするので周りに注意して行いたい。

（4）両手なわ離し受け捕り跳び

　　この跳び方は、片手のなわ離し捕りの発展の動きで、両手で持っているなわを一瞬同時に斜め上方向に投げ上げ、落ちて来るなわを両手で捕り、また跳び続けるという動きである。

　　新体操のロープのようななわであれば更に高く投げ上げる事が出来るが、グリップ付きとびなわの場合は、高く上げ過ぎると落ちて来る時取り損ねると、自分の顔や体等に当たる事もあり、ほんのわずかに離して捕る事でも、十分に楽しめる動きである。
　　また、行う時に周りにも気を付けて投げる事と、離す方向を前方にし過ぎると３m以上飛んでしまう事もあるので、なわを投げる前に腕を上げて離す位置を確認してから行うと良い。

（5）両手上下入れ替え連続交差跳び

　交差跳びを連続して跳んでいる場合、常に同じ手が上と下に固定して跳ぶが、この技は、第一跳躍で跳ぶ時に、左手が上、右手が下で交差したとすると、第二跳躍では上下の手を入れ替え、右手が上、左手が下で跳ぶという動きをする技である。

　一回も順に開く事なく跳ぶ技である。次々に回って来るなわの中で素早くコンパクトに上下の手を入れ替えないと出来ない技で、練習次第で前方・後方のどちらも出来る。

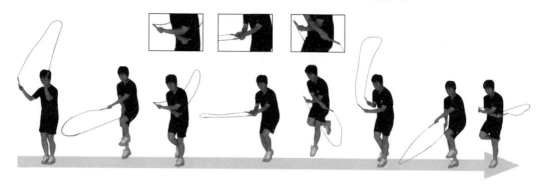

（6）片手離し上下持ち替え・入れ替え連続交差跳び

　この技は、交差跳びを跳ぶ中で、交差をしている下の手のグリップを体の前で一瞬離しすぐ離れたグリップを捕り、今度は交差の上に置いて上下の手を入れ替えた交差跳びで跳ぶという動きの技で、片方ずつどちらの手でも出来る。
　両手でも一度に出来るが、難しい動きとなる。片方ずつ上下入れ替えて持ち替えても十分楽しめる技である。

　ゆっくり斜め上方向に上げながら行わないと、なわが前に飛んでしまいグリップが壊れる事があるので注意して行いたい。後方でも出来るが中々大変である。

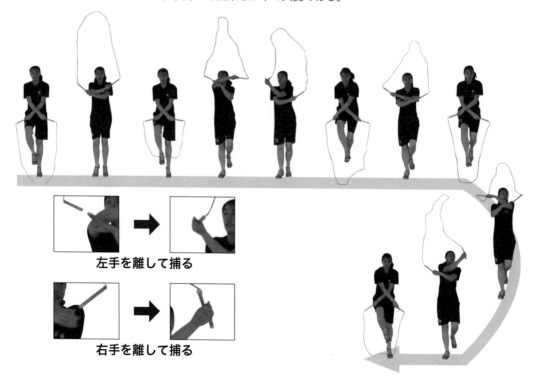

左手を離して捕る

右手を離して捕る

（7）交差跳びから両手離し持ち替え順跳び

　この技は、交差跳びをしながら両グリップを空中で一瞬離し、捕ったら順跳びを跳ぶという、空中でなわを離して別の技で跳ぶ動きの連続技で、前方でも後方でも出来る。

　交差の手の入れ替え跳びよりはやや易しいが、最初中々左右同時に捕る事が出来ないので、ゆっくり大きくふんわりと、なわを斜め上方向に上げるという動きを練習して行くと出来るようになる。

（8）背面なわ持ち替え順跳び

　順跳びをしながら背中でグリップの左右を持ち替える動きの技である。
　交換時は、背中をやや丸めて何かを背負うような姿勢で行うと良い。

　見えない部分での交換はあまり速いスピードでは出来ないので、一回旋二跳躍等のリズムで交換を行い、交換後どうしても回旋しているなわの力が弱まってゆるむ為、背中での交換終了後の動作をスムーズに行う事が成功の鍵である。
　見えない部分での交換なのでやや難しいが、最初は跳ばずになわを背中にして下ろしておき、交換してから前に回すという動作を練習してから行うとイメージを掴み易い。

149

3　連続技は、「考える繋ぐなわ跳び」だ

　小学校学習指導要領体育編では、3．4年生で「短なわで前や後ろの連続片足跳びや交差跳びなどをすること」「短なわで跳びながら、歩いたり、走ったりすること」と記述がある。

　5．6年生では「短なわや長なわを用いてを用いての回旋の仕方や跳ぶリズム、人数などを変えて、いろいろな跳び方をしたり、なわ跳びをしながらボール操作すること」「短なわを用いての跳躍やエアロビクスなどの全身運動を続けること」と記述がある。

　組合せ連続技には、移動しながら行う動きの組合せ連続技と、その場で跳ぶ技の組合せ連続技の二つがある。
　その場での動きはほとんどが技であるが、移動する場合は、技にならない動きも含まれる。
　3．4年生以上から組合せ連続をするのではなく、小学校1．2年生のうちから簡単な動きや技で、組合せ連続技を経験しておくと良い。

　連続技の参考例を基に、慣れたら自由演技を自分で考えて構成すると、自分だけの連続技が出来上がり、とても楽しさを覚える。幾つか作ったり、順番を変えてみたり、前方と後方の構成を考えたり、両方向を繋いでみたり、回旋数を高めた構成を作ったり、歩く走るといった移動しながら技を繋げても良い。

　また、同じセットで両足跳びの他、かけ足跳びや片足跳びで行ったりと跳び方を変えて行うと、各スポーツのトレーニングや体幹を鍛える為にも利用出来ると共に、考えながら動く力等も高まり、結果として総合的な体力の向上も期待出来る。

　筆者自身、単技を多くの回数を暫く跳び続けているうちに、ふと何も考えなくなる瞑想^{めいそう}のような時間があったり、「手が疲れてきたな」とか、「足が重いな」とか、技以外に意識が向いたりする事がある。
　回数が多かったり時間が長くなったりすると、どうしても筋肉系や持久系のみのトレーニング的要素が強くなる事が分かる。

　しかし、連続技の場合は、なわと体の動きに変化があり、別の筋肉や神経も使い、次の技の事を考えたり、あと何回で次の技だなとか、こうジャンプしようとか、ここが注意だなとか言う感覚を持つようになる。
　筆者は、これを「**考える繋ぐなわ跳び**」だとしている。

＜連続技を構成する場合の基本的な考え方＞

1　最初はなわを跳ばずに動きを覚える。
2　一つの技をあまり多くの回数跳ばない。（4回か、8回程度とする）
3　自分の跳べる技を繋いで良い。
4　技が決まれば自分で繋ぎ易いように順番を変えて良い。
5　前方でも後方でも行ってみる。
6　足の連続技と手の連続技それぞれが出来れば足と手を組合せて良い。
7　その場で跳ぶ跳び方の連続技が出来たら、出来る連続技は移動しながら行って良い。
8　一回旋が出来たら、二回旋等、回旋数を上げて良い。

　さて、連続する技と技を繋ぐという観点から動きを分類して繋ぐと、次に示す例のような連続技が出来る。

　もちろんこれにこだわらず、自分で好きな動きの技を入れたり、順番を変えたり、前方・後方どちらも行ったりと、様々なバリエーションで一回旋の連続技が可能である。
　次に、初心者から上級者まで軽く跳べる技を繋いだ連続技セット例を幾つか紹介するので、参考にして欲しい。

（1）足の連続技

①「上げる」連続跳び

> ①両足跳び→②片足跳び→③反対片足跳び→④片足交互二回跳び→⑤かけ足跳び

　足を上げる（又は踏み替える）という動作で連続技を構成した例である。
　何種目かを跳ぶ場合は、一つの技を4回跳ぶ。
　4回跳ぶ理由は、ラジオ体操を含め一般の音楽のほとんどは、8呼間を含む偶数で出来ており
なじみが深く、ラジオ体操でも4呼間の動きを左右2回行うと次の運動に移っている等の理由等から、
4呼間で次の動きに移るようにする。

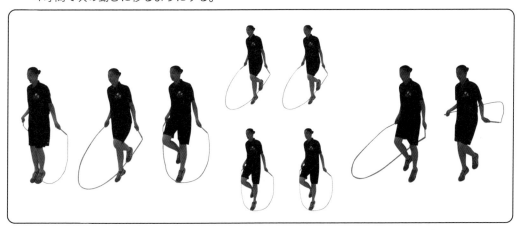

②「開く・閉じる」連続跳び

> ①両足跳び→②片足を前に出して跳ぶ→③反対足を前に出して跳ぶ→④両足を横
> に開いたり閉じたりして跳ぶ

　グー → チョキ → パーを足で跳ぶ。足を開いたり、閉じたりする連続技を構成した例である。
　開いたり、出したりした時の重心は両足の中心・真下にあるように跳ぶと良い。足の動きを続け
るとなわが止まったり、姿勢が崩れたりするので、一つ一つの動きからすぐに次の技に移れない時
は、間に両足跳びを入れても良い。

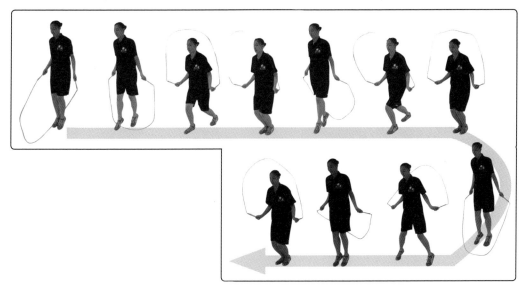

③「出す・閉じる」連続跳び

①両足跳び→②片足を前に出して跳ぶ→③反対片足を前に出して跳ぶ→④片足を後に出して跳ぶ→⑤反対片足を後に出して跳ぶ→⑥片足を横に出して跳ぶ→⑦反対片足を横に出して跳ぶ

　グーチョキパーと似ているが、出すという場合は、重心は常に出していない足の下にあるので、動きは明らかに違う。跳ぶ度に必ず一度両足を閉じて次に移る。両足（中心）から前や横に出して跳ぶ構成である。

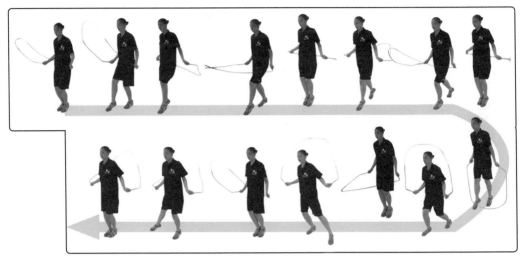

④「振る」連続跳び

①両足跳び→②片足を前に振って跳ぶ→③反対足を前に振って跳ぶ→④足を左右横に振って跳ぶ

　両足跳びから片足ずつ足を前に振って跳び、最後に足を左右横に振って跳ぶ組合せ連続技である。足を前に振ると、後ろにも曲げて振っている事にもなる。
　振るの中に、斜め前振りを加えても良い。斜め前振りは前と横の振りの間の動きで、足を４５度外向きに振る動きで、足を曲げる時に斜め内側に曲げて振る準備をする。やや跳びにくいので、跳べる場合は前に振るの次辺りに入れると良い。

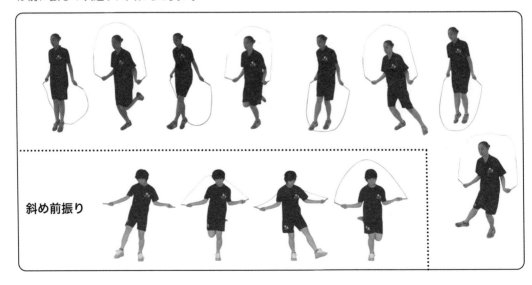

斜め前振り

⑤「四角形に移動する」連続跳び

①その場から→②斜め左前→③斜め右前→④斜め右後ろ→⑤斜め左後

　ダイヤモンド・四角形を跳ぶ跳び方である。
　普段の生活ではほとんどこの斜めに動くという動作をしていない。左回り右回りのどちらも出来る。回数は一カ所4回位跳び、慣れて来たら最後は一カ所1回ずつ跳んで四カ所に素早く跳びながら移動し、左回りと右回りを連続して出来るようになれば「リズム・バランス・タイミング」として完成である。
　正方形や長方形、菱形等の他、円形や三角形等好きな形で工夫して移動するのも良い。
　どの位移動するか、写真のようにマーク等を付けて跳ぶと行い易い。

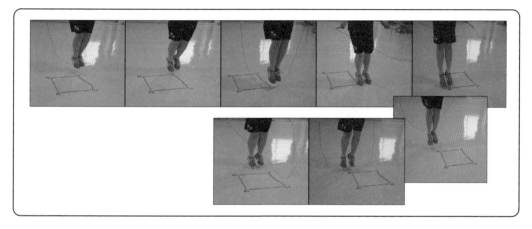

⑥「十字（前後左右）に移動する」連続跳び

①中心から→②前に移動・戻る→③後ろに移動・戻る→④左に移動・戻る →⑤右に移動・戻る

　この動きは、何種類もの跳び方が可能である。
　中心から前へ移動戻る・後へ移動戻る・左へ移動戻る・右へ移動戻る。
　中心から左へ・左から右へ・中心に戻って前へ・前から後へ・中心に戻る等、様々に繋ぐ事が出来る。
　つまり、前後に動いてからの方法と、左右から動く方法を、何回ずつどう動くか幾通りもの動きが出来るので、創意工夫して動く事が出来る。
　更に、全部両足で動く方法、全部片足で動く方法、中心だけ両足で前後左右に交互に片足を出す方法等の応用も可能である。
　片足の場合は、バランスを崩すと捻挫する事もあるので注意して行いたい。

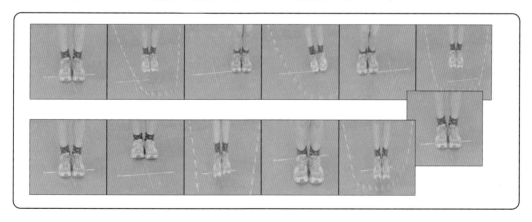

153

（2）手の連続技の基本セットの跳び方

①順跳び→②順と交差跳び→③交差跳び→④側回旋と交差跳び→⑤脇振り返し回旋又は左右８の字回し又は、混合交差跳び

　一回旋の基本的な技や動きを連続して繋ぐ跳び方で、なわ跳びの基本はこの連続技にあると言っても良い。５種目を左右８の字回旋や脇振り替えし回旋、混合交差跳び等出来る動きに交換しても良い。更に背中で交差する背面交差跳び等を入れて工夫しても良い。

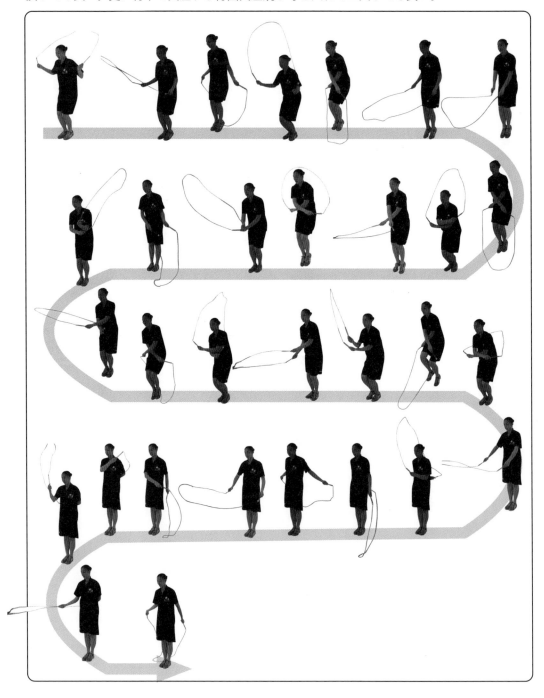

連続技は、前方だけでなく後方でも行い、最後には前方から後方に方向転換を利用してして繋ぐと、前後両方向の連続セットの完成となる。

更に組合せ連続のセットを「今日は２セット行ってみよう」等、滑らかに失敗しない様、意識して行う事により頭も体も使い集中力も高まる事になる。

前後の繋ぎ方には、例として次のような繋ぎ方がある。

＜手の動作のなわ跳び連続セットの練習方法例一覧＞

①	順接セット	前方で順跳び→順と交差跳び→・・の５種目を終えて方向転換して後方に入り、前方と同じ動きの順番に繋ぐ方法。
②	逆接セット	前方で順跳び→順と交差跳び→・・・の５種目を終えて方向転換して後方に入り、後方は脇振り返し→側回旋と交差跳び→交差跳び・・・と反対の動きの順番に繋ぐ方法。
③	分解セット	順跳び→順と交差跳び→・・・の順番は変えないが、前方で順跳びを跳んだら後方に入り順跳びを跳ぶ、前方に戻り順と交差跳びを跳んで、後方に入り順と交差跳びを跳ぶ・・・等、跳んで繋ぐ順番は変えずに、種目毎に前後を５種目繰り返すという方法。 これは最初かなり難しく感じるので、前後で１種目ずつ止めて、覚えてから繋ぐと良い。
④	順接逆接 分解セット	前方で順跳びを跳んで後方に入り、後方は脇振り返しをして、前方に戻り、順と交差跳びを跳んで後方に入り、後方では側回旋と交差跳びを跳ぶ・・というように、前方は順接のセットと後方は逆接のセットで跳ぶ。それを１種目ずつ前後で種目が変わる繋ぎ方である。これは非常に頭を使い、分解セットの発展として難しい繋ぎ方である。 よく考えてやらないと、中々繋いで跳ぶ事が出来ない。 分解セット同様、前方と後方を１種目ずつ行って覚えた後で繋ぐと良い。
⑤	分解不規則 セット	これは、前方も後方もそれぞれ５種目は跳ぶが、前も後ろも好きな順番で跳んで繋ぐ方法である。例えば、前方が順と交差跳びから入り、後は側回旋と交差跳びをして、前方に戻って脇振り返しをして、後方に入り順跳びを跳ぶ・・等、順番も前後で技も全て変えてバラバラの順番に跳ぶというセットである。 これを完璧に行うには、相当な練習が必要である。

繋ぐ連続技は、跳ばない動きや初歩的な動きでも、次の例のように繋ぐ事が出来る。

＜跳ばない動きでの連続技例＞

> 左手で左体側で垂直回旋をする　→　右手で右体側で垂直回旋をする　→　両手で左右
> ８の字回旋をする

＜簡単な跳ぶ技で繋いだ場合の例＞

> 一回旋二跳躍の順跳び　→　一回旋二跳躍のかけ足跳び　→　一回旋一跳躍の順跳び

跳べる場合は、片足跳びを入れるか、まだ交差系等が出来ない場合の連続技として行っても良い。

始めは前方で行い、出来たら後方でも行う。更にその動きを前方後方を繋ぐ、移動して出来る連続技をする等、工夫次第で跳べなくても組合せて連続する事は可能なので、ヒントを与えて考えさせて作るようにして繋ぎの工夫等の練習をすると良い。

このような方法で小学校低学年のうちから易しい動きでのなわを使った繋ぐ動きや連続技作りの練習しておく事により、大人の方まで楽しく自分に合った組合せの連続技でのなわ跳びが出来る。

4 揺らすから回旋への跳び方と持ち替え

　小学校学習指導要領体育編では、低学年でなわ揺らしからなわを使った運動を始めるよう例示がある。その例と発展例等を紹介する。

（1）前後なわ移動跳び〜前後なわ揺らし半回旋跳び

　　なわを床や地面に付けて固定し、何回か自分がなわの前後に二跳躍か一跳躍の両足跳び等で移動し、そこからなわをわずかに動かして跳び続ける動きである。

　　長なわでの大波小波の短なわ自分版で、小学校入学前の子どもにも出来る動きである。なわ固定の前後移動跳びだけ先に行い、出来たら揺らして跳ぶというように、分けて行っても良い。前からも後ろからも始める事が出来る。

（2）前後なわ揺らし半回旋跳び〜順跳び

　　前後のなわ揺らしから3回跳んだ所で前に回すと前方順跳びとなり、4回跳んだ所でなわを後に回すと後方順跳びとなる。動いているなわを体感しながら慣れたら揺れを利用し自然に回旋に結び付ける事が出来る。この動きは小学校入学前の子どもでも十分可能な動きである。写真では前から始めているが、後ろからも出来る。

　　発展として前後揺らし1往復し、順跳び1回の動きを、交互に連続する等も出来る。

（3）腕前後左右移動跳び～左右揺らし半回旋跳び

　　腕前後の姿勢で、始めはなわを揺らさずに固定し、なわの左右に一跳躍か、二跳躍の両足で跳んで移動し、そこからわずかになわを揺らして左右に跳ぶ事を続ける動きである。左からと、右からのどちらからも始める事が出来る。

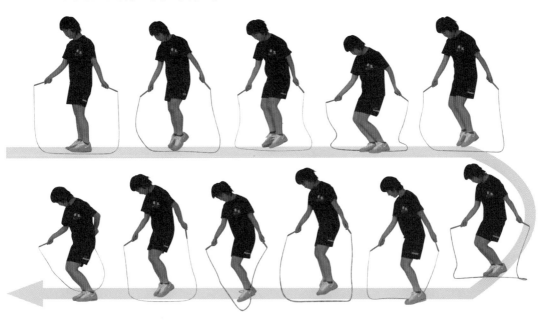

（4）腕前後左右揺らし半回旋途中向き変え左右連続跳び

　　腕前後の姿勢で、なわ揺らしを中断せずに体を左右に入れ替えると、途中向き替えの腕前後横ゆらし半回旋となる。左右どちらから始めても出来る。１回跳んだ所で向きを替える事も出来るが、忙しい感じがするので２回位跳んだ所で体の向きを替えると良い。
　　写真は、左から右に向き替えた動きである。

（5）腕前後左右なわ揺らし半回旋跳び〜横回し跳び

　　なわを前後に位置し、左右横からなわ揺らし半回旋から奇数回や偶数回跳んだ所でそのまま大きく回して跳ぶ動きである。左横回しと、右横回しの回旋跳びが出来る。

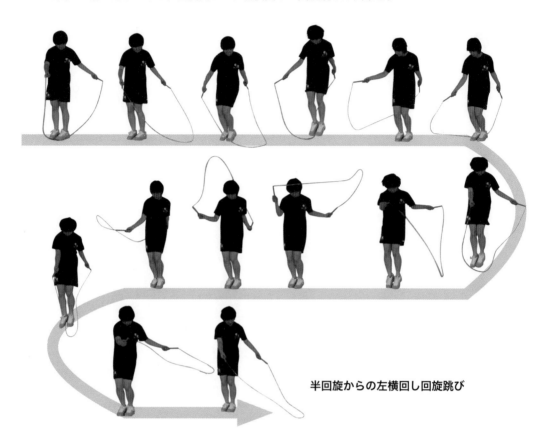

半回旋からの左横回し回旋跳び

（6）踵・爪先通しなわ回旋

　　なわの動きを止めずに、スムーズに爪先と踵を上げて足の下を通して、また回すという動きである。前方からと、後方から両方向で通す事が出来る。前方は爪先を上げて通す時に踵を上げ、後方はその反対に踵を上げて、通す時に爪先を上げる。

　　何回か連続して滑らかに出来るようになると、ゆっくりではあるがきれいに、いかにも回旋しているような動きになる。

（7）左右なわ持ち替え跳び

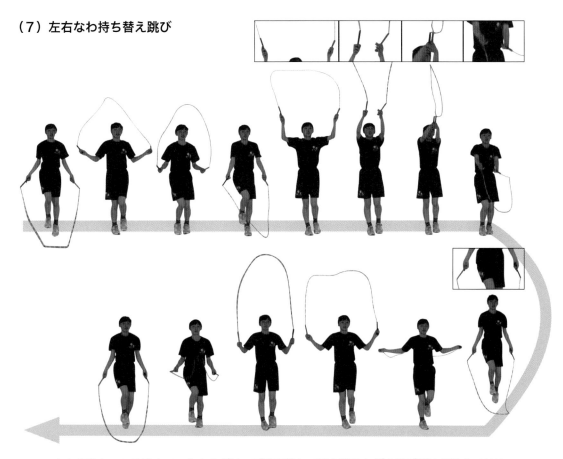

　なわを跳んでいる途中で、左右のグリップを交換して持ち替えながら跳び続ける動きである。
この動きは、後方も同様に出来る。
　写真では、大きく動かして頭上でなわを交換している。

　完成させるまでのポイントは4つある。
　1つ目は、一回旋二跳躍で跳び、ゆっくり交換出来る余裕を作る。
　2つ目は、頭上か、顔より上辺りで交換し、交換してから再び跳ぶまでの余裕を作る。
　3つ目は、グリップを軽く持ち、左右のグリップをわずかに上下にずらして行うと交換し易い。
　4つ目は、交換と交換の間は4回跳んだら交換し、交換が終わった所で跳ぶというように間を少
　　し空けて行う、の4つである。

　交換は、最初は1回出来たら良しとし、3回位続けて出来たら安定していると見て良い。
　慣れたら、交換の間に跳ぶリズムを2回から1回と詰めて行くと完成となる。

　また、最初顔の前や頭上で交換していた場所を次第に下げ、胸の前辺りで滑らかに交換が出来れ
ば完成である。
　上手になれば1回1回跳ぶ度に交換も出来るが、この動きは、交換の楽しさを味わう動きなので
リズムや交換場所は問わない。

　発展として、二回旋跳びの着地時と次の跳躍の間に素早く左右のグリップを交換して、続けて二
回旋跳びに入る事も出来る。
　その場合は、二回旋跳びをゆるやかに跳べるようになっていないと一瞬の間に交換は難しいので、
あくまでも発展として出来るという紹介だけにしておく。

5 なわ跳びの特殊な跳び方例

（1）長さや太さ、重さを変えたなわ跳び

　遊びの中でなわを短くして跳んだり、長なわを使って跳んでみたりした事がある人もいるだろう。

　これにより、跳び易いとびなわの条件も考えられる特殊な跳び方例である。

＜考えるポイント＞

```
①　１ｍの短いなわを跳んだらどうなる。
②　６ｍの長いなわを跳んだらどうなる。
③　なわが綱引きの綱のように太くて、ダンベルのように重かったらどうなる。
```

① 短いなわを跳ぶ

　極端に短いなわを跳ぶには、なわを体全体を通過させる為にどうしても屈み込んで腰を曲げたような姿勢になるしかない。この姿勢では疲れて長く跳び続けられない。

　「あまり、短いなわは跳びにくい」 と言う事がこの例から分かる。

② 長いなわを跳ぶ

　なわが長いと、なわを回し続ける大きな力が必要で滞空時間も長くないと、順跳び１回さえ跳ぶ事が難しい。それ程なわが長いと跳ぶ事が難しいのである。

　三回旋跳び以上跳べる力がないと、長いなわを跳ぶ事は出来ない。筆者の場合、二回旋跳び１回跳ぶのがやっとである。

　「あまり長いなわは、跳ぶのが難しい」 と言う事がこの例から分かる。

③ 重くて太いなわを跳ぶ

　見ただけでも太くて重いなわは、通常跳ぶには適さない事を感じるだろう。
　トレーニングロープとして市販され、重さや太さが何種類かあるが、なわというよりは、綱引き用の綱に近い。
　1.5㎏、10㎝のなわを振り回すのであるから、筋力も相当必要である。
　レスリングや柔道等に筋力作りには良いが、一般の方は特に必要ないなわである。

　筆者がこのなわで順跳びを何回か跳んでから二回旋跳びを試した時、手首を痛めたり、失敗してなわを踏んで転倒した事があり、怪我まで至らず幸いだったが安全面の配慮の必要な特殊ななわである。
　「あまり重くて太いなわは跳びにくい」という事がこの例から分かる。

（2）交差する場所を変えた跳び方
① 前方背面交差跳び

　なわを交差する時は通常体の前で行うが、（術語では「正面交差」と言う）これを体の後側、背中側で行う技を「背面交差跳び」と言う。
　背面交差跳びは、前方でも後方でも跳ぶ事が出来る。

　最初、手となわの動き、どのタイミングで跳ぶか等が全く分からず、こつを掴むまでしばらく時間が掛かる。応用発展技として背面交差二回旋跳びや、背面あや跳び、背面あや三回旋跳び、背面側回旋交差跳び等幾つもの跳び方がある。

② 前方混合交差跳び

　片手が体の前（正面）、もう一方の手が背中（背面）にした状態でなわを跳ぶ技である。この技も前方と後方で跳ぶ事が出来る。この技は、横回しに似ているが、全く違う動きである。
　発展として混合交差二回旋跳びや三回旋リズムで跳ぶ技もある。
　この混合交差跳びは、跳ばない脇振り返し回旋・返し回しに非常に似ており、返しをイメージして行うと混合交差跳びで１０回が中々跳べない。
　それは次の理由による。

　返しは、片手が背中側にある時に背中や腰に近い状態に手が位置し、その手がやや止まっている時間があるが、それに対して、混合交差の場合は背中側の手が背中につく事なく背中より離れていて正面にある手とほとんど同じタイミングで腰から下におろして跳ぶ。最初この違いが中々理解出来ない。

　また、混合交差跳びは跳んだ後すぐに前後の手を入れ替えてリズムが２で跳ぶが、間違った動作をすると側回旋が入るような動きをしてリズムが４になってしまう間違いも見られる技である。

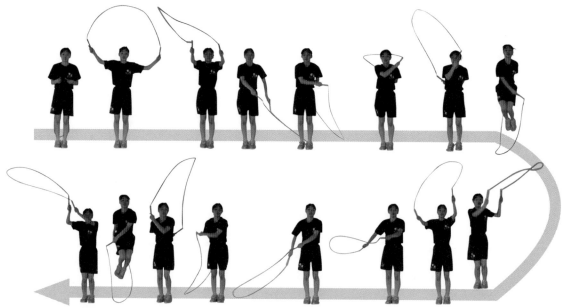

（3）　姿勢を変える跳び方

① 直立跳び

　体をほぼ直立にしピンと伸ばして跳ぶ動きである。
　昭和初期辺りまでは体を伸ばして姿勢を良くして跳ぶ事を奨励する文献等が見られる。
　体をピンと伸ばして跳ぶと各関節の衝撃緩和の点から見ると、やや負担が大きい。

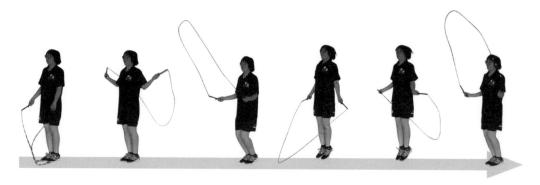

② しゃがみ跳び

　この動きは、立って跳んでいる姿勢から、次第にしゃがみ込んで何回か続けて跳んで立ち上がるという動きと、最初からしゃがみ込んだ姿勢で跳び続けるという動きがある。

　更に、体力や筋力があればしゃがんだ時に片足で跳んだり、かけ足のように跳んだり、コザックダンスのように足を交互に前や横に出したりする動きも出来る。

　発展として跳びながら少しずつ前後左右に移動したり、左右どちらかに回りながら跳ぶ事も出来るが、やや難しく、腰や膝、腿への負担が大きい。

　しゃがみ跳びは、なわなしでしゃがんだ時は余りバランスを崩さないが、なわを持ってしゃがんで回すと、バランスが後ろに掛かって転ぶ事もあるので注意したい。
　しゃがみ跳びは面白いが、あまり多くの回数を無理に跳ばなくても良い。

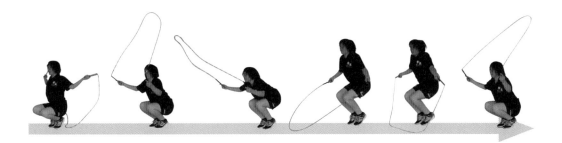

③ 片腕体側付け跳び

　この跳び方は、なわ跳びを始めた頃に見られる腕を大きく開いて跳ぶという跳び方から、肘や脇を締めて跳ぶという動作を習得する時の練習として取り入れた動きの技である。
　右手、左手どちらかを固定しても出来、前方でも後方でも出来る。

　片方だけ付けて跳ぶのに慣れたら、左を付けて交代して右を付けて跳ぶを連続し、最後は両方付けて跳ぶという動きを通して、脇を締めて跳ぶとはどういう事か意識し、自然に良い姿勢を身に付ける事が出来る。

右片手付けから左片手付けで跳ぶ

　なわ跳びはいつかは跳び終わるが、その終わり方やなわの止め方例を紹介する。
　終わりや止める場所・部位で、行っていけない体の部位がある。それは頭・顔・首の部分である。それ以外の体の部位は、ほぼ使って止めたり終わったり出来るが、止めにくい・終わりにくい場所や部位もある。その場合は、その場所や部位に合った形でスムーズな止め方や終わる方法を考えると良い。
　下表を参考に組合せて考えると、紹介例以外にも多くの形で止めたり、終わったり出来るので、是非、安全で見ても行っても楽しい止め方や終わり方を発見して欲しい。

（1）止め方、終わり方の姿勢や部位、体勢について

① 止め方、終わり方の姿勢や見る方向

ア　立位で終わる（片足前、両足爪先上げ、片足後ろ、両足踵上げ）
イ　膝をついて終わる（片膝、両膝）
ウ　片足を上げて終わる（前、横、後ろ、斜め）
エ　手を挙げて終わる（横、斜め、真上、敬礼）
オ　腕立て姿勢で終わる
カ　四つん這いで終わる
キ　座ったり、寝たりして終わる
ク　見る方向（上を見る、下を見る、横を見る、振り向く等）

② 止めるなわの部位

ア　頭上	カ　腕
イ　体前（正面）	キ　手
ウ　体後（背面）	ク　大腿や膝
エ　体幹（腹部）	ケ　股下
オ　肩	コ　足（爪先、踵、足の甲、足裏）等

③ なわの止め方の体勢

ア　開いて（足・手）	エ　持って（両手で・片手で）
イ　閉じて（足・手）	オ　掛けて（足、腕、肩、腰）等
ウ　巻いて	カ　出す、下げる（足）

（2）止め方・終わり方例

片足前（出し）止め　　片足後ろ（下げ）止め　　　両足前止め　　　　両足後ろ止め

　この４種類の止め方が最も一般的で、小学校入学前でも出来る止め方である。
　止める時には、跳んでいる時よりもゆっくりふわっと止めるイメージで行うと良い。
　簡単そうだが、最初はなわが跳ねたり、ずるずると引き摺ったり、足からそれて空振りしたりする。実は、止める時にもどの位置に来るとなわが足の下に来るのかと、スピードのコントロール等も体得しているという事なのである。

＜ 交差系や跨ぐ止め方例＞

（前）交差止め　　　　　交差開き止め　　　　　　跨ぎ止め　　　両手挙げ後ろ足甲止め

　　交差止めは交差したまま止める。交差開き止めは、交差して止めた所からなわを開くという止め方である。一瞬これを見ると不思議な止め方に見える。
　　跨ぎ止めは、長なわを止める時に行う止め方で、意識して跨いでなわを逃がさないようにするという止め方である。両手挙げ後ろ足甲止めは、なわを跨いだ瞬間に後ろ足を上げながら手を万歳するように上に挙げるという止め方（グリコポーズ等とも言われている）であるが、タイミングが合わないとなかなか止まらないので練習が必要である。両手挙げ後ろ足甲止め以外は、前方も後方も出来る。

＜ 交差から一度外して交差止めする例＞

＜ 跳んでいる方向を変えて止める例＞

前方を跳んで後方に止める

後方を跳んで前方に止める

＜ 手や足で行う綾系の止め方例＞

正面腕掛け綾止め

正面足掛け綾止め

＜ 正面腕掛け綾止めの行い方＞

1	2	3	4

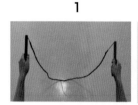  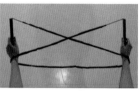

　　写真の例は、右掛けだが左手に掛ければ左掛けでも出来る。
　　最初これを行うと肘や腕全体に掛かってしまうが、慣れると手首辺りに掛けながら前方に跳んだ
終わりに１秒かからず、あっという間に綾止めが出来るようになる。

＜ 正面足掛け綾止めの行い方＞

〔前方の足掛け綾止め場合〕

1	2	3	4	5

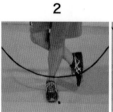   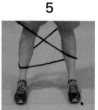

〔後方の足掛け綾止め場合〕

1	2	3	4	5

　　片足を、前から後ろに交差してなわを掛けて戻すと出来る。

　　腕や足の止め方は、意識して行わないと普通はまず出来ない止め方である。腕掛け綾止めは、ク
ロスフリーズ等とも言われているが、なわを片腕に掛けて下ろしながら中を通して戻す止め方であ
る。
　　足の場合は、手より更に行っている人は非常に少なく、なわが前や後ろの下にある時になわを越
して、片足の甲にでなわを掛けて戻すと綾になって止められる動きである。
　　出来るとカッコいい止め方である。見ている人に、拍手喝采を浴び、教えて教えてと、ヒーロー
になるだろう。

＜ 止める場所・姿勢例＞

立位・頭上止め

片膝付き止め

片膝付き前出し止め

肩掛け止め

　これらの止め方は、跳んでいて、どちらか片方の手になわをまとめて持って垂直回旋動作から止める動きである。腕の形も横や斜め縦にする等の工夫も出来る。

＜ 止めた時の手や腕の形例＞

注目

敬礼

前に

ピース

手を振る

　手の挙げ方や出し方、手の形によってイメージもかなり変わるので場に応じ選ぶと良い。写真のように終わりに片方になわを持つ場合は、跳んでいて出した足と同じ手の方に一方のグリップを静かに渡した時に、スパッと手を挙げたり、出したりするように動くと動きが途切れることなく、スムーズに止められる。この他に真上に手を挙げたり、胸の前で手をクロスするような形も出来る。

＜ 返し止め・混合止め系＞

返し片足前止め

返し片足後ろ止め

返し両足前止め

返し両足後ろ止め

　脇振り返しや混合系の止め方は、片手が体前（正面）もう一方が体後（背面）で止める事になる。足裏で止める場合は、片足を前や後ろに出して止めた方がきれいに見える。
　写真の片足を出す止め方は、なわが右にある時に右足を前に出して、腰辺りから回転させて足裏に掛ける方が確実で、右になわがある時に左足を出す等なわの動きと、出す足が反対の場合はなわがきれいに掛かりにくい。

167

＜肩や腿を使っての止め方例＞

タスキ肩止め

肩上止め

肩下止め

腿巻き付け
（片膝付き）

　肩や腿（もも）の止め方は、主に跳んでいてなわを体側に外しながら垂直回旋８の字回旋にしてから行う止め方になる。始めは、なわがどの位どう回って来るか分からずなわの先端を掴みそこなうが、タイミングと回し方が安定すると、すぐに出来るようになる。

　腿巻き付けは、立位で片足を上げて巻き付けをしながら片膝を付き、腿を回して巻き付いたなわの端を持って終わるようになる。腿の上からも下からも巻き付けて止める事が出来る。

＜体に巻き付けて姿勢を変化させる止め方例＞

縦体一周
肘巻き付け止め

縦体一周
膝掛け巻き付け止め

片腕巻き付け止め
（片膝付き）

片腕巻き付け膝掛け止

　これらの止め方は通常行うような止め方ではなく、意識してなわの揺れをピシッと止められるかを工夫して行う止め方である。

　縦体一周の２種類の場合は、左右の手を上下縦にして体になわを一周させて巻き、肘や膝に掛ける止め方である。

　片腕巻き付けは、立位での巻き付けながら膝を付けて止める。
膝掛けの場合はなわを腕に一巻きした所で、下に延びているなわのすき間に膝を入れてから前の手を伸ばすと止まるという動きである。

　これらの技は、ゆっくり行い、止める寸前にスピードを上げて終わりになわピンと張ると、見ている人からは拍手喝采となるような止め方になる。

　この他にも腰・お尻をつき出して、なわを掛けて止める等もある。いろいろと考えて、安全に上手く止められる部位や方法を工夫してみて欲しい。

第8章　短なわと他の用具との組合せ

1　ボールとなわ跳びの組合せ

（1）かけ足跳びで前に進みながら、ボールの下をなわを潜らせて進む

　　短なわでかけ足跳びをしながら、転がしたボールの下をなわを通して進む動きである。左でも右でもボールを転がしてからでも蹴りながらでも進む事が出来る。
　　最初ゆっくり軽く蹴らないとボールだけ先に行ってしまい、潜らせる事の出来ない、ただ追い掛けるだけのかけ足跳びになってしまうので注意したい。

　　他に、その場でボールを足先でサッカーのボールリフティングをしながらなわを跳ぶ事も出来るが、この動きはボールリフティングそのものが上手く出来ないと、なわを跳ぶ事は出来ないので、紹介のみにする。

（2）ボールを足に挟んでなわ跳びをする

　　ボールを両足の間に軽く挟んで跳ぶ動きである。この動きは、内側に締めて跳ぶ動きを身に付ける事が出来る。両足をゆるめ過ぎるとボールは外れてしまう。
　　この他に、ボールを挟んだまま後方に跳んだり、交差したり、二回旋跳び等をしたり、前後左右に移動したり、その場で回ったりも出来るので試してみると良い。

（３）ボールを膝に挟んでなわ跳びをする

　　ボールを両足の間に挟む動きは、ボールの大きさにもよるが、膝辺りまでで良い。
　　股に近くなればなる程足は閉じなくなり、Ｏ脚、がに股になってしまうので運動としての効果が
薄くなる。足先と膝とでは難易度はどうかと言うと、ほとんど差はない。

（４）ボールを腕の間に挟んでなわ跳びをする

　　この動きは、左脇に挟んでも、右脇に挟んでも出来る。
　　また、両腕に挟んでも跳ぶ事が出来る。両腕に挟むと気のゆるみでボールが外れるので気が抜け
ない。ボールを腕に挟むのは楽しい動きである。

（５）ボールをお腹辺りに抱えてなわ跳びをする

　　普段行う事はほとんどないが、抱える箇所を考えると意外な動きを発見したりする。
　　危険でなければやってみると良い。この動きは、ボールが外れないようやや体を丸めて行うと良
い。自分の体となわとボールの楽しい対話のような跳び方である。

　　大人の場合、無理をして行うと腰や背筋を痛めるような動きなので無理に多く続ける必要はない。
あくまでも、色々な動きの一つである。

（6）バランスボールを弾ませてなわを跳ぶ

　この動きは、始めにボールを持って身体の前に落とし、何回か弾む中でなわをボールと床や地面の間を何回なわを回せるかを、数える動きである。

　もちろん、バランスボールのように大きくなくても良い。ドッヂボールやバレーボール、バスケットボール等でも良い。テニスボール等小さめのボールでも出来るが、小さくて軽いボールはなわが当たると思わぬ方向に飛んでしまうのであまりお勧め出来ない。

　また、この動きの発展として、ボールを落としたらボールの周りを回りながらなわを跳ぶ事も出来る。回数を増やしたい時は、両足跳びでなくかけ足跳びで行うと回数を増やす事が出来る。色々な跳び方で試してみるのも良い。

（7）バランスボールに乗ってなわを跳ぶ

　この動きは、小さなボールでは安定して乗って座る事が難しいので、大きめのジムボール・バランスボールで行うと良い。
　子どもは、４５cmから５０cm位の大きさで、大人は５５〜６５cm位で行うと良い。バランスボールには１m位までの大きいサイズまで何種類かあるので、目的や自分に合わせた大きさを選んで行うと良い。

　前に回して出来たら、後ろも普通に跳ぶ感覚とまた違うので出来たらやってみると良い。
　後方は、バランスを崩して転がり落ちないように注意したい。

　更に、ボールを足で少し挟み気味にしながら左右に１回転してみたり、前後に移動してみたり左右に移動したりしても行う事が出来る。
　体幹やバランス感覚を身に付けるにも良いバランスボールに、なわをつけて跳ぶという事は工夫と応用と言って良いだろう。

2 その他の用具となわ跳びの組合せ

（1）とび箱の上から多回旋跳びをしながら下りる

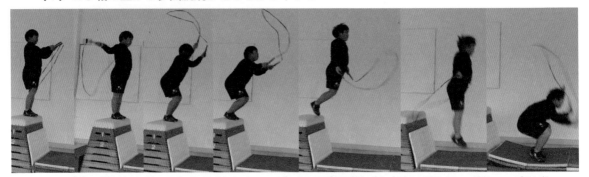

「高い場所から下に下りるまでなわをいっぱい回せば何重跳びも出来るだろう。」等と、一度は考えた事があるだろう。冬場等なわとびシーズンでの危険な遊びの例として指導しておかないと、学校等では大休憩等に朝礼台や指揮台、体育館だとステージ上やステージに上がる階段等からなわを回して飛び下りる事があるので、注意したい。この動きは着地の時の衝撃やバランスを崩す等の安全面の配慮が大優先であり、無理に行うような動きではない。

　もし、そういう思いや願いを叶えるのであれば、低い段から少しずつ始め、セーフティマットに下りたり、マット等を何枚も重ねて着地部分を柔らかくして行いたい。
　下を向いたまま行うとなわは2回と回らず着地してしまう。
　それは着地が不安で、意識がその事を考えると手が回らないからである。
　写真はあくまで例である。

（2）かけ足跳びをしながらミニハードルを跳び越す

　高いハードルを跳ぶ事も出来るが、なわが絡まったり引っ掛かったりして危険度が高い。高いハードルを越す事はなわ跳び運動から外れてしまうので、行うのであればミニハードル程度に止めたい。

　20cm位の高さのミニハードルでは高く跳ばずに一定のリズムで歩きながらでも跨ぐように進む事が出来るので危険はないが、そうすると跳ばない動きになってしまう。
　写真は30cmのミニハードルである。遠くから跳んで近くに下りるという本来の良いハードリングとは反対で、近くから跳んで遠くに下りないと、跳んだ後になわが後ろに回って来るのでハードルになわの先端が引っ掛かってしまったり、なわのスピードによっては、ミニハードルが後ろや横に飛び散るような事も起こるので注意したい。

　また、跳び越して下りた着地時になわも回しながらであるのでガクッと膝から崩れたり、バランスを崩したりして転倒する事もあり、無理に全員が体験しなければならない動きではない。

（3）平均台を使ってのなわ跳び

平均台横から軽く走り、平均台に乗って下りる、最初はスポンジ状の物を使うと良い

慣れたら木の平均台に上がって下りる

左から右に上がって下りる動き

右から左に上がって下りる動き

　写真は全て横からだが、平均台の後ろから乗って前（正面）に下りるという動きも出来る。平均台より安全に行う代用として、とび箱の一段目を置いて正面や横からなわを回しながら上がり下りをする事も出来る。

平均台の上で前方になわを回しながら進む

　平均台を使っての動きは、安全に配慮しながらスポンジ状の平均台があればそれを使い、慣れたら木の平均台でも違和感なく出来るようになる。

　平均台では、全体的に一回旋二跳躍のかけ足跳びで行うのが良く、台に上がった時になわが上にある場合と、台に上がった時になわを跳ぶ場合の両方が出来る。

　また、平均台に上がって下りる動きの場合は、左側から右側へ、右側から左側への二方向が出来る。

　更に、足も左足で上がる場合と右足で上がる場合の両足で使い分けをして上がる事が出来る。

　スムーズに動けるようになれば、左側と右側を交互に上がり下りしながら進む事も出来る。平均台の上を前に進む動きは、片足跳びや交差跳び、二回旋跳び等も出来るが、平均台を踏み外したりして顔や足を含め全身を強打する事もある。更に恐怖心も伴う為動きをスムーズに行うのは中々難しい。

　平均台を使っての動きは、勇気も決断も安定感も必要で、学校等で行う場合平均台を怖いと感じる子どもの実態も考えられるので、安全面を考慮し無理強いしなくても良い。

（4）ミニトランポリンの上でなわ跳びをする

　ミニトランポリンを使って普段跳んでいれば、ミニトランポリン上でなわ跳びを行っても特に危険性はない。ミニトランポリンは、ジャンピングパネル同様、二回旋以上の多回旋等の練習等に適している。大人も跳べるミニトランポリンであれば、中高生以上も多回旋跳び等を行う事が出来る。

　ミニトランポリンで跳び続けると、一回旋一跳躍の順跳びでも床や地面で跳ぶよりエネルギー消費量も多く、肥満気味の方にも膝への負担が少なくダイエットとなわ跳びの上達の相乗効果も期待出来、利用次第で色々と工夫出来る健康器具である。

　実施者にとって、安全な健康器具等があれば利用の仕方を工夫し、約束毎等を作って行うよう考える事も大切である。

　短なわ跳びと他の用具との組合せは、これ以外にも各種あり、一輪車に乗ってのなわ跳びや、マット上で前転や後転、前方倒立転回や宙返りしながらも出来るが、このような動きになると普通に実施者全員が出来るレベルではなく危険性も伴い、なわ跳び分野ではなく器械運動等他の分野等になるので、技の紹介は省く。

第9章　パラスポーツとしてのなわ跳び

1 パラスポーツや特別支援としてのなわ跳びの取組み

　障害のある場合のなわ跳び運動については、特別支援学校等で、一般では病院や施設でのリハビリの一端としての取組みがこれまで行われているが、一般に目にする機会は極めて少ない。

　健常者同様なわ跳びを含め、運動が脳を始め心と体の健康や発達にも生活の様々な改善・向上にも繋がる事から、積極的に情報を公開・共有される事を期待したい。

　学校の場合、指針とすべき平成29年告示の学習指導要領では、おりしも2020年のオリンピック開催予定だった時期とも重なり、初めてオリンピックやパラリンピックを意識した記述がなされた。健常者のみならず、人間一人一人の生き方としてのスポーツや運動、体育や健康という視点で見ると、更に特別支援の必要な子ども達への健康や運動にも多くの視点を当てて　幅広く深く研究し、工夫した取組みを継続する事が必要である。通常学校等で対象在籍者がいる場合、積極的に取組んで欲しいと願っている。

　だが、骨折や捻挫等、一時的な怪我や体調不良の場合は見学する事が望ましい。他の部位等を怪我してしまうと、運動どころではなくなってしまうので避けるのは当然である。

　障害のある場合の実施に当たっては、個々の状況が異なるので細心の注意を払う事はもちろん、学校や家庭でも様々な配慮や準備、医療や関係教育機関等との連携等が必要である事は述べるまでもない。実施に当たって対象者がなわ跳びに取組む場合、一人で行わず、必ず見守る介助者等が付き添う事も大切である。

　練習時には、優しく語り掛け、ほんのちょっとした動きの違いや変化を看取り、出来た事を大きく褒める事を心掛けて行うと技能の伸びが大きい。

　しかし、健常者と違い次の練習時にもまた振り出しに戻ってしまう事も多いので、練習する場合は焦らずに、共に悩み、考え、わずかな変化や伸びを認め、褒めて喜び等を共有しながら、状況を継続して記録しておき「今、この技の動きのここまで出来ている、次はこうしてみよう。」等、前向きに諦めないで取組めるような具体的な助言等も大切である。

　また、実施者の実態を考慮した動きを取り入れた目安や目当てとなる『なわ跳びカード』等を作成活用すると共に、スモールステップで練習し、繰り返したり、教具を変えてみたりする対応を継続工夫して行う事が大切である。
一人一人の症状によって違いはあるが、健常者より回数や時間も長く多く掛かっても、ほぼ同じ動きをしたり技を跳んだり出来る事が分かっている。

　本章では、これまで約40年の間に障害のある子ども達と共に取り組んだ指導事例からほんの一部ではあるが、車椅子・ダウン症を含む知的障害や発達障害・片腕欠損・手指欠損の場合のなわ跳び運動の取組みを紹介する。

　その他事例にはないが、各種競技パラアスリートがトレーニングの一環としてなわ跳びを取り入れたり、病院・福祉施設等で義手や義足者がリハビリの一端としてなわ跳び運動を取り入れている事も分かっている。

　今後、様々なハンデのある人がなわ跳び運動をする為の用具の工夫や研究が、更に進む事を期待したい。

腕や手の
義肢例

腿や膝から下の
や脚の義肢例

2 車椅子利用者のなわ跳び運動の実践例

　車椅子にも様々な種類があるが、スポーツ種目に特化した専用の車椅子の中でなわ跳びに特化した車椅子はないので、通常生活用車椅子を利用して行った例である。

　車椅子でのなわ跳びでは、二回旋跳び以上の技は難しいが一回旋のなわ跳びの動きに近いものは、工夫次第で経験したり、体感したりする事は可能である。

　車椅子の場合は、なわを使った体操やなわを振る等の動きは車椅子に乗ったまま出来る。

　一回旋リズムの前方の技は車椅子を前に移動しながらなわを車椅子で越して進む、同様に後方の技は後ろに移動しながら下ろしたなわを越すようにする。

　順と交差跳びや交差跳びの動きも出来るが、その場合は車椅子分の横幅を考慮したグリップ部分を長くしたとびなわを作成すれば、同様に体感する事が出来る。

　車椅子で行う注意点として、なわが車輪等に絡まって車椅子毎転倒しないよう、すぐ近くで一緒に移動しながらいつでも対応出来るよう寄り添い、安全を優先して取組む事が大切である。

（1）車椅子に乗ってなわを使った体操例

　写真にはないが、補助者・支援者や介助者等が側で見守り、車椅子のブレーキを掛けてから始める。なわを二つ折りや四つ折りにして、両手や片手に持って、左右横や前に出したり、上体を捻ったり、上半身を回したりする事も出来る。

　なわを足に掛ける動きは、障害の状態により両足の裏や片足だけでも良い。

　また、足の下になわを通したりする動きも、車椅子毎転倒に注意して両足の下に入れたり、片足ずつ入れたりする事も出来る。健常者と違うのでどちらの足のどの部位が動かないか考えて、無理なく安全に出来る内容を相談して決め、一人一人に応じた「めあての進級カード」に技を入れた個別の支援カード等を作成する事が大切である。

　詳しくは「車椅子で行うなわ跳びカード」例を参照されたい（資料編246ページ参照）。

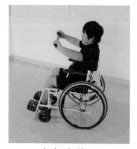
なわを前に

なわを右横斜めに

なわを左横斜めに

なわを上に

なわを背中方向に

足の下になわをかけて

（2）車椅子を固定して行う短なわを使っての各種回旋例

　手や腕、肩等障害の程度により両手で持ち替えて行う事が出来れば交互にも、片腕だけ行う事も考慮して行いたい。

　これらの動きにより、首や肩、肩甲骨、背筋等、かなりの運動効果が期待出来る。

頭上水平回旋（左回旋と右回旋）　　　　車椅子の側方回旋（左だけ右だけ）

車椅子の左右で側方8の字回旋する

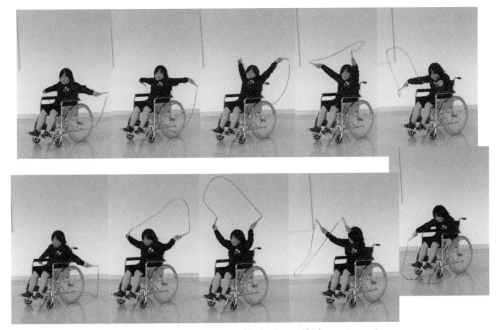

なわを車椅子の前後に半回旋する。（前後スイッチ）

（3）車椅子を移動させながらの短なわ跳び例

　車椅子を前方や後方に移動させながらなわを回す動きには、二種類ある。
　一つ目は、車椅子を前や後ろに走らせてから、それになわを回して合わせる動き。
　二つ目は、車椅子を止めておき、なわを前や後ろに振り下ろしてから車椅子を動かしてなわと合わせる、という二つの動きである。
　状態に応じて、出来る方法で試すと良い。

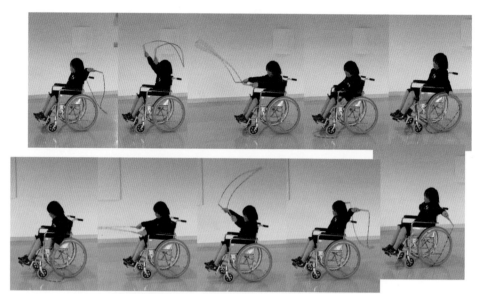

車椅子を走らせ、短なわを回して前方に移動する

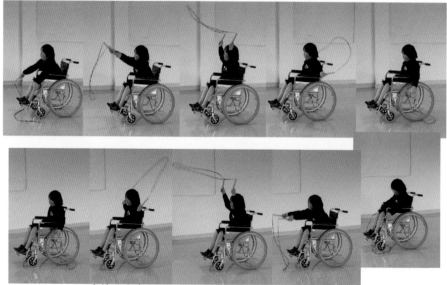

車椅子を走らせ、短なわを回して後方に移動する

（４）車椅子で行う長なわとび例

　この動きには、長なわが上がった時に通り抜ける方法と、長なわが下がった時になわを踏みながら前や後ろに進む方法がある。迎えなわや送りなわ（かぶりなわ）で跳ぶ練習の動きとなる。

　この段階を経て、集団の中でみんなとなわの横から入る回旋に挑戦する事も可能になる。
正面からに比べ、横からの方が移動距離となわを斜めに通り過ぎる難しさが増すが、車椅子利用者に合わせてなわをゆっくり回す。その時だけスピードは落ちるが、みんなの中で続けて跳ぶような動きになり、集団の流れや動きを止める事なく続けられる。

　慣れると、車椅子後ろの補助用取っ手を列の後ろに並んだ子ども等が、軽く押すようにすると、スピードが増して全体のスピードも余り落ちずに通る事が出来る。
　もちろん、無理矢理押すと車椅子が横転するので、個別に練習してから長なわの中で試し、合うような動きになれば、みんなと速めのスピードで入って抜ける事が出来るよう段階を踏む事を忘れてはならない。
　十分安全に注意し「よしこれなら行ける」という段階を経て実施する事は当然であり、事を急いでの無理は禁物である。

　以上のように、自分で車椅子を走らせて入る方法と、後ろの補助者に押してもらいスピードを上げながら自分も車椅子を走らせて一緒に入る方法がある。
　みんなと一緒に出来る喜びと車椅子利用者の集団所属意識の高揚と共に、所属集団の思いやりの心も育つと考えられる。

①　車椅子で上下する長なわを通り抜ける（通過する）

スタート準備　➡　なわが上がったら通過　➡　通過終了

スタート準備　➡　なわが下がったら通過　➡　通過終了

②　車椅子で回っている長なわを抜ける

回旋しているなわが上がっている時とのなわが下がった時の通過の仕方がある。写真は、下がった時の通過例である。

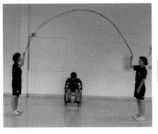  

回旋している長なわの中に入って出る

③　車椅子で長なわに自分の短なわを合わせる「長短組合せ」をする

　迎え回旋で回っている長なわ内に自分のなわを合わせ、二本同時に跨いで通る。

　長なわの回し手が、車椅子利用者通過に合わせて長なわの回すスピードゆるめて調節し、通り過ぎる時には床をなでるように車椅子の下を通してやると、長なわと車椅子利用者の短なわの二本を合わせて通過出来る。

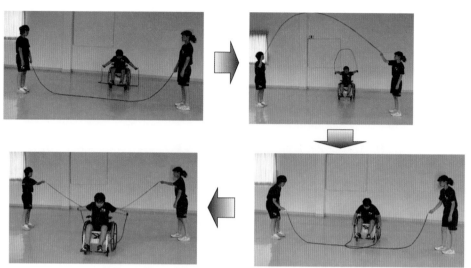

長なわの中に短なわを回しながら入って抜ける

（5）車椅子で行う短なわとボールの組合せ例

　ボールを離してから弾まなくなるまでに何回通過出来るかに挑戦する。

　この動きは、車椅子の前（正面）でも出来るが、体を前に倒す必要があるので、横の方が安全に出来る。道具を工夫すれば色々と楽しい動きが出来る。

　その他の動きについては、「車椅子で行うなわ跳び学習カード」を参照されたい。

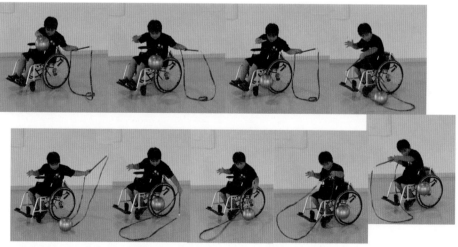

長い棒になわを付けて持ち、落としたボールの弾みに合わせて、ボールの下を
左右になわを揺らして通過させる

3　身体的障害以外のなわ跳び運動の実践例

　対象者は女子、１０歳〜２６歳までの１６年間に亘りなわ跳び運動に取組んだ例である。身体的な障害ではない症候群の全体の特性として、運動は嫌いではないが、高さや難しい動きで萎縮したりすると共に、生活経験や運動経験が少ない事が多い。

　また、全力で運動したりする事は苦手とし、柔軟性は非常に高いが、体力や筋力がない為、健常児のように高い跳躍や変化する動きに対応する事が難しく、思春期以降肥満傾向が見られる等から、適度な運動をする事は健康面でも重要である。

　この例に限らず、特別支援傾向を持つ一人一人の症状等に見合った課題に取組むと同時に、目標達成は長期展望を持って実践する事により、健常者とほとんど変わらず技能を高める事が出来る。

（１）なわ跳び運動で配慮した主な内容

① なわ跳び検定スタートカード、ジュニアなわ跳び検定カードの準備（資料編 249 ページ参照）
② その日の様子等で練習内容をアレンジして行ったり、検定カードの段階の上下を無視して、出来る技や動きを増やす経験を通して、徐々に自信が持てるようにした。
③ 体調を考慮して課題やペース、回数等をコントロールして実施した。
④ 動きの状態を把握したり、こつを自分一人で掴んだりする事は簡単ではないので、本人に任せる部分は任せると共に、動きの状態を周囲の人がゆっくり丁寧に言葉と身振りや手を添えて動作化して感じを掴ませるようにした。
⑤ わずかな変化や伸びを認め、賞賛したり、出来ないで悩んだりしているような時は共感的に接して、出来ている部分を確認して出来た段階までの達成感を持たせたり、次の目標を持たせたりした。

（２）達成の状況

　前方や後方の「順跳び１０回」達成に約２年を要し、「二回旋跳びが１回」入るまで約１０年を要したが初歩的な動きから多くの動きや技を経験して身に付けた。
一回旋系の技で一番難しかったのが「かけ足跳び」で、かけ足跳び１０回が達成するまで１１年と二回旋跳びより多くの時間を要した。練習の継続により体力も付き、神経系と筋力、調整力等も形成されて行く事が分かった。

　１３年目位には「前方あや跳び（はやぶさ跳び）」が跳べるようになった。跳べる技も増えた事により、大会に参加してみようと言う事になった。競技は連続技５技で、連続して跳ぶのは相当大変だったが、本人もやれば出来る事を実感したようであった。

　結果として、幾つかの技を組合せて跳ぶ連続技も５技中３技まで続くようになり、２年後の１５年目には、４技から５技を連続して跳べるようになった。
　健常児より何倍も時間は掛かったが、諦めないで取り組めばほとんど問題なく習得出来るという能力の可能性を感じた。

　筆者が主宰するなわ跳びクラブには、他にも特別支援の必要なクラブ員も所属しているが、この例同様、時間を掛けて丁寧に少しずつ出来る事を積み重ねると共に、様々な道具や指導法を工夫して行けば、健常者同様必ず出来る事を確信している。

　指導に携わる場合には、その子なりの可能性を信じて根気強く寄り添う事を心掛けたい。

大会での演技（当時 26 歳）

4 手指に障害がある場合の工夫例

　手や指に障害があるが、なわ跳び運動が出来る場合は、出来る動きや技に挑戦させても良い。グリップの持ち方の項で説明したが、グリップの持ち方で通常の外握りが持てなくても内握りで持てる場合は、その持ち方でも良い。

　また、片方は外握りで片方だけ内握りの交互握りでも持てる範囲でその状態に応じた持ち方を選択して跳んだり動いたりして良い。

　片手がグリップを持てないような障害の場合は、ベルクロ（マジックテープ）等何らかの方法で手や手首にグリップを固定して跳べるようにすると良い。

　片手のみ動かせる場合は、輪のような道具を利用したり、グリップが長い棒状の一本の端になわを付けて跳べるような工夫をしたりすると、順跳びや横からの跳び方等の動きが出来る。
　交差跳びの場合は、棒の端のなわを反対にして取り付けると、交差状態のように跳ぶ事も可能である。

（1）指なわ跳び（持つ指を変える）手指の欠損に応じた持ち方例

　とびなわのグリップ（把手部分）を持つ時にどの指が関わっているかについて、跳びながら色々と持つ指を変えて跳んでみると、とびなわを持つ時に意識して正しく持つようになる。

　また、健常者でも万が一不慮の事故等で指が欠損した場合で、なわ跳びをしたいという願いがあれば、なわを回し易いとは言えないが、持つ指が１本だとしてもかなりのなわ跳び種目を行う事が出来る。

　指でのなわ跳びでは、健常者でもグリップを力を入れてぎっちり握らない事や、持つ感覚も養う事が出来る。手指の障害や欠損の場合の参考に一度行ってみて欲しい。

　対象者がいる場合は、状況によってとびなわを巻き付ける工夫や、特殊な形状の障害部分や程度に応じたとびなわの工夫等が必要になる。

　では、どんな持ち方でどのような場合があるかについて、次頁の表をご覧頂きたい。
全部で４０通りの持ち方が出来るが、手と指の構造上中指と薬指で持ったり離したりという種類が一番つらい持ち方である。
　４１通り目は、全ての指をグリップから離し手の平をくの字に中心で曲げただけの状態で持つようになる。跳べない事はないが、一回旋で跳ぶのがやっとである。

　代表例を抜粋して３種類を写真で見ると、次のようである。

＜グリップを持つ指を変化させるパターン例写真＞

| 親指を離して指４本で持ち
指１本を離した例から | 親指と人差し指で持ち
指３本を離した例から | 小指だけで持ち
指４本を離した例から |

＜持つ指を変化させるパターン表＞

指1本 離して持つ				
1	2	3	4	5
×	○	○	○	○
○	×	○	○	○
○	○	×	○	○
○	○	○	×	○
○	○	○	○	×

指2本 離して持つ				
1	2	3	4	5
×	×	○	○	○
×	○	×	○	○
×	○	○	×	○
×	○	○	○	×
○	×	×	○	○
○	×	○	×	○
○	×	○	○	×
○	○	×	×	○
○	○	×	○	×
○	○	○	×	×

指3本 離して持つ				
1	2	3	4	5
×	×	×	○	○
×	×	○	×	○
×	×	○	○	×
×	○	×	×	○
×	○	×	○	×
×	○	○	×	×
○	×	×	×	○
○	×	×	○	×
○	×	○	×	×
×	○	○	×	×

指4本 離して持つ				
1	2	3	4	5
×	×	×	×	○
×	×	×	○	×
×	×	○	×	×
×	○	×	×	×
○	×	×	×	×

【表内の記号の見方】

番号　→	1親指　2人差し指　3中指　4薬指　5小指
印　　→	○は、持つ　×は、離す

（2）その他の対応

① 障害の状態に応じた、持ちやすい形状のとびなわ

　市販のとびなわでも視点を変えてよく見ると、手や指、手首が不自由で通常のグリップが持てない場合に使えそうな用具がある。

　日常生活においてどのように生活し、どんな事まで出来るのかによって、形状も材質等も様々に考えて作成する事は可能である。

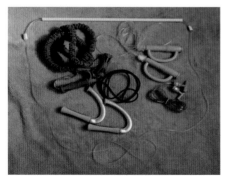

様々な形状のなわと自作ロープ

　健常者には想像出来ない、考え付かない形であっても跳べる動きが出来るのであれば、それは素晴らしい事である。
　おもちゃ類や、トレーニング用具類の中にも使い方次第では、なわ跳びの用具として利用出来る物がまだまだあるはずである。
　また、握り方の項で示したが通常持ち方は外握りであるが、手首の動きの状態によっては、内握りや、片方が通常のように持てるのであれば、交互握りでも固定観念を捨て柔軟に対応すると良いだろう。

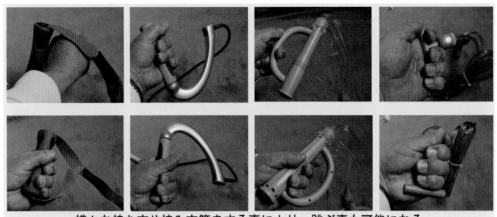

様々な持ち方や挟み方等をする事により、跳ぶ事も可能になる

② グリップの持ち方の工夫によるなわ跳び

　写真下のように、外握りでも内握りでも交互握りでも腕や手の状態によっていずれでも良い。また固定バンドや、回転する為の工夫も考慮するとこれまで考え付かなかった良いアイディアでなわ跳びを楽しむ事が出来る可能性は十分あるだろう。

「外握り」　　　　　「内握り」　　　　　「交互握り」

5　片腕に障害がある場合（欠損した場合）のとびなわと跳び方の工夫例

　　片腕が欠損している場合、どこからどの部分は動かせたり、義手が付けられるかが重要となるが、ここでは、ほぼ片腕が欠損しているか動かない場合のとびなわの作成と利用例を紹介する。片腕で動かして跳べるとびなわを、様々な材質や太さ等を試しながら、次の点に留意して作成した。

```
　　　　　　　　＜とびなわ作成の主な配慮点＞
　1　回した時に体の左右脇に余裕があるグリップ部の長さにする。
　2　体に合ったなわの長さにする。
　3　長いグリップ部でも左右の端がスムーズに回る工夫をする。
　4　持ち易く動かし易い太さにする、等である。

　一体型のロンググリップで跳ぶ場合は、前方より後方の方が回旋し易く、慣れたら前方を行う方が良いようである。回すなわの回旋の振り上げ方や大きさ、跳ぶタイミング等が分かると、一回旋二跳躍から一回旋一跳躍、そして二回旋跳びも跳べるようになる。
実は、最初この一体型ロンググリップは、健常者で交差跳びが出来ない子どもの為に作成した物で、ロンググリップの中央を交差して持つと、交差跳びの感覚を掴む事が出来るが、それを応用した物である。

　次に、代表的な片腕（手）で跳ぶロンググリップの跳び方2例を写真でご覧頂きたい。
該当する実施者がいる場合、是非工夫して作成したりして、なわ跳びが出来る喜びを味わって欲しい。
```

（1）片手での後方順跳びをした例

　軽く揺らし、なわを安定させてから後方に回して跳ぶと楽に跳べる。
　この方法で、一回旋二跳躍でも一回旋一跳躍でも、二回旋リズムでも出来る。前方も同様に出来るが、後方の方がやや回し易い。
　また、足の動きも両足跳び・片足跳び・かけ足跳び等でも跳ぶ事が出来る。

（2）片手での側方回旋跳びをした例

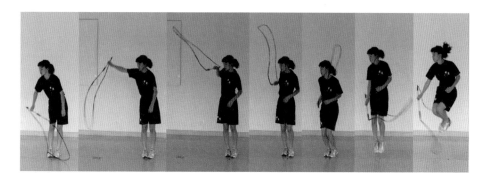

　側方回旋を（横から回して）跳ぶ動きであるが、通常の側方回旋や片手での混合回旋の動きに近い動きになる。

（3）片腕が不自由な状態でのなわ跳び

　両腕はあるが、肘等が曲がり伸びないとか、片腕がやや短い、腕はあまり動かないと言った、部分的な機能障害の場合でもなわ跳びが出来る状態であれば、健常者が行う片腕固定の跳び方で行う事が出来る。

左腕を固定した跳び方　　　　　　　　右腕を固定した跳び方

（4）二人で協力して行うなわ跳び

　これまでは、一人で行うなわ跳びの動きについて触れたが、一方の片腕を補助するという考えであれば、二人組で行うなわ跳びの動きも支援の一方策と言えるだろう。
　次に、その例を幾つか紹介したい。
　まだまだ工夫すれば多くの動きでなわ跳びを行う事が出来る。
　是非、一人一人の障害やその程度に対応して実施されたい。

① 前方・後方での順跳びを二人組で行う

　この跳び方は、前方・後方両方向で出来る。また、二人でかけ足跳びで移動したり、一回旋二跳躍や一回旋一跳躍、そして両足でも片足でも跳べる。
　更に発展として二回旋跳びでも出来る。

② 前方での順と交差跳びを二人組で行う

　この跳び方は、前方で二人での順と交差跳びの動きである。
　補助側の片腕を対象者の片方の交差の上に重ねるようにして手首を回すと交差跳びが出来る。
　この跳び方で、かけ足跳びや片足跳び、一緒に移動しながらも出来る。
　また、二人のタイミングが合うようになれば、発展として前方あや跳び（はやぶさ跳び）、二回旋跳びと交差跳び等も出来るようになる。

③ 後方での順と交差跳びを二人組で行う

　後方の順と交差跳びの動きとなる技で、前方に比べて後方は最初少し跳びにくいが、少しの練習で跳べるようになる。二人組で片方が回す場合、交差跳びを連続しては跳ぶ事は出来ない。

④ 前方側回旋と順跳びを二人組で行う

　二人組での側回旋と順跳びは、前方でも後方でもほぼ同じ動きで出来る。
　写真は前方での側回旋と順跳び例である。

⑤ 片側回旋と交差跳びを二人組で行う

　この跳び方は、前方でも後方でも跳ぶ事が出来る。
　しかし、対象者の腕や手の状態によって、どちらか一方のみからしか交差する事が出来ず、両方向からは出来ない。
　左から交差するには、補助者が左手を上にし、右から行うには、右手を上にして跳ぶようになるが、写真の場合は左側からは出来るが、右側からは交差が出来ない例である。

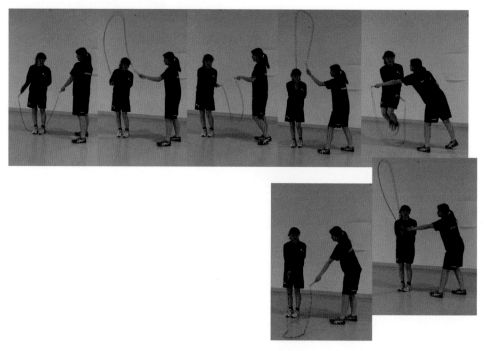

　これらは代表的な動きとして紹介したが、一般の二人組跳びを紹介している訳ではなく、片腕や片手でしか跳べない対象者と補助者と跳ぶ場合の考えとして紹介している。
　例えば、一人がなわを持ち前方になわを回している中で対象者が跳ぶ事ももちろん出来るが、他の人に全てやってもらうという考えではなく、片腕や片手を動かす事が出来ればその腕や手で、何とか補助者の力を借りて一緒に跳べる動きを考える事が大切であろう。
　何も手立てを講じなければ、様々な運動の経験をする事は出来ない。

　現状を鑑み、安全を考慮しながら実施方法や内容等を工夫し、楽しく多くのなわ跳びの技や動きを経験し、楽しんで欲しい。

第10章　なわ跳び技術系の技について

1 なわ跳び運動の進級カードの作成と利用について

　初歩的な技や動きから小学校学習指導要領体育編各学年の学習課題を取り入れ、小学校卒業までを見通して作成した進級カード例を最後に紹介する。これらを参考に、工夫して取組んで欲しい。

（1）なわ跳び進級カードを使用する前に

　小学校入学後の１年生でも、保育所や、幼稚園、子ども園等での運動遊びの経験にはすでに大きな差が見られる。特に１年生の１学期にはなわ跳び運動は全体に動きを徹底させるのは難しい時期にある。

　２学期末の冬になわ跳び運動に取組み始めた時にすぐにその場跳びを行わせてみると、学級では２／３位の子どもが一回旋二跳躍の前方順跳びさえ満足に跳べない事が多い。

　その理由は、小学校入学前までの幼児教育の内容になわ跳びそのものの到達すべき目標はないからである。みんなと仲良くなわを使って遊んだり、約束や順番を守って楽しく遊ぶ。なわを使って電車ごっこやなわを引き摺りながら走ったりする等、跳ぶ事が目的や目標ではないからである。

　兄弟姉妹でなわ跳びをする兄や姉を真似ているうちに、すでに年長児では順と交差跳び（俗称あや跳び）や交差跳びが出来ている幼児もいる。女児の多くがなわ跳びに関心を示す一方で、男児の多くは関心があまり示さず動きもぎこちない事が多い。

　小学校入学後１年生の冬辺りからなわ跳びを始める場合は、輪を置いての色々なステップを経験させたり、ラインやプレート間を同じリズムで移動させたり、なわを持って歩いたり走ったり、なわを跳ばずに体側で回したり、８の字に動かして見たりして動きを確認したり、高めておく事が必要である。

　それらを行って動き作りをした後に、一回旋二跳躍でのかけ足跳び等の跳ぶ動作が出来ているかを掴み、その場跳びでの動きに入るという流れが良い。

小学校中・高学年においても準備運動や導入時にはなわを使っての体操や移動しながらの様々な回旋や移動跳びをする事も大切である。

　これらの事から、カードにも移動しながらの簡単ななわ跳びやその場の跳ばない回旋だけの動き等も入れて作成する事が大切である。

　それにより、その後の取組みでの看取りや個別指導も可能になり指導者側の確認にも役立つものとなる。

（2）カード利用に考慮した事

進級確認や利用の仕方については、次の二種類のカードと利用を考慮した。（資料編240ページ参照）

○ 一つ目は、一覧表にして全体を見えるようにし、合格した級に確認印を押したり、シールを貼ったり出来るようにしたカード。
　このカードは、1つの級が10回と確認が明確で、到達級が一目で分かる。
○ 二つ目は、初級・中級・上級毎に分けて、一つ一つの各級毎に合格までどう伸びが見られたか、どこでつまづいたか、合格まで何級が時間が掛かったか等の自分の得意不得意やその時の感想を記録したり、指導者や先生方が看取った様子を書いたり出来るようにしたカード。
　このカードは、到達日を記入し、到達の伸び毎にグラフのように色を変え、その伸びを級毎に比較出来る。常に自分は後方で時間が掛かっている、交差になると中々出来ない等、取組み後の具体的な振り返りが可能なカード。

（3）カード合格確認と賞賛、保管について

カードの級合格確認については、次の事が考えられる。

○ 一つ目は、10回跳べて合格した級を一つ一つ印を押したり、シールを貼ったり出来る。この場合は目の前の壁となっている級を合格しないと次には進めないという考えであるが、しっかりと出来るまでの確実性が期待される。
○ 二つ目は、虫食いや飛び飛びの級になっても出来た級を確認し、印を押す事も出来る。この場合は、出来た級は増えるが自分の不得意な級は出来ないで空いている事が確認出来る。

練習時に、実施者全員の合格状況を指導者や先生一人で常時把握するのは難しい。

ホワイトボード等で一人一人の級の合格や到達状況が分かる全員の一覧表にシールや磁石等でその状況を把握出来る工夫をし、友達二人以上に見てもらい確認したら仮の合格の印を付けておき、時々指導者や先生が決めた日に最終確認をして、合格印やシールを貼る等が考えられる。

共通確認事項として、カードは連続して出来た最後の級を認定する。

また、取組み終了後、『認定証等』を与え賞賛し、それにより更なる意欲の向上や持続、合格した級の確実性にも繋がるようにする。

なわ跳び運動は、単学年で全ての技を進級する事は難しいので、その学年の取組み終了後進級カードを体育ファイル等に保管したり、次年度にまとめて持ち上がり継続して利用すると良い。

単学年だけで使用するカードを作成すると、前後の学年で級の進級状態が重なっていたり、難易度が入れ替わったりして学年間の系統発展技が合わなくなる事もあるので、学校であれば体育部等でしっかり検討して校内に提案する事が大切である。

実施後は、名簿等に合格の級を記録して今年度と次年度の伸びや学年の到達の様子等を比較したり、男女別に達成の状況等をまとめたり、校内全体としてのつまづきや達成の状況を掴んだりする事により、カードの級の変更や入れ替え等の参考となる。

更に家庭への説明責任や啓蒙を兼ねて、学校からの取組みの様子や結果の紹介、家庭への協力のお礼等のお知らせをすると良いだろう。

（4）進級カード作成と利用上の注意点

　カードの構成や一つ一つの動きや技に、次の事を考慮して作成した。

- ○ 進級カード内の全ての技を理解しなければならない為、子ども達への技の理解と指導に、技の紹介ＤＶＤを作成して、いつでも利用出来るようにした。
- ○ 初歩・準備カード、初級カード、中級カード、上級カード、連続技構成カードの５つのレベルに系統発展を考慮して構成した。
- ○ 初歩カードでの移動距離は、１０〜２０ｍ程度とし体育館内で確認出来る距離とした。
- ○ 全カードに前方・後方の技や動きをかたよりなく入れた。
- ○ 同じ技の場合（　）に裏技として入れ、どちらを行っても良いようにした。
- ○ 一回旋二跳躍系のみ、回旋数を１０回とした。
　一回旋一跳躍は、回旋数と跳躍数が同じ１０回とした。二回旋系からは跳躍数を１０回とし、全て１０進法で進級出来るようにした。
- ○ 一回旋系から二回旋系の技に入る所のみ特殊な技として、練習段階の順４回と二回旋跳びを入れて滑らかな二回旋系移行を図った。
- ○ 練習や進級の場の設定に、ジャンピングパネル利用等弾む練習場所を考慮した。

　カードの利用や取組みは、練習場所や安全面を指導し、学校では体育時を中心に始業前、大休憩、昼休み時、放課後や特別活動、学校裁量の時間等が考えられる。

家庭との連携で、その取組みを加味する方法も考えられる。

なわとび進級カード各級の紹介と跳び方の注意点

44級　前方順跳び（一回旋二跳躍）

　前方になわが1回回る間に両足で跳躍を2回行う技である。

　跳躍タイミングは、なわが下にある時になわと同時に第一跳躍して跳び、なわが頭上かやや前にある辺りの時に第二跳躍をする動きとなる。

　44級から36級の一回旋二跳躍の技は、跳躍自体は20跳躍になるが、なわが10回回ったら合格とする。

　この技は、保育所や幼稚園、こども園等でのなわ跳び遊びの中でその場で跳ぶ、最もポピュラーな最初の跳び方で、だいだい4歳半辺りから出来始めるようになる。

　この時期の男女を比較すると、女子はなわ跳びに興味を持ち、男子はボールを蹴ったり、ちゃんばらのような激しい動きに夢中になる事が多い。一緒になわ跳びを行わせると、女子の多くはほとんど出来るのに対して、男子は動きはぎこちなくなわを回旋する動作も出来ない等、すでに差が見られる。

　子どもの動きを見ると、なわを担ぐように肩口から回し始めると同時にジャンプしてしまい、地面に着地した時にはなわがまだ空中にあり、たった一回も跳べない事が多い。

　また、なわがどの位置に来たらジャンプするのかが分からない為、なわを振り下ろした時に深く腰を曲げてしまい跳び続けられない動作も見られる。

　その場で続けて跳ぶ動作は、大人や出来る者にとっては簡単だが、なわ跳び入門期の初心者にとっては簡単そうで、非常に難しい。

　子どもは出来ないとつまらなくて飽きてやらなくなったり、泣き出したり、言う事も聞かなくなり、仕舞いにはその場で固まったりする事もある。

　そのような場合、ゆっくりした動作で行いながら前に進んで歩いたり、移動したりする方法として、次のような動作を試して行くと次第に無理なくスムーズに出来る。

① 後ろからなわを振り下ろし、地面になわを振り下ろしたらなわの前にトントンと両足で二歩進むという動作を繰り返す。その二歩移動の幅や間隔、タイミング等を短くして行くと一回旋二跳躍のリズムとなる。
② 小さな輪やプレート等を置いて、その間を二歩移動するタイミング練習をする。

③ ②で足のリズムが出来たら手拍子を二回合わせて進む。

④ 跳んでいる時のようになわを持たないで手を軽く回しながら行ったり、片手や両手に切れたなわやなわをまとめて片手で持って移動したりする。

⑤ ある程度なわと跳躍のタイミングが掴めるようになったら、その場で片方になわを持ち、体側でなわを前に一回回してから二跳躍する、その動きを、徐々に間隔を詰めるとその場跳躍リズムとなわのタイミングが掴める。片方が出来たら反対側でも行い、最終的に、中央が切れたなわを両手に持って行う、等である。

　跳躍以外に、もう一つ課題としてなわの動きがある。

　なわがゆっくり回ると、なわの先端まで力が伝達せず頭上になわがある時に回転力が無くなりきれいな軌跡が描けないという、いわゆるなわがきれいに回らず力のない死んだなわの状態になる。

　一回旋二跳躍の技全体に同じ課題が見られるので、その場合はなわに新聞紙等を巻き、徐々に新聞を巻いた部分を短くしたりしてタイミングやなわの回旋軌跡を体感する練習も良い。

　他には、輪を持って跳んだり、ホース等を切って回して跳んでみたりと、身近な物を利用して跳べるようにして行く方法も有効である。

　誰にいつ、どのような指導が効果的かの近道はなく、実施者一人一人に合った手立てを講じたり、何が合っているか様々な方法を試して頂きたい。

４３級　後方順跳び（一回旋二跳躍）

　この技は、４４級を後方で行う技である。

　前方と違い、後方はなわが見えないという不安や抵抗感、顔に当たると痛いというような恐怖心が、なわ跳びの後ろの技全般に難しさを感じる事が多い。

　その為初心者共通の動作の特徴として、頭を深く下げて腰が引ける、腕は前に伸びて棒のようになるという、いわゆる「へっぴり腰」の姿勢になる。

　なわの軌道も前にずれる為、なわは顔や頭に当たってしまい体全体が硬い動きになる。

　これは一回旋系だけでなく、二回旋でも三回旋でもあやでも交差でも後方の技に共通である。

　出来ない時は、前方同様の練習や動きを後方でも行うと良い。

42級　前方かけ足跳び (一回旋二跳躍)

　この技は、その場で前方になわが一回旋する間にかけ足を二歩入れて連続して跳ぶ技で、初歩的な動きとして、誰もが行うポピュラーな技である。
　「駆け足跳び」と書いたり、「交互片足跳び」とも呼ばれている技である。

　跳び方は、かけ足跳びをしながら校庭や園庭をかけ回っていれば教えられなくても自然に出来てしまう技ではあるが、ただ走る事は出来ても、なわを付けると全く走る動作になならない事も多い。

　出来ない時には、その場跳びを行う前になわ跳びカード（初歩・準備）内の４８級や４７級で行った移動跳びを復習しておき、最終的になわを持って前に移動しながら進む距離を徐々に短くして、少しずつ止まるようにすると、その場でのかけ足跳びの完成となる。

　この技は、なわを跳ぶ足は二拍子のリズムとして常に同じ足からになるので、左足からと右足から跳ぶ方法があり、一般的に利き足が後ろになるが、陸上競技でのハードルや走り幅跳びや走り高跳びの踏切り足と同じである。

　この技に慣れて来たら、是非左からの跳び方も右からの跳び方も出来る一回旋二跳躍リズムのかけ足跳びを身に付けておきたい。次に、交互に左右の足で跳ぶ３歩のかけ足跳びへ移行する時にも有効となる。

41級　後方かけ足跳び (一回旋二跳躍)

　この技は、４２級を後方で行う技である。
　通常前方のかけ足跳びに比べて、後方のかけ足をしながら跳ぶ経験は少ない。
　子ども達が遊んでいる様子を見ると、後ろに移動すると誰かとぶつかるとか、そもそもなわ跳びをしなくても、後ろに走る経験が前に比べれば明らかに少ない。

　なわ跳びの場合、その場で後方も出来るので回旋する感覚から空間認識能力が高くなる。

40級　前方順跳び

　この技は、なわが一回旋する間に一跳躍して連続して両足で跳ぶ技である。

　４０級からは一回旋一跳躍リズムとなり、なわ一回と跳躍一回が合い、１０回回すのと１０回跳躍する数え方が一致する事になる。

　なわ跳びの基本技であるが、この技も意外につまづきが多く小学校１、２年生の各学級４.５人は見られ、やっと二跳躍に慣れた子どもは、更に速い動きへの抵抗感がある技である。

　小学校低学年担任等から「一回旋二跳躍から一回旋一跳躍にどうしてもならないんです。どうしたらいいですか。」と度々質問をされる事がある。

　出来ない子どもには、「違う、ここはこうだよ。」「先生が手拍子するから合わせて跳んでみて。」等と一生懸命に助言しても、この段階では理解と動きにはまだずれが大きく、耳に入らない状態に近い。

　そこで個人差に応じた丁寧な練習が必要となるが、これまで同様輪やプレート、ライン間を両足で二歩で移動した所を、一歩ずつ両足で前に進んだり、足に合わせて手拍子１回を加えたり、腕を回しながら行ったり、切れたなわを回しながら練習を行ったりすると良い。

　その練習で輪やプレート、ラインの間隔を徐々に狭めていく事で、なわを跳んでいる感覚に近くなり、次第に跳躍リズムが掴めるようになる。

　前方はなわが見えるので、顔の高さや顔の前をなわが通過したら跳躍すると良い。

39級　後方順跳び

　この技は、４０級を後方で跳ぶ技である。

　一般に後ろ跳び（前跳びも同様）とも言われるが、後方に跳ぶ技全てを後ろ跳びというので、正しい技名や言い方ではない。

　この技の練習は、輪やプレート、ラインの間を１歩一拍子で両足で移動する方法も良いが、後方順とび（一回旋一跳躍）では前後切り替え（スイッチ）の練習も有効である。

　最初腕やなわを上げた瞬間に跳躍してしまったり、なわが下りる前に跳躍してしまう傾向がまだ見られる時には、何回も跳ぶ事を求めず、なわを体の前と後ろに振ってから、後ろになわが下りた時に一回だけ軽く跳ぶ、跳んだらまたなわを上げて前から後ろに下ろす寸前に一回だけ跳ぶという動きをゆっくり続けて行くと良い。

　後方はなわが見えないので連続して跳ぶには、、頭から肩を過ぎた時のなわが動いている感覚を覚えたり、その時に回している手が真上から外側を向いた時に跳躍すると良い。

195

38級　前方かけ足跳び

　この技は、４２級の前方かけ足跳び一回旋二跳躍を、一回旋一跳躍リズムで跳ぶ技である。
　初期の段階では、足に意識が行くと手がおろそかになったり、手を意識すると足がもつれるようなリズムになったりして一回旋一跳躍では跳べない事がある。

　その為、これまで行ったプレートやラインの利用、手拍子や、なわを側方で回して足と合わせる、切れたなわを片手に持って走りながら回す等の練習が良い。
　少し時間は掛かっても、身に付き易い技である。

37級　後方かけ足跳び

　３８級を後方で跳ぶ技である。
　後ろに走るだけでも大変であるが、なわを回しながらの後方かけ足動作は小学校低学年の子ども達には最初難しく感じる。後方のかけ足跳びで一番多く見られるのは、腕を大きく斜め上前方に上げて跳び、上げている足が軸になる足に巻き付けるようにして跳んでいるという姿である。

　もう一つは、重い感じでドタバタというような足裏全体でベタッと着地して腰を下げるように重たそうに跳んでいるという姿でいずれも跳び続けられないという動きである。
　これらの動作を直すには、３８級までの練習方法を利用すると良い。

　また、後方はどうしても視線が下がりがちなので、この辺りから全体の動きを見て姿勢や跳び方を改善する為に、鏡の前で跳んでみたり、自分の影を見ながら跳んでみたりするのも良い。
　自分の姿勢等を見ての練習は、その後の技の習得にも有効である。

３６級　前方片足跳び（左５、右５）

　この技は、左右どちらか片足で跳び始め、５回跳んだ所で空中で足を切り替えて６回目には反対片足で跳び続ける技である。跳躍の入りは、なわを後ろの足下に構え、両足を揃えた姿勢からなわを回し始め、なわが下りる寸前に片足跳びをするという動きになる。

　上げている足や足首に力が入らないよう、なわを持たずに片足ケンケンと途中の切り替え部分を練習した後で、片手になわを持ちなわの回旋と合わせて跳びながら行い、最終的になわと足を合わせて完成させるようにすると良い。

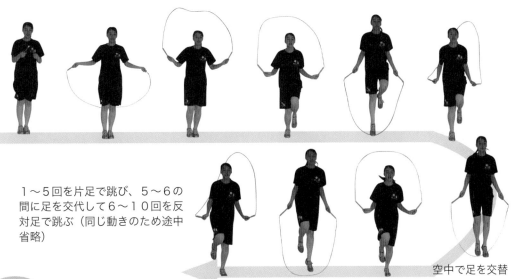

　１〜５回を片足で跳び、５〜６の間に足を交代して６〜１０回を反対足で跳ぶ（同じ動きのため途中省略）

空中で足を交替

３５級　後方片足跳び（左５、右５）

　この技は、３６級を後方で行う技で、左右どちらの足から始めても良い。
　跳躍前はなわを前に構え、両足を揃えた姿勢からなわを回し始め、後ろに下りる寸前に片足で跳び始める。片足で５回跳び６回目に移る時に空中で左右の足を切り替える。

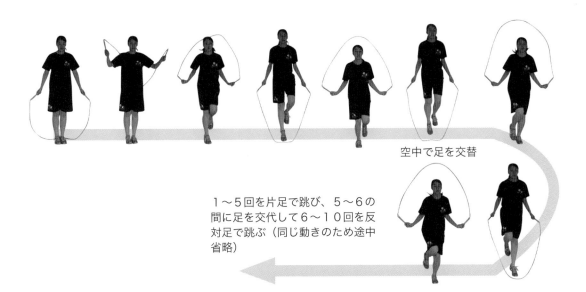

空中で足を交替

　１〜５回を片足で跳び、５〜６の間に足を交代して６〜１０回を反対足で跳ぶ（同じ動きのため途中省略）

34級　前方順4回と交差跳び

　この技は、一般名称「あや跳び」という技を行う為の練習として入れた技である。

　跳び方は、まず4回順跳びを跳び調子を付けてから交差を一回する。

　これで5回跳んだ事になるので、それを二回繰り返すと10回となる動きの技である。

　この技で初めて体の前で手を交差したまま跳ぶという事を経験する、難所となる技の一つである。

　順跳びを一回跳んですぐに交差に入れない場合、この技に取組みながら順と交差跳びが自然に出来るようにする為の練習として入れた級である。

　その為、なわとび進級カードでは順跳びはすでに跳べているので、4回までは斜線とし5回目から跳んだ日にちを書くようにしている。

　練習の様子を見ると、空中でなわを交差しても、跳ぶ前に開いてしまう事も多い。

　また、交差はするが腕や肘を曲げるため狭くて体が入らない。1回入ったはいいが、腕が脇の下まで深く入って、体を深く「くの字」に曲げて縮こまってしまい、なわも体の動きも止まってしまう動作もよく見られる。

　順と交差や交差系統はほぼ同様であるが、その練習法としては、

① 最初なわを持たずに手の動きだけを確認したり、片手でなわを持って体側で8の字回しをするような練習をして、交差をする感覚を掴み、次に8の字を描きながら手と跳躍を合わせてみる。

② なわを回していない手も動きに合わせてみたり、左右それぞれに切れたなわを持ったり、左右にそれぞれになわをまとめて一本ずつ持っての跳躍となわの動きを確認するような練習を通して、身に付けるようにして行くと良い。

　その時に、回しているなわが体に当たらないで回っている事が大切になる。上手な人は、隣に人を立たせて置いて8の字回旋をした場合、自分にも隣の人にもなわがぶつかる事がないので、正確に回したり、動かしたりする事の確認が出来る。

　また、ポイ等の用具を使って練習すると、正確でないとポイが自分の足や他の部分にぶつかるので、自分自身で確認が出来る。

↑順跳び4回を跳んだ後、着地状態で交差の準備に入る

３３級　後方順４回と交差跳び

　この技は、３４級を後方で行う技である。

　なわを顔の前辺りで交差をしながら頭の上から体全体に交差して手で輪をかけて体を通して下ろすような動作をする。前方とは違った動作の為抵抗感も大きい。

　後方の順跳びを四回跳んで交差を一回するという動作を２回繰り返すと合格となる。

　大切な点は、ゆっくりした動作での後方の一回旋二跳躍での交差跳びを練習をする中で、一跳躍での交差もそれ程抵抗なく出来るようになって行く事もある。

　しかし、多くは前方が出来ても後方は更に抵抗感を感じる傾向がある。

　前方や後方でただ順跳びを跳ぶ時とは違い、同じ技でも前後での違いは、この辺りの技でも階段一段一段の段差は、大きい。

　その為、基になる動作の一つとしてなわを持たない、後ろの８の字回旋の動きをまずしっかり覚える。次に、体側での後方の８の字回旋が両手でも片手でも回す事が出来るようにする事、１０回回して体にぶつからないかどうか、体側でなく前方向や体から離れた所で回旋していないか、等を確かめておく事が大切である。

　後方の８の字回旋が正確に出来ていないと交差するという動きを中々理解出来ない。

　特に、小学校低学年辺りでは、始めに８の字回旋を行わせると前方に比べ後方はなわの回旋が更に難しく横回しになってしまったり、いつの間にか前回しになっていたりする事がある。

　ただ回す事さえも難しいので、基になる８の字回旋が出来ていないと交差まで達しない事がよく分かる。８の字回旋の前方は、「上から体の前の床になわをぶつける」、後方は「体のやや後ろから前になわを出しながらすくい上げる」というイメージで行うと良い。

　片方になわを持って８の字回旋が出来たら、次に８の字回旋になわを持っていない反対側の手も交差の形にして合わせて行くと良い。

　最後に８の字回旋をしながら少しずつ跳躍と合わせる練習も良い。

　練習の方法は前方・後方共同様である。また、ポイ等の用具を使って練習すると正確でないとポイが自分の足や他の部分にぶつかるので、自分自身で確認が出来る。

順跳び４回目は、跳びながら交差の準備に入る↑

32級 前方順と交差跳び

　この技は、34．33級の完成の級で、腕や手を開く・閉じるという順と交差を交互に跳ぶ技である。一般に「あや跳び」という技で、技の名称として誰もが知っているポピュラーな技である。

　あや跳びという名称は大正から昭和初期にはすでにあった事が当時の書物に見られ、「手で（綾）あやをなすように動いている」という様子を表す事から付けられた技の名前であると書かれている。
　繰り返しになるが、体育の教科書と言うべき小学校学習指導要領体育編では、平成元年から「あや跳び」を変更改名して「順と交差跳び」と表記している。正しく使いたい。

　数え方であるが、順で一回、交差で一回と跳躍する度に、1回、2回と数える。
　現在でも交差をする時に一回と数えている姿を見る事があるが、その数え方では実際は20回跳躍している事になってしまうので注意したい。
　つまり、10跳躍の間では、2．4．6．8．10跳躍目の時に合計交差を5回する事になる。

　練習の段階では、なわを持たずに手の動きを確認し、その後ジャンプしながら手と合わせて動きを確認する。
　次の段階で片手になわを持って動きを確認しながらジャンプと合わせる練習を左右共に行う。その際になわを持たない手も動きを合わせるようにして行く事も大切である。
　更に、切れたなわを左右の手に持って練習したり、もう一本のなわを借りたりして、左右それぞれ一本ずつなわをまとめて持ってジャンプと合わせて回したりする方法も感覚を掴み易くなる。

　全ての技は、ゆっくりから始め、次第に安定して速くスムーズになるのである。
　慣れれば確実に、そして速くなるのは算数の計算等と同じである。

31級　後方順と交差跳び

　この技は、３２級を後方で行う技で、跳躍の数え方は３２級と同じである。

　跳び方では、順跳びを１回跳んだ所で次第に左右の手を近付けながらなわの先端が顔を通過した時に、手がわずかに交差に入り始めるような状態をスムーズに作らないとタイミングが遅れてしまうので注意したい。

　前方系の技に比べて、姿勢やバランスを崩して力みがちになり、頭や視線が足下に向き易く、腰を曲げる俗に言う「へっぴり腰」になったり、中には目をつぶったり、顔をそむけたりして跳んでいる姿も見かける。

　また、頭や首、肩等に力が入ったり、腕が力みから硬く一本の棒のようになって上に上げたり、前に出したりしてしまい、体の近くに来ないと交差をする事が出来なくなったりする。
　これらは特に注意して欲しい点で、３３級までに姿勢をある程度整えておく事が大切である。
　練習の仕方は、３４級から３１級までほとんど同じである。

30級　前方交差跳び

　この技は、予備跳躍をせず最初から交差したまま１０回跳ぶ技である。

　この技は、跳躍前には最初から手を交差したまま第一跳躍に入る事は出来ない。
　注意点は、練習中は良いが、正式には順跳びを１回跳んでから交差に入る事は認められないという点である。

　第一跳躍の入り方は、後ろからなわを回し、なわが顔の前辺りに来た時に交差を始め、交差をしながら手が腹部に近付いた頃にジャンプし、臍の前辺りで交差した手を下向きにしたまま、跳躍をして跳び始める。

　この技の終わりは二種類あり、交差したままの状態で足の前、足先（爪先）になわが来てそのまま終わる方法と、１０回目を交差したまま跳んでから開いて終わる方法がある。
　どちらの方法でもよい。

　この技で初めて手首を回して交差をし続ける技術が必要になる。
　練習の段階では、３４級の何回か順跳びを跳んで交差跳びに入る方法を利用し、何回か順跳びを跳び、最初は交差を２回続けて順跳びに戻し、また何回か順跳びを跳んで交差を３回、４回と続けて行くと次第に跳べるようになる。

　出来ない場合の姿勢として、どうしてもなわを脇の下まで深く入れたり、胸辺りで高く交差したりするので、その解決に、なわを跳ばないでなわなしの交差ジャンプをして、姿勢を確認する事が大切になる。

　また、切れたなわや、片手になわを持って交差して跳んでいる状態を確認しながら練習するのも良い。他の練習法として、体操用の輪やホース等を使って練習すると、手と回っている輪やホースとの回旋リズムが一致し易いので感覚を掴み易い。

　交差跳びの時に人差し指を伸ばして跳ぶと良いというような解説を見る事がある。この方法も一理あるが、回旋数が速くなると持っているグリップの位置や指の形を変える余裕はなくなり跳べなくなる。
　指を伸ばして交差する方法は、ある一時期として行う事はあっても、いつも同じ持ち方で全ての技を跳ぶようしておきたい。
　グリップの良い持ち方については、前述してある関連項（第３章の４）を参考にして欲しい。

29級　後方交差跳び

この技は、２８級を後方で跳ぶ技である。

後方交差系の入り方は、正面よりなわを上げて頭の上から交差を被せるように入る方法と、なわを体の脇に位置し、手を交差の形にしておき横から前に振りながら頭の上から被せて入る、つまり体側(体の脇・横)から入る方法がある。

下の写真は、なわを体側に（体の脇）交差しておきそのまま振り上げて入る方法であるが、この時体側（体の脇）から開いたまま前（正面）に来た時に交差してはならない。
理由は、側回旋と交差跳びの入り方になるので、体側（体の脇）で交差したまま入るのが正しい。
脇から交差したままの状態でなわを振って入る方法は左右どちら側から入っても良い。
跳ぶ瞬間には手の交差位置が臍より下で、体に触れる位近くで回すようにすると失敗が少ない。

一方、正面からなわを上げてそのまま交差に入る場合は、前から大きくなわを振り被るように上げて頭の上辺りで交差し、顔から胸、腹部辺りまで交差した手を下ろして来て始める事になる。
どちらの入り方でも良いが、慣れると体の脇から交差したまま入る方が易しく感じる。

交差跳びの練習初期段階では、頭や視線が下がる、腰が引けたり猫背になったりする、体から交差した手が前に離れて胸辺りまで上がってしまう、交差の手が脇の下まで深く入ってなわがスムーズに回らない等の無理な姿勢の特徴が見られ、なわが引っ掛かる原因となる事が多いので注意したい。

交差を連続するには、ばたばたと足音を立てて高く跳ばない、手首をある程度固定してなわを手首で回し続けるという技術も必要となる。
交差を連続する場合は、交差した状態の手首となわを、やや大きく上下に動かすようになる。上と下でリズムを取ると、体から離れないように丁度跳躍のリズムと動きが合うようになり跳び易い。

順跳びのように手を開いて跳ぶ時と違い、交差したまま跳び続けるのは普段の生活上行う事がないので、拘束されたような動きとなり、やや姿勢も苦しい感じを受ける。

28級　前方側回旋と順跳び

　この技は、片方の体側でなわを前方に１回回し、体正面の胸か腹部辺りで開いて順跳びを１回跳び、その後なわを反対体側方向に寄せるという動きを左右続けて跳ぶ技である。
　簡略に表現すると、左右の８の字回旋をしている間に正面で開いて跳ぶ動作をするのである。
　回数は、正面で開いて跳んだ時に１回と数える。左右それぞれ５回跳ぶと１０回となる。

　技の入り方は、まずなわを体の後ろの足下に位置してから始める。
　この技に限らず、前方系は必ずなわを体の後ろに位置して跳び始める動作が正しい。

　この技は、跳ばないで８の字を回している時は、両手をほぼ同じ位置で付けるようにして回すが、側回旋の場合は付けてから開くとなわが捻れてからまってしまう事がある。
　解決法として、体側で回す時にわずかに左右の手の距離を上下に離しながら回すか、側方で交差を作るような回旋をしてからなわを開く、といういずれかを行うとからまりにくくなる。

　また、側方回旋時の沈み込み動作で跳躍をしてはならない。理由は、側回旋で跳躍し、正面で開いて跳躍すると一回旋二跳躍のリズムになってしまうので、あくまでも跳躍は、開いて跳ぶ時１回である。
　この跳躍の仕方は、側回旋と交差跳びの時も同様に間違わないようにしたい。

27級　後方側回旋と順跳び

　この技は、28級を後方で行う技である。

　なわを後方に体側で1回転させてから、顔から頭の上あたりで両手を開いて順跳びに入って跳ぶという動きをする。

　前方は体の中心より下でなわを開き、後方は体の中心より上でなわを開くという事になる。
　前後の違いを、言葉や動作できちんと覚えたい。

　跳んだ後は、手を上に挙げながら両手を顔の前辺りで反対の体側になわを寄せていく動作になるようにし、後方になわを担ぐか、後方になわ全体を放り投げるような動きから体側になわを寄せて、なわを後方に1回旋回す動作をする。

　初めてこの技に取り組むと、中々一度に理解出来ない事も多いので、丁寧に分解して繰り返し行ったり、途中で動きを止めたりして動作を確認して練習すると良い。

26級　前方側回旋と交差跳び

　この技は、体の側方で前方回旋を1回行い、続いて体の正面で交差して跳ぶ動きを左右続ける技である。

　簡略に表現すると、左右の8の字回旋の間に体の正面で交差して跳ぶという動きである。

　正面での交差は、左体側で回して左手が上交差で跳ぶ、次に右体側で回して右手を上にして交差する、という動きを連続する。

　回数は、正面で交差跳躍時足の下をなわが通過したら1回と数える。

　この技で最も多い誤った動きは、左側からも右側の時も同じ手を上に交差しようとする動きである。

　この動作では、片方は跳べてももう一方ではなわがきれいに回らずなわの動きとしても無理があり、跳び続ける事は出来ない。

　側回旋と順跳びには見られない間違った動きの原因は、実はこれまで体の前で交差する時の手が常に同じ手が上下になって跳んでいる事にある。

　更に、得意な方向はきれいに回って跳べるが、反対側からはなわが斜めになって体全体に入らないとか、なわの中に入れないほど狭く手を交差してしまう等、左右不均等でなわが側方からきれいに回って来ない事に起因して跳べないという動きも多く見られる。

　これらの動きを解決するための練習方法を、次に二つ紹介したい。

　一つ目の方法は、順と交差跳び時に交差する度に手の上下を入れ替えて練習すると、側回旋でどちらの手が上になっても跳べるという練習、つまり「交互交差跳び」をしておく事である。

　二つ目の方法は、なわを持たずに跳ばないで行う分解練習法である。
　① 左手を上に上げ、右手を腹部の前で左斜め下方向に付ける。
　② 上げた左手を右手の上に下ろして付けると同時にジャンプする。
　③ 交差した時の左手はそのままにし、下になっている右手を上に上げる。
　④ 右手を下ろして左手の上に乗せて交差した時にジャンプする。

　この動作を繰り返して行くと同時に、その動きを速くして行くと実際に跳んでいる時の動きに近くなり、身に付き易い。

　最後に跳躍上の注意点として、側回旋と順跳び同様、側方回旋時に跳躍し、体の前で交差する時にもう一度跳躍すると一回旋二跳躍となってしまうので合わせて注意したい。

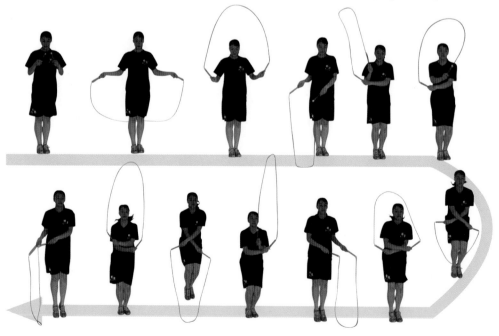

２５級　後方側回旋と交差跳び

　この技は、２６級を後方で跳ぶ技である。
　前方では、片手が上から下ろして交差した時に跳ぶのに対し、後方の場合は片手が下から腹部の前に乗せて交差した時に跳ぶ動きになる。

　通常、前方と後方でほとんどの動きは似ているので、後方を１回跳んだにもかかわらず、２回目にはなぜか前方の手の動かし方で跳んでしまう動きが多く見られる技である。
　また、前方同様片方はきれいに回っても、もう一方は体が入らないような狭いなわの動きも多く見られ、失敗の原因となっている。
　この解決方法は、前方同様なわなしで動きを理解してから行う事が大切である。

　跳躍時の課題もあり、側回旋時の後半にジャンプすると、後ろからなわが下りて交差している途中で跳躍が終わり、なわを踏んで失敗してしまうので、側回旋が終わり交差しているなわの先端が腰を過ぎた辺りを感じ取って跳躍すると失敗が少ない。
　つまり、回旋とジャンプのタイミングを合わせる事が必要なのである。

２４級　前方順（４回）と二回旋跳び

　この技は、順跳びを４回跳んでから二回旋跳びを１回跳ぶ。これを２回繰り返すという技である。二回旋跳びの練習において必ずといって良い程順跳びを何回か跳んで二回旋跳びに入るという練習を誰しも経験するが、その動きを技として入れた特別な級である。

　回旋数が１回上がる初めての二回旋跳びは、初級から中級への明らかに違う次元への大きな挑戦である。

　二回旋跳び系が出来るようになるには、幾つか確認しておく事や練習方法がある。
　跳べない実施者のほとんどが何も持たずに同じ場所でジャンプが出来なかったり、１０回同じリズムでジャンプ出来ない事が多いので確認すると良い。何も持たずに安定してジャンプを続けられない場合は、なわを回してジャンプする事は到底難しい。
　また、一回旋一跳躍よりも早い手の動きも必要となるが、その場でなわを速く回す事も出来ないと二回旋跳びは出来ない。

　二回旋跳びの練習方法は前述してある（第５章の３、４）ので、その項で二回旋跳びの習得練習例を参考にして欲しい。

練習方法の幾つかを試すうちに、間違いなく二回旋跳びは出来るようになる。
完璧な方法はないので、状況に応じて様々な方法で試すと良い。

23級　後方順（4回）と二回旋跳び

　この技は、２４級を後方で行う技である。
　順跳びを４回跳んだ後、二回旋跳びを何とか跳び、体勢が崩れた後なわの動きを止めずにまた順跳びに入れるようになれば出来るという技であるが、前方より抵抗感が強く完成までやや時間が掛かるので諦めずに練習したい。

　後方の二回旋跳びは、頭が下がって首や肩に力が入り、どうしても腕が棒のようになったり、力んだりしがちで、出来始めの段階では体全体が「くの字」に深く折れ曲がるが、ある程度慣れて跳べるようになると二回旋跳びの時だけやや軽く膝が曲がる程度になる。
　練習は、前方系のなわを持たないで行う部分を省略し、なわを持って床で行う方法から始めると良い。

22級　前方順と二回旋跳び

　順跳び１回と二回旋跳び１回を交互に跳ぶ技である。
　順跳びで調子を付けてから二回旋跳びを何とか跳び、体勢を立て直して跳ぶ段階だった２３．２４級の上になる技で、違いは間が順跳び４回から１回になる所である。

　二回旋跳びをした後になわの回旋力をゆるめ、スピードも急激に落として、一回旋の順跳びを１回跳び、すぐに二回旋跳びに入るという、回旋数とリズムの違いやなわの回旋スピードの違い、ブレーキング動作、跳躍の高さの違い等を身に付ける必要のある技である。
　最初、二回旋跳びをすると惰性で二回旋が続いてしまい、一回旋にならない事が多い。
　この先の技でも繋ぎをスムーズにして行く為にも、回旋変化と跳躍変化をしっかり身に付けたい技である。

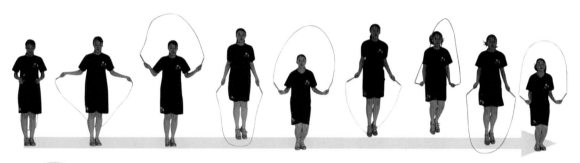

21級　後方順と二回旋跳び

　この技は、２２級を後方で行う技である。

　一回旋の順跳びは軽く跳んで、二回旋跳びに備える。
　順跳びから二回旋跳びに入る時には、床や地面、パネルを強く真下に踏み込んで、空中に上がりながら膝を軽く曲げ、着地の時には力を抜いて一回旋跳びに入る動きを繰り返す。
　２２級同様、回旋数の切り替え、回旋スピードの速遅の切り替えやブレーキング動作、跳躍の高さの切り替え、姿勢の切り替えが必要な技である。

　後方は、前方より力が入って二回旋跳びを跳ぶと、回旋の惰性で一回旋跳びに戻しにくいので二回旋跳びを跳んでいる空中での二回目の回旋を力を抜くイメージで行うと良い。
　言葉では簡単だが、練習の積み重ねで必ず跳べるようになるので、諦めずに取り組んで欲しい。

20級　前方二回旋と交差跳び

　この技は、二回旋跳びと一回旋の交差跳びを交互に行う技である。

　この技は、交差から始めて二回旋跳びをしても良いが、すでに二回旋跳びが出来るようになっている事から、正式には技名の通り、一気に二回旋跳びから入り、次に交差するという動きが正しい。どちらからでも入れるようにしておくと良い。

　回数は、二回旋跳びをしたら１回、交差跳びをしたら２回と数える。二回旋と交差で３回または、１回と数えてはならない。

　この技は、俗称「はやぶさ跳び」と間違われる事も多いが、二回旋跳びと一回旋の交差跳びを行うので、はやぶさ跳びとは全く違う動きの技である。

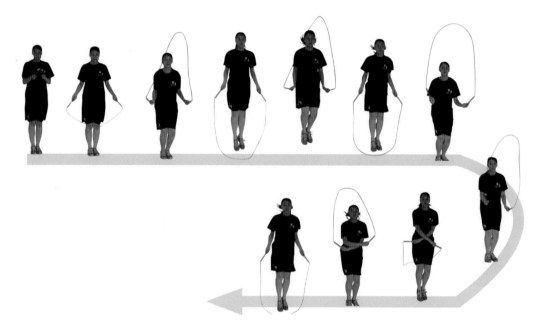

19級　後方二回旋と交差跳び

　この技は、２０級を後方で行う技である。
　最初から後方の二回旋跳びを跳び、リズムを切り替えて一回旋の交差跳びを跳ぶ。
　これを交互に５回繰り返すが、二回旋跳びを跳んだ所で回旋スピードを急激に緩め、ジャンプの高さを切り替えて低くしながら、交差跳びをゆっくりきれいに通す。
　交差で跳ぶと同時に、二回旋跳びに入る前にわずかに沈み込んで準備をするような体勢から二回旋跳びに入る必要がある。
　この二つの違った技と跳躍の高さの違うリズムの組合せを正確に跳ぶ事を前方系より強く求められる技である。
　前方よりかなりつまづきが多く見られ、出来るまで時間が掛かる技である。

　この技のつまづきは二種類あり、一つ目は二回旋跳びで力が入ったまま跳んでしまい惰性で力が残ったまま交差に入ってしまいそこで失敗する。二つ目は、二回旋跳びが終わると、スピードを落として一度順跳びをしてしまい、そこから交差するという不自然な動きになるというものである。

練習方法は、正しいリズムは、１，２と３で３のリズムで１，２の所は二回旋で、３の所は一回旋リズムになるので、一回旋一跳躍リズムで順跳びを２回してから交差するという動きを、床の上等でゆっくり丁寧に、自分でもリズムを言いながら何度も練習してから行うと出来るようになる。

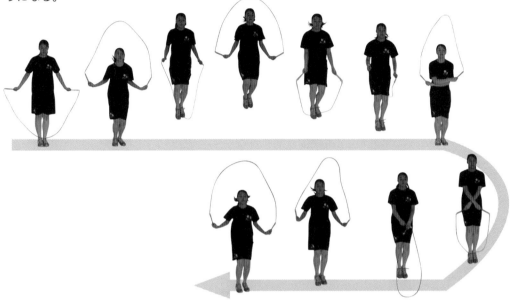

１８級　前方二回旋跳び

　この技は、最初から一気に二回旋跳びに入って前方に１０回続けて跳ぶ技である。

　注意点は、予備跳躍といって二回旋跳びの前に調子を付けて１，２回順跳びをしてから二回旋跳びに入るのは二回旋跳び前に違う技をしている事になるので、合格とは認められないので特に注意したい。

　練習の際には、何回か順跳びを跳んでから１０回続けるようにしても良いが、次第に二回旋跳び前の予備跳躍回数を減らし、第一跳躍からすぐに二回旋跳びに入って１０回跳んで完成させるようにする。

　最初どうしても足が前に出過ぎたり、跳躍前に回旋が速過ぎたりと、速く、強く跳ばないと成功しないのでは、という意識が強すぎる事が多いので、きちんと確認しながら練習したい。腰、膝、足首の３つ曲げる「く」の字を、ひとつでも崩すと失敗するので姿勢を安定させると良い。

17級　後方二回旋跳び

　この技は、18級を後方で行う技である。
　前方に比べて後方で一気に二回旋跳びに入るのは難しく、完成まで時間が掛かる技である。
　後方の二回旋跳びを第一跳躍からすぐに入って連続するには、第一跳躍前の最初の沈み込みや二回旋前の準備をしっかりと行ってから、体の伸び上がりのタイミングに合わせてなわを回す事が大切になる。

　更に二回旋跳びを1回跳び終える毎に、着地後次の跳躍の為の沈み込みや準備、そして伸び上がりながらやや膝を曲げる動作になわをタイミング良く合わせて跳ぶ協応動作がスムーズに正確に出来る事が成功の鍵となる。
　下りてすぐ上がろうとすると、跳躍リズムがどんどん速くなったり、跳躍が高くならずに、すぐに引っ掛かったりする事になるので注意したい。

　練習の一つとして、ジャンピングパネル等を使う事により跳躍に弾みも付けられる為、早く習得し易い。
　また、周りの人等に見てもらったりしながらジャンプとなわの回し方のタイミング、姿勢等を直して行くと出来るようになる。
　一人一人の動きの課題を、ねばり強く一つずつ解決しながら練習して行く事が大切である。

　尚、床や地面など堅い場所では、難易度が上がり、ちょっとした姿勢の崩れや着地と跳躍のタイミングのずれ、なわも効率よく素早く回転出来ていないと10回続ける事はかなり難しい。
　地面や床では反発力がほとんどなく、自分の脚力や、瞬発力や敏捷性、巧緻性、調整力等が必要となり、ジャンピングパネル使用時より速いタイミングで跳躍し続けるトータル的な能力が必要である。

　前方と後方の二回旋跳びが10回確実に、いつ行っても出来るようになっていれば、ほぼ中級の力は備わっていると考えられる。

　出来る人から考えると大した事はないと思われがちだが、これに挑む実施者にとっては、高くて厚い壁に向かって折れそうな心を抱いているので、成功という向こう側が見えないで意欲をなくしそうな実施者への、適切な助言や励ましが必要である。

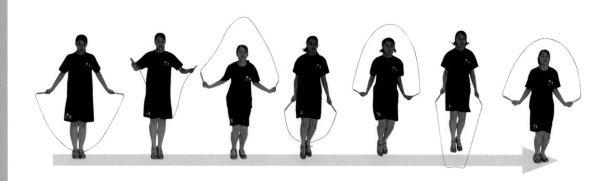

16級 前方順と交差二回旋跳び

　この技は、順跳びを1回跳んでから交差二回旋跳びを1回跳ぶという動作を交互に5回繰り返して跳ぶ技で、初めて交差したまま二回旋リズムを経験する最初の技である。

　数え方は、順跳びで1回、交差二回旋跳びで2回と数え、順と交差二回旋跳びで1回ではない。

　この技の練習は、一回旋一跳躍のリズムで行うのが良く、一回旋の順跳びを1回跳んでから、一回旋の交差跳びを2回跳ぶ。リズムは1と2．3で3のリズムとなる（順跳びが1、交差二回旋のところが2、3となる）

　また、姿勢では順跳び後の交差二回旋跳び時に両足を前に蹴り出し、体全体が1つのくの字に折れるように跳ぶ事も多いので、順跳びから交差二回旋跳びに入る時に、軽く後ろに膝を曲げるような感じで跳ぶと良い。

15級 後方順と交差二回旋跳び

　この技は、16級を後方で跳ぶ技である。前方よりリズムが取りにくく間違いの多い技である。

　この技に最も多い間違った動きは、1で順跳びを1回跳んでから2で交差して戻して3で順跳とびを跳んで4．5で交差を2回跳ぶという5のリズムになる動きや、1で順跳びをしてから手を引っ張るように交差二回旋跳びを跳んでしまい、2で半拍遅れて3、4で交差二回旋跳び部分があや二回旋の動きのような不自然な動きで、リズムが1と2．3．4の4のリズムになる等がある。

　これは、交差で二回旋跳びをする前に体前（正面）で交差をするタイミングが遅れる事による間違った動きで、3のリズムを強調してきちんと練習する事が大切である。

　入り方は、1で順跳びを一回跳び終わった所からすでに交差が始まっており、交差の準備が整った所で、2、3で交差二回旋に入るのが正しい。

　それが遅れると、二回旋に入りながら交差を入れてしまうとあやと交差二回旋が合わさったような不自然な動きになる。案外本人も周りも気付かない事が多い。

　後方の場合は、一回旋リズムでしっかり行って、形とタイミングをきちんと身に付けた上で回旋数を上げて跳ぶと良い。

　更に、写真最後2枚（※）のように、交差二回旋跳びが終わって下りるまでの間に、次の順跳びの準備が始まり、開いて着地する動きになるのでよく確認して身に付けたい。

←※→

14級　前方側回旋順跳び

　この技は、２８級の前方側回旋と順跳びを二回旋跳びリズムで跳ぶ技である。一回旋の時に比べ幾つかの間違った動作で跳ぶ事も多く見られる技でもある。

　理由は、二回旋跳びリズムで中々タイミングが取れない事の他、側方になわを回すと、なわがよれて重なって開けなくなってしまう事、なわを側方に寄せて跳躍する事により、体が捻れるような動きになる事により失敗する等が挙げられる。

　また、リズムでの間違いは、側回旋の時にジャンプせず、なわを開いてからジャンプして二回旋を行うような動きをする事が多い。それをリズムに直すと、側回旋が１で、開いて二回旋をするので、２.３と３のリズムになってしまう。

　正しい動きは、二回旋リズムであるから側回旋が始まった時に回しながらやや沈み込んでジャンプに入る所までがリズムの１で、ジャンプして空中でなわを開く時に二回旋リズム２となる。言葉で言いながら跳んだり、周りで「今のだとリズムがこのように違うよ」等と具体的な助言をきちんとしないと、間違いに気付かない事が多い。

　そこで、リズムの習得方法として一回旋一跳躍のリズムで跳びながら途中から二回旋リズムで連続して跳ぶ練習をする。

　ある程度二回旋まで跳ぶリズムが掴めるようになったら、最終的に、最初から二回旋跳びのリズムで跳べるように練習する事で次第に身に付く。

　体の捻れについては、跳躍で体の前傾が強いと跳躍しずらくなってしまうので、他の技より垂直方向に上がり、体全体がやや立ち気味で跳躍を続けるイメージで跳ぶ意識で行うよう、リズムの練習時に確認しながら行うと良い。

　なわのよれや重なりについては、左右の手の高さを変えたりわずかに左右になわを開いて側方回旋を行ったり、体側でやや交差するような動作をしたり、左右の手が同じ高さで近付き過ぎるとなわは開けなくなってしまうので、これらの事に注意して側回旋時の手の位置や動きを練習すると解決する。

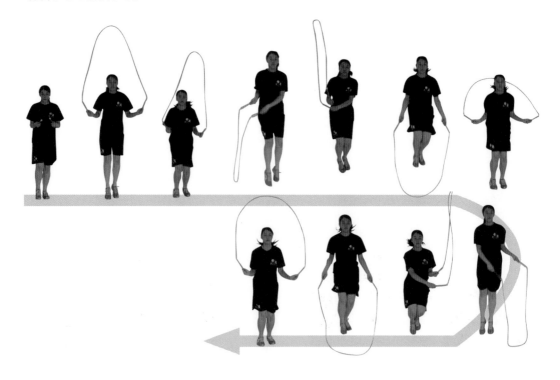

13級　後方側回旋順跳び

　この技は、14級を後方で跳ぶ技である。

　前方との違いは、前方は体前でなわを開くのに対して、後方は顔の前や頭上から開くようになる、という開く場所や位置が違う点である。

　この技の入り方は、後ろから1歩前に踏み込み動作をしながらなわを後方に担いで放り投げるような動きから側方回旋を1回して跳躍に入る方法と、踏み込み動作をせずに両足を揃え、その場で後方に側方回旋すると同時に跳躍に入る方法の2種類がある。

　どちらでも良いが、慣れると踏み込み動作の方がスムーズに楽な動作で跳躍に入る事が出来る。

　最初の動作以外の注意点は、後方の側回旋順跳びでは、跳躍の途中で顔の前や頭の上でなわを開く動作が入るが、この動作が大きくなり過ぎると跳躍と手の回旋、なわを開く動きのタイミングが次第に合わなくなったりして数回で失敗する事がある。

　そこで、側回旋の動作と開く動作を頭上や顔の前辺りで開くように練習するが、その時に側回旋の部分と顔から頭近くでスパッとコンパクトにして素早くなわを開いて跳ぶようにすると良い。

　この技を跳ぶ時に一番多く見られるのは、首や肩、腕に力が入って、他の技より視線が足下を見るように下がってしまい、猫背になり易いという事である。

　そのため、姿勢をほぼ垂直に保ち、真下からまっすぐ上がって跳ぶようなイメージを持ち、視線はおよそ3m位前を見て跳べるように練習すると良い。

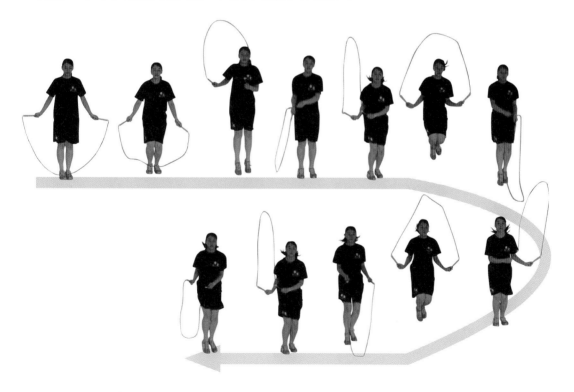

12級　前方側回旋交差跳び

　この技は、２６級の前方側回旋と交差跳びを二回旋リズムで行う技である。

　側方の二回旋の回旋リズムが１４．１３級で掴めると、側回旋からの交差を二回旋リズムで行っても、それほど難しく感じないで出来る。

　但し、側回旋から交差に入る手を上に挙げ過ぎたり、腕が棒のように伸ばして交差に入ったり、上半身に力が入り過ぎると上体に重心が移動して体が捻れたり、前にのめったりして失敗する事も多い。

　更に、腕を大きく横から交差に入ったり、頭の上辺りまで手を持って行き過ぎて、胸近くで交差して跳んでしまったりする事も多いので、周りの人に見てもらって練習すると良い。

　側回旋順跳びよりもやや側方回旋時は幅を狭くして回旋するようになる。交差に入る時には、まず下になる手が先に体を包むように斜め下に交差した上に、外から交差の上になる手を垂直方向から斜め下に下げて行き、臍辺りで交差が完了した時に体から足になわが通るという動作になる。

　側回旋から交差に入る部分を中心に、コンパクトになるよう床の上等で、跳ばない状態で、手の動きをしっかり確認して練習する事が大切である。

　跳躍の始めは、側回旋順跳び同様、踏み込み動作から両足を揃えて側方回旋をしながらジャンプに入る方法と、踏み込み動作をせずにその場で両足を揃えておき、一気に側方回旋から同時にジャンプして入る２種類の方法がある。

　どちらでも良いが、慣れると踏み込み動作をして入った方が楽に跳躍を続けられる。

　２つの入り方を両方とも出来るようにしておくと、更に難しい技の時や組合せ連続技の時にも有効である。

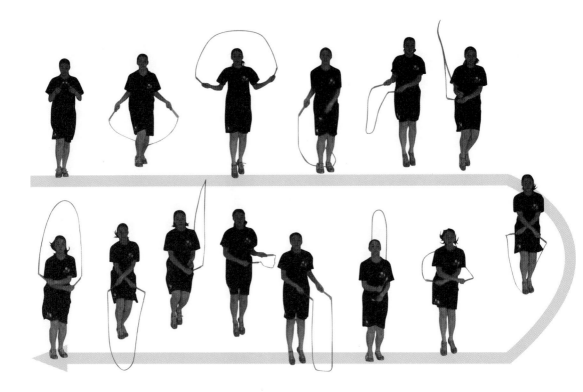

　この技は、12級を後方で跳ぶ技である。

　前方より始めの入り方のタイミングはやや取り易い。一回旋一跳躍のリズムの時と同じように後方は側方での回旋をした後、左なら左下から回旋に続く手をリードしながら交差に入る動きをする。

　跳び方の注意点は、側方に回旋する時に左右対称な動きにならないと、常に同じ方向で失敗する事が多い。ジャンピングパネルで跳んだ場合、失敗の原因が顕著になる事の多くは、どちらか片方の回旋がパネルの左右の縁に当たる時である。

　これは、当たった側の側方回旋が広過ぎている事によるものである。広過ぎるとそこから交差に持って行く時にタイミングがわずかに遅れてなわがきれいに回らなくなるので、失敗の原因となる。

　また、側回旋をせずに交差から跳び始めてしまう事もある為、第一跳躍の動きとタイミングをきちんと練習しておきたい。

　更に、タイミングのずれで多く見られる特徴として、二回旋リズムでの側回旋は、全て着地の際、ほんのわずかにブレーキが掛かり、やや惰性でなわが動いている所があるが、これを着地時も空中に上がっている時にも全て手を同じスピードで動かし続けると、3.4跳躍目辺りから明らかにジャンプとなわの動きの不自然さや不調和を見るようになる。

　この不自然な動きに多くの実施者自身ほとんど気付いておらず、またこの動きは前方より後方に多く出現する率が高く、この現象を修正するのが中々大変である。

　その解決法として、ジャンプとなわの動きを一回旋リズムでしっかり身に付けたり、正しく出来ている人に教えてもらったり、タブレット等で撮影して見たりすると良い。
　自分の跳んでいる姿はよく分からないので、映像で確認し、ストップしたり、戻したりスローにしたりして、どこがどうなっているのかタイミングや動きを自覚し、確認する事も大切である。

　最後に、側回旋系は側方から垂直方向に上がるように跳ぶと良い。腰や膝を曲げ過ぎたりすると、失敗の原因となるので合わせて注意したい。

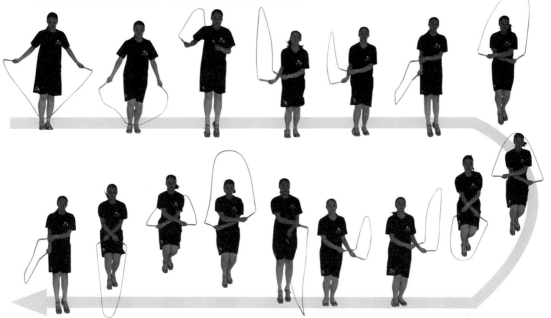

10級　前方あや跳び

　この技は、一般名称「はやぶさ跳び、二回旋あや跳び」等とも言われ、一回旋の順と交差跳びを二回旋リズムで行う技である。跳び方には二種類あり、順交と交順がある。

　順交は、跳躍と同時に一回旋目に手を開き、二回旋目に交差して着地して1回の跳躍となる。交順の場合はその反対の動きとなる。

　男子に比べ、女子が最も憧れる人気の高い技だが、ほとんどは二回旋跳びを何回か跳んだ後に交順のあやで跳んでいる。二回旋跳び部分を順と考え、あや跳びの交から入ると順交に近いのでそのような繋ぎ方をしているのではないかと考えられる。

　順交と交順は技の成り立ちや出来方から見ると、最初習得するのは順で、その後交差という動作を身に付けて行くので、順・交を正式としその反対の交・順は裏技と言う事になる。発展技も考えると、順交・交順の二種類両方の跳び方を跳べるようにしておくと良い。

　練習は、一回旋一跳躍リズムの順と交差跳びを何回か跳び、それを続けながら途中で二回旋リズムにすると何回か続くので、これを繰り返しながら次第に一回旋の部分を少なくすると、最初から二回旋リズムであや跳びに入れるようになる。交差と順の交順の練習も同様である。

9級　後方あや跳び

　この技は、10級を後方で跳ぶ技である。

　前方同様、順交と交順で跳ぶ二つの方法があり、後方では順交で行う方が易しく感じる。腕は、跳躍と同時に一回旋目で足の前になわが通ったら交差を始め最高点まで交差し、下りて来る時には手を開いて二回旋目を通して一つの跳躍となる。

　この技は、腕に力を入れ過ぎて腕全体が棒のような跳び方をしたり、体の横と前できれいな横からの8の字を描くようにしないと10回続かない。

　また、跳躍時の交差状態では、交差の上の手の方が大きく動いて左右対称の動作が崩れると失敗の原因となるので注意したい。

　練習方法は、10級の前方あや跳び同様一回旋リズムの順と交差跳びを行い、4回位行ってから二回旋での後方あや跳びに入る方法で行うと身に付き易い。

　無理なく滑らかに腕や手首を使ってなわを動かす事が必要なのが、あや系の技である。

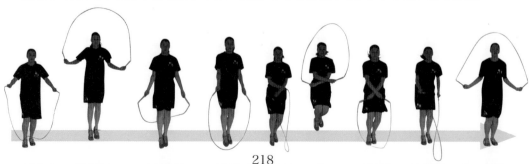

8級 **前方二回旋と交差二回旋跳び**

　この技は、二回旋跳びと交差二回旋跳びを交互に連続して行う技である。

　二回旋と交差二回旋跳びでは、二回旋跳びの後の交差二回旋跳びの所で途端に足が前に投げ出すように出したり、頭や視線が下がってしまったりする事がある。

　その為、練習には一回旋リズムで順跳び二回、交差跳び二回をしてから二回旋跳びリズムで跳ぶと良い、そうする事で姿勢が大きく変化しない事を掴む事が出来る。

　また、同様な動きで前方二回旋とあや跳びも練習に行うと良い。
　この技は、最初に順二回旋跳びを跳び、次にあや跳びを跳んでこれを交互に行う技であるが、二回旋とあや跳びの場合跳躍の高さや姿勢や視線が、どちらの跳躍もほぼ同じになるので、練習に行ってみるのも良い。
　この技には、あやの部分が順交と交順での跳び方の二種類がある。

　実際には、二回旋跳びも交差二回旋跳びも、あや跳び（はやぶさ・二回旋あや跳び）も高さも姿勢もほぼ同じで、リズムはどの技の組合せも１．２と３．４で４となる。

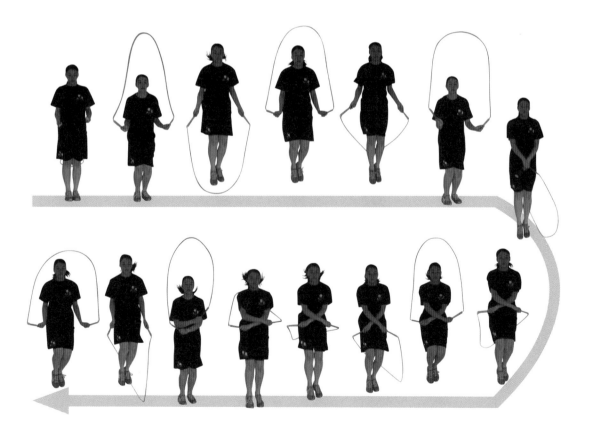

　この技は、8級を後方で跳ぶ技である。
　前方の8級よりやや抵抗感の強い、習得までに時間の掛かる技の一つである。

　それは、二回旋跳びの後の交差するタイミングが遅れる事で不自然な動きで跳んでしまうという動きである。

　正しい動きは後方の二回旋跳びが終わって、着地する寸前にすでに交差の準備を始め、交差の準備が出来た所でジャンプするのが正しい（写真下の※参照）
　リズムで言うと、1．2と3．4が正しいが、1．2と（うん）3．4と、半拍うんで遅れると交差二回旋跳びがあやから入るような二回旋となり、10回続かないという事が多い。

　練習では、二回旋リズムで跳ぶ前に、最初一回旋のリズムで1．2と3．4というリズムを掴ませると良い。
　間違ったリズムで跳んでいる場合、一回旋で行わせると、1．2と3．4．5と、5のリズムになるので間違いが分かり易い。

　この技の関連発展として8級の練習で行った後方二回旋とあやとび（はやぶさ・二回旋あや跳び）も練習しておくと良い。
　これも前方より後方の方がやや跳びにくい技である。
　この技には、二回旋と順交のあや跳びと、二回旋と交順のあや跳びの跳び方がある。

※交差に入る準備

220

6級　前方かけ足二回旋跳び

　この技は、二回旋リズムでかけ足跳びをする技で、片足交互二回旋跳びとも言う。
　第一跳躍と同時に左右どちらかの足から交互に片足で二回旋跳びを行う。

　最初のうちは、片足で二回旋を跳んだ後、着地の時に重心が体の外か、内側のどちらかに傾いてしまい、反対足での跳躍が出来ない事がある。

　その理由は、ほとんどの人が利き足と呼ばれる方から第一跳躍をする為、得意でない足でバランスを崩すからである。
　その失敗を続けていると、同じ足からだけ入り反対足の所で失敗するので、結局は利き足ばかり多く練習し、一方は練習が減る事になるので、反対足からの入り方と跳躍練習が必要なのである。

　その場合、二回旋での練習前にもう一度、基礎のかけ足跳びをなわを持たずに高さを変えて跳んで、足場をしっかりと練習する。
　次に一回旋跳びでの片足跳びを連続して跳びながら、重心の位置となわを回す感覚を掴む練習を行ってから、最後に二回旋でのかけ足跳びの練習を行うようにすると良い。

　６級から３級までかけ足や片足の連続で二回旋跳びを行うのは、かなり効率の良いなわの回旋と体幹の強さ、バランス感覚、脚力等も必要である。

　二回旋系の技を両足でもかけ足でも、片足でも重心や姿勢を保ちながら跳べるようになれば、三回旋跳びへ道は大きく開かれ、ワンランク上は目前となる。

5級　　後方かけ足二回旋跳び

　この技は、6級を後方で跳ぶ技である。

　後方でかけ足二回旋跳びを行うと前方より姿勢が崩れ易く、特に片足でしっかり体を支えないと、2．3回跳ぶと膝から崩れ落ちるように転倒したり、腰が引けてバランスも崩し易くなる。

　また、腕や手を大きく前に出したり、上げ過ぎたりする時にも失敗の原因となる。

　練習としては、なわなしで行ったり、前方系同様一回旋での片足跳びでしっかりと感覚を掴んだり、得意でない足からも入る練習をしたりしておく事も大切である。

前方片足二回旋跳び（左5、右5）

　この技は、どちらかの片足で二回旋を5回跳び、5跳躍目の後空中で足を切り替えて残り5回を反対の片足で二回旋を跳ぶ技である。
　入り方は、後ろ足下からなわをやや強めに回して最初の跳躍を両足で踏み込んで空中に上がりながら片足に入る動きとなる。

　左右の脚力の違いにより跳びにくい方の足があると最初腰が引けて、上げた片足の足先まで力を入れ過ぎたり、足を前方向に出し過ぎたりしてバランスを崩す事もある。
　また、5回から6回目の足の切り換え時にもバランスを崩しがちなので、足等を痛めないよう気を付けて行う事が大切である。

　練習は、すぐに二回旋では跳ばずゆっくりと一回旋リズムで跳んで切り替える部分を行ったり、姿勢をチェックしたり、一回旋のリズムの中で高く跳んでみたり低く跳んでみたりと、軸足となる片足でしっかりと体を支えながら軽く膝を曲げ、足の真下を押して跳躍するような感覚を身に付ける事が大切である。
　また、片足で連続二回旋跳びをするには効率の良い手の動きとなわの回旋リズムも必要である。
　二回旋系の練習はエネルギー消耗も激しい為、ジャンピングパネル等を利用して効率良く、安全に注意し、怪我なく実施する事が大切である。

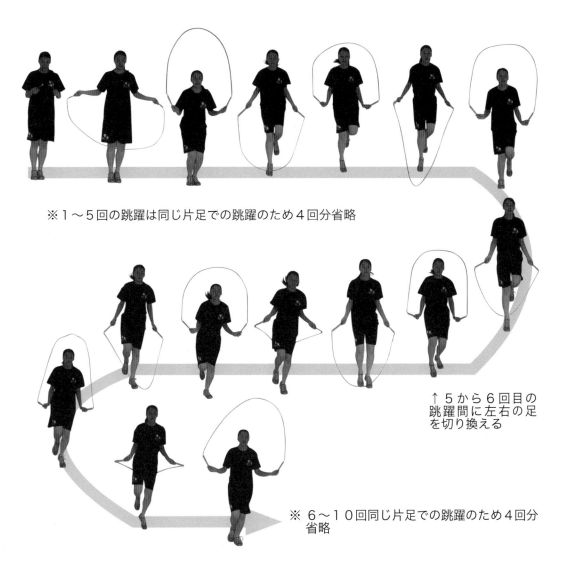

※1〜5回の跳躍は同じ片足での跳躍のため4回分省略

↑5から6回目の跳躍間に左右の足を切り換える

※6〜10回同じ片足での跳躍のため4回分省略

3級 後方片足二回旋跳び

　この技は、4級を後方で行う技で、前方同様片足で二回旋を5回跳び、空中で足を切り替えて残り5回を反対片足で5回跳ぶ技である。

　しっかり片足でバランスを保つと共に、なわの回旋が効率よくきれいに回り、跳躍と連動していないと出来ない。
　後方は、ジャンプ時に下の軸になる足になわが掛かり易いので注意したい。

　また、片足で二回旋跳びを続ける中で腰が引けると体を支えられなくなり、膝から崩れるように転倒したり、利き足でない脚力の弱い足で跳ぶ時には横や後ろに傾いたり、バランスを崩したりし易い。

　練習は、前方系同様一回旋の片足跳びで高さを変えて跳んでみたりして感覚を掴む事と、一回旋のリズムで片足跳びをしている間になわがきれいに効率よく手を小さく振って回旋しているか等をチェックしておく事がポイントになる。
　また、時々一回旋から二回旋にしてみる等、回旋変化も取り入れて繰り返し練習しながら安定した跳躍にしたい。

　6級から3級までは同様な動きで、片足でもかけ足でも二回旋リズムで跳べるようになると、三回旋跳びの準備はほぼ整っていると考えられる。

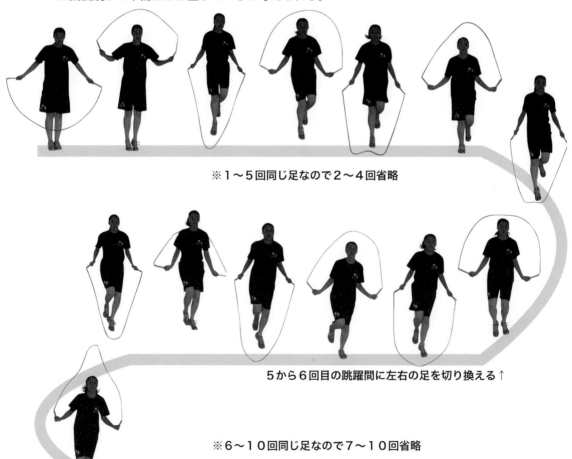

※1〜5回同じ足なので2〜4回省略

5から6回目の跳躍間に左右の足を切り換える↑

※6〜10回同じ足なので7〜10回省略

前方交差二回旋跳び

　この技は、手を体の正面で交差したまま二回旋リズムで跳ぶ技である。
　第一跳躍は、交差二回旋に入る前に余分な予備跳躍をせず、なわが後ろから頭を通過する辺りから手を腹部前辺りで交差体勢に下ろし、膝をやや曲げて沈み込み、交差を保持したまま手首を中心に二回旋して跳ぶ。
　交差系統の跳躍は、他の技に比べて高さをやや抑えたような感じで跳ぶ動きになる。

　この技は、体を拘束したような状態で跳ぶので最初の１．２回目の跳躍で失敗したり、腕が脇の下やお腹を抱えるように交差して手を深く入れ過ぎたり、腕が力んで棒のようになったり、猫背や足を前に出し過ぎたりして跳び続けられないという動作も見られる。

　そこで、一回旋リズムで姿勢をしっかり安定させ、交差・交差・交差・交差二回旋等一回旋の交差を何回か跳び、時々二回旋のリズムで交差したりして、一回旋のリズムでも二回旋のリズムでも、姿勢を変えないで跳べるように練習すると良い。

1級　後方交差二回旋跳び

　この技は、２級を後方で跳ぶ技である。
　第一跳躍の入り方は２つあり、なわを正面から頭を通過する辺りで交差しながら膝をやや曲げて高く跳躍し、交差したまま二回旋を跳び始める方法と、側方から腕を交差したまま二回旋に入る方法がある。後者の側方から跳躍に入る方がやや易しい。（写真下）

　この技も２級同様交差状態で体が拘束されたような状態になる為、最初の１．２回目の跳躍で失敗する事が多いので注意したい。

　姿勢は、２級より更に猫背になったり、腰が引けたり、足が前に出し過ぎたり、視線が下がり過ぎたりするので、前方同様一回旋のリズムで姿勢をしっかり確認して、時々二回旋のリズムで交差に入り、姿勢を変えずに跳べるようにすると良い。

前方達人　前方二回旋と三回旋跳び

　この技は、最初から二回旋跳びを跳び、次に三回旋跳びを跳ぶ。これを交互に５回繰り返す技で、回旋数が更に上がり三回旋跳びが入る最初の技である。

　三回旋跳びに入ると、注目を浴びたり、やり甲斐が出て来たりするが、最初三回旋跳びを行うと、膝から下を大きく曲げて跳ぶ事が多く、三回旋跳びを跳んだ所でしゃがみ込むように屈んでしまって続かない事が多い。

　その為練習では二回旋跳びを何回か跳んでから、三回旋跳びを１回だけ跳び、間に二回旋跳び何回かを挟んでまた三回旋跳びをする事により、三回旋跳びで体勢が崩れても二回旋跳びで体勢やリズムを立て直し、また力をためて三回旋跳びを行うといった感じを掴んでいくと、次第に跳ぶ事が出来るようになる。

　三回旋跳びは、足首に力を入れ過ぎず、着地や重心が足裏の前半分で跳ぶ事が出来るようになれば、回数も伸びて跳べるようになる。

　ジャンプの高さについては、二回旋跳びは２０cm位の跳躍・ジャンプの高さがあれば十分だが、三回旋跳びは３０〜４０cm位の高さに跳躍・ジャンプするという感じである。
　当然ながら三回旋跳びでは二回旋跳びより滞空時間も長く感じる為、滞空時間内でなわを速く回し過ぎてジャンプと回旋のタイミングが合わずに失敗する事も多い。

　三回旋跳び動作は、３回とも回っている間同じ姿勢ではなく、回旋の一回旋目は、膝がやや伸びていて、二回旋目の時が一番膝を曲げて跳ぶようになる。三回旋目は、膝が伸びてきて、着地の準備に入るのである。
　なわの回旋スピードも実は同じではなく、一回旋目から二回旋目に入るまでが一番速く回っていて、二回旋が終わり三回旋目は、わずかだか回旋スピードは遅くなって着地の準備をしているのである。回っているなわの音が３回とも同じうちは１０回は続けて跳べないので、力まないで回すよう意識すると良い。

　三回旋跳びは姿勢やバランス、なわと跳躍のタイミング、しっかりと安定したジャンプ、なわの回旋や手首動作のスムーズさ等において、明らかに二回旋跳びの上の次元である。

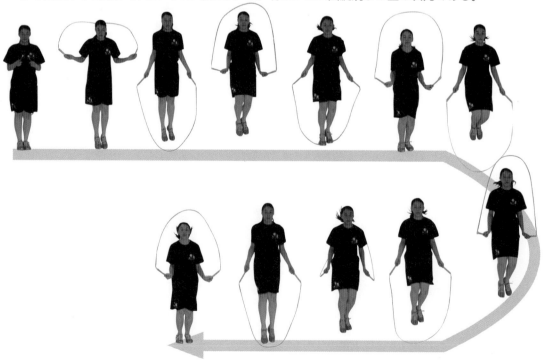

後方達人　後方二回旋と三回旋跳び

　この技は、前方達人を後方で跳ぶ技である。

　三回旋跳びは、前方より後方の方がはるかに難しい。
　例えば、前方の二回旋跳びが一回旋跳びに比べて二倍位難しく感じるとすれば、前方の三回旋跳びは二回旋跳びの更に二倍位難しく感じる、その更に後ろは前の二倍難しいというように大きな隔たりを感じる技である。

　この辺りからかなりしっかり練習しないと行き詰まってしまうので、映像で確認したり、上手な人に見てもらってアドバイスを受けたりする事も更に重要になる。

　二回旋跳びから三回旋跳びに入る際は、わずかに前傾して膝を抱え込むような姿勢で床やパネルを真下に踏み込み、垂直方向に上がるようにする。
　最初は、二回旋跳びから最初の三回旋跳びの１回さえ入らないような状態がしばらく続く。
　この原因の多くは、腕が横に開いていると同時に、腕や手の回旋する方向が体の上方に上がってしまい手首が滑らかに回旋せず、三回目の回旋前にほとんどが足首辺りでなわが止まってしまう事にある。

　その解決の練習の一つとして、一回旋跳びと二回旋跳びの時同様に一回旋から三回旋跳びまでそれぞれ４回跳びながら回旋数を上げていく練習をして行くと良い。
　その場合の姿勢は、回旋数が上がる毎にわずかに膝を曲げる角度を深くすると良い。
　視線は回旋数が増えても足下を見過ぎないよう、常に約３ｍ位前を見るようにして跳ぶ。

　この技に似た関連発展技として、二回旋と交差三回旋跳びや三回旋と交差二回旋跳びという技がある。
　後方達人は、二回旋も三回旋も順系で行っているが、発展技はどちらか交差系になっているので、こちらの方が難易度は上がるが、練習しておくと良い。
　順系同士でも片方の技が交差系でも連続して繋げるようにしておく事も大切である。
　また、関連して三回旋とあや跳び等を行ってみるのも良いだろう。

　いずれにしても、後方の三回旋跳びが入るこの技は、成功まで時間を要する難技である。

前方名人 前方三回旋跳び

　最初の第一跳躍から三回旋跳びに入り、連続して１０回跳ぶ技である。

　達人の技を習得する練習過程でそれ程時間が掛からず三回旋跳びが何回か続けて跳べるようになって来る。

　１０回跳び続けるには安定した姿勢と、垂直に上がり、一定の場所で跳び続けるバランスと脚力、同じリズムやタイミング、効率の良い滑らかななわの回旋を保持し続けられるかどうかにかかっている。

　最初は、腕や手が力み過ぎて、きれいになわが回らずリズムも早くなりがちで１０回まで続かない事が多い。
　三回旋跳びからは、二回旋跳び系よりもなわを回すと言うより上下に手を振るという動きの感覚が強くなるので、これまでより手の回旋を確認改善する必要がある。

　また、なわの回旋が３回共回っているスピードは同じではなく、１．２回旋目は速く２回旋目から３回旋目はややゆっくり力を抜きながら回して降りて来るという高度な回旋と跳躍感覚を身に付ける必要がある。

　これは二回旋跳びの初期にも見られ、速い二回旋跳びは長続きしないが、慣れて来るとあまり力を使わないで軽くゆっくり回して二回旋跳びが跳べるようになるのと同様である。

　三回旋の完成ではなわの音も足音も静かになり、跳び上がると同時に一回旋目が回り、最高点で二回旋目が回り、下りる直前に軽く回ってくる三回旋目の回旋を跳ぶようになる。
　三回旋跳びは、１、２ぃ３というような回旋のイメージである。

　三回旋跳びが１０回跳べる頃には、運動能力も高くなり体力も相当付いていると考えられる。

後方名人　後方三回旋跳び

　この技は、前方名人を後方で跳ぶ技で、最初から後方三回旋跳びに入り１０回連続して跳ぶ。
　前方より入り方も１０回続けるにも全てのリズムやバランス・タイミングが整わないと１０回は中々続かない。完成まで最も時間が掛かる技である。

　この技の練習は、まず二回旋跳びを４回位跳んで１０回三回旋跳びを跳ぶようにする。
　次に、最初の二回旋跳びを一回ずつ減らし三回旋跳びに入る、徐々に二回旋跳びの回数を減らして１回だけ跳んでから三回旋跳びを１０回跳ぶ。
　最終段階で、最初から三回旋跳びに入る練習を重ねるうちに出来るようになる。

　前方の三回旋跳びは手を上下に振る感覚だと述べたが、後方の三回旋跳びの場合は、手は腰より上に位置して回すと１０回跳び続けられない。腕を体側脇で締めるようにして、手はウエストラインより下に位置し、後ろから前斜め下方向に楕円形を描くように押し出すように回旋するという感覚になる。

　視線や姿勢、素早く効率の良い回旋、「リズム・バランス・タイミング」と、これまで練習した全ての要素を生かして、この技が跳べるようになる。
　後方三回旋跳びが最初から１０回跳べれば、なわ跳び上級者である事は間違いない。

※ ここから先は、三回旋と交差三回旋跳びや、あや三回旋跳び、交差三回旋跳び、三回旋と四回旋跳び、四回旋跳び、四回旋と交差三回旋跳び、四回旋と交差四回旋跳び等以上にも挑戦して欲しい。
　あや三回旋跳びには、なわが３回、回旋する間の手の状態で次のような技がある。
　順順交（交順順）順交交（交交順）順交順（交順交）等で、交差が多いほど難しくなり、同時にあやの部分が多い事も難しい技になる。

　また、三回旋跳びまでで単技は完成とみて、これまで習得した技を４技とか、５技等を組合せ、連続跳びを構成すると全く違った高度な神経系等を鍛える事も出来る。
　単技が出来たら難易度の高い技を幾つか選び、順番等を変えたりして組合せ連続とびを構成して行く事が最終段階となる。
　これは、器械運動のマット運動や鉄棒運動の連続技の考え方や算数でも＋－÷× や小数、分数も入った式の計算になるのと同じである。

2 進級カード毎に、組合せ連続跳びを構成する

進級カードA～Cそれぞれの段階を終えた時点で、組合せ連続技の練習を行う事が大切である。

特に、前後の三回旋跳びが終了した時点で、なわ跳びの基本はほぼ完成とし、更に難しいあや三回旋跳びや四回旋跳びの単技のみの級を作ってそれだけを行う必要はなく、組合せ連続跳びの技の中に自分で組み入れたい技を練習して行く方が良い。

また、前方の組合せと、後方の組合せの両方構成する事により、前方・後方の得意不得意の差が縮まり、どちらも自信を持って出来るようになる。

回旋数は、これまでのカード同様一回旋二跳躍の技のみ回旋した数4回で構成し、一回旋一跳躍からは回旋数と跳躍は4回で数えて構成する。

一つの組合せ連続技を構成する場合、前方と後方の技を同時に組み入れる事も出来るが、構成の基本として前方のみ後方のみといった構成にした方が取組み易い。

同じ技を10回跳ぶより、組合せ連続跳びは難しく、高度であることが分かる。前方のみ、後方のみの連続技の構成により十分に巧緻性や調整力を含めた神経系の発達の目的等も達成されるだろう。

（1）カードA段階終了時の組合せ例

カードAは、一回旋二跳躍・一回旋一跳躍の技であるので、その中の技を使って連続技を構成する。組合せは、3種類が考えられる。

カードAでは初心者や小学校低学年を想定しているので組合せは最低3種目位で、出来る場合は、4～5種目位に伸ばしたり、後方の技も構成したりすると良い。

＜例1＞　　一回旋二跳躍を組合せた例

順序	方　向　・　技　　　　　　　　　名	回旋跳躍
1	前方順跳び・一回旋二跳躍	4
2	前方片足跳び・一回旋二跳躍（左2右2）	4
3	前方かけ足跳び・一回旋二跳躍	4

＜例2＞　　一回旋一跳躍を組合せた例

順序	方　向　・　技　　　　　　　　　名	跳躍
1	前方順跳び	4
2	前方順と交差跳び	4
3	前方交差跳び	4

＜例3＞　　一回旋一跳躍と一回旋二跳躍を組合せた例

順序	方　向　・　技　　　　　　　　　名	回旋・跳躍
1	前方順跳び・一回旋二跳躍	4
2	前方順跳び・一回旋一跳躍	4
3	前方かけ足跳び・一回旋一跳躍	4

<連続技構成カード例>

<構成カード> 3種目用		
順序	方　向　・　技　　　　　名	回旋
1		4
2		4
3		4

<構成カード> 5種目用		
順序	方　向　・　技　　　　　名	回旋
1		4
2		4
3		4
4		4
5		4

（2）カードＢ段階終了時の組合せ例

　カードＢは、一回旋の技の最後の一部と二回旋の技であるので、その中の技を使って連続技を構成する。Ｂ段階では一回旋の全ての技と二回旋の幾つかの技まで使えるので、自分が構成したい技が増える事になる。

　組合せは、例１〜例３のような３種類の構成が考えられる。カードＢはなわ跳び中級や小学校中学年を想定しており、組合せは最低３種目位で、出来る場合は４〜５種目位に伸ばしたり、後方の技も構成したりすると良い。

　また、更に多くの例えば８種目でも良いのではないかという事も考えられるが、跳躍数を考えると８種目では３２回跳躍する事になり、二回旋系の技を跳び続けるだけでも大変である事と、多種目を続ける事も出来るが全員が出来るとは限らないので、今出来る色々な組合せセットを何種類か作る方が楽しい。
　基本としては、３〜５種目程度におさえておくと良い。

　尚、体力がなく技能がまだ未熟な場合はカードＡの時のように３種目位出来る種目を選んで自分が跳び易い順序を考えて、跳びながら修正して行く形にすると良い。

<例４> 　一回旋系と二回旋系を組合せた例

順序	方　向　・　技　　　　　名	跳躍
1	後方側回旋と交差跳び	4
2	後方二回旋と順跳び	4
3	後方二回旋跳び	4

<＝例5＞　　二回旋系を3種目組合せた例

順序	方　向　・　技　　　　　　　　名	跳躍
1	前方順二回旋跳び	4
2	前方順と交差二回旋跳び	4
3	前方側回旋交差跳び	4

＜例6＞　　二回旋系を5種目組合せた例

順序	方　向　・　技　　　　　　　　名	跳躍
1	後方順と二回旋跳び	4
2	後方二回旋と交差跳び	4
3	後方順と交差二回旋跳び	4
4	後方側回旋交差跳び	4
5	後方二回旋跳び	4

（3）カードCの段階終了時の組合せ例

　カードCは、二回旋跳び系の幾つかの技と三回旋跳びの技であるので、その中の技を使って連続技を構成する。

　カードCは上級者や小学校高学年以上を想定しており、組合せは最低3種目位から4〜5種目位に伸ばしたり、後方の技も構成したりすると良い。

　また、一回旋系の技から三回旋系の技まで前方・後方全ての技を使う事が出来るので、組合せは一回旋の技と二回旋の組合せ、二回旋のみの組合せ、一回旋から三回旋までの組合せ、二回旋と三回旋の組合せと4種類の組合せ構成が出来る。

　但し、出来ればC段階終了時には、二回旋系の技と三回旋系の技で構成するようにしたい。

　理由は、級が進む毎に難しい技で構成して行く事がより難易度も高くなるのでこの時点では、組合せにわざわざ一回旋系の技を入れる事はないからである。

　ここで、カード内から選んだこの段階で一番難しい二回旋系と三回旋系の組合せ例を2つ紹介する。

＜例7＞　　二回旋系と三回旋系を組合せた例

順序	技　　　　　　　　　名	跳躍
1	前方二回旋と交差二回旋跳び	4
2	前方交差二回旋跳び	4
3	前方二回旋と三回旋跳び	4
4	前方あや跳び	4
5	前方三回旋跳び	4

<例8>　　二回旋系と三回旋系を組合せた例（）内も使用

順序	技　　　　　名	跳躍
1	前方二回旋と交差二回旋跳び	4
2	前方あや跳び（順交）	4
3	前方二回旋と三回旋跳び	4
4	前方あや跳び（交順）	4
5	前方三回旋跳び	4

　進級カードの技の後ろに（　）が付いている場合は、それを組合せに入れる事が出来る。これを裏技と呼んでいる。

　但し、5種目の内使えるのは2種目までで、3種目に繰り返し使う事は出来ない。

　このように、進級Aカード段階終了辺りから組合せ連続技構成を行っていくと、学校等で指定された種目に強制される事なく、自分で考えるオリジナル構成の楽しいなわ跳び運動になって行くのである。

　この例を参考に、その場での組合せ連続技を色々と構成したりして発表会やミニ競技会を開いたりするのも楽しいだろう。

　尚、三回旋跳び以上の技には三回旋跳びの変化技から四回旋とその変化技、五回旋とその変化技、それ以上・・・等、数多くの技があるが、順跳び系や交差跳び系、あや跳び系から代表的な物をほんの一部のみ幾つか紹介するので、Cカード以上の技を練習して連続技として構成する場合の参考にして欲しい。

　但し、混合系や背面系、片側系、両側系等の技は省いて紹介する。

三　回　旋　系	四　回　旋　系
技　　　　　名	技　　　　　名
三回旋と交差二回旋跳び	三回旋と四回旋跳び
二回旋と交差三回旋跳び	三回旋と交差四回旋跳び
三回旋と交差三回旋跳び	四回旋と交差三回旋跳び
交差三回旋跳び	四回旋跳び
あや三回旋跳び順順交（交順順）	交差四回旋跳び
あや三回旋跳び順交交（交交順）	あや四回旋跳び順順順交（交順順順）
あや三回旋跳び順交順（交順交）	あや四回旋跳び順交順順（順順交順）
側回旋交差二回旋跳び	あや四回旋跳び順順交交（交交順順）
側回旋あや跳び（交順）	あや四回旋跳び順交交順（交順順交）
側回旋順二回旋跳び（順交）	あや四回旋跳び順交順交（交順交順）
・ ・ ・ 等々	あや四回旋跳び順交交交（交交交順）
	側回旋交差三回旋跳び
	側回旋あや跳び交順順

あとがき

人生１００年の時代と言われている。

健康で豊かな人生を送りたいと誰もが願う事である。

健康は足からとか、足は第二の心臓とも言われている。

また、下半身は身体全体の筋肉量の７０％を占めている。そしてそれを支えているのは２本の足である。

なわ跳びは下半身を鍛え心肺機能をも向上させるが、一定のリズムで跳ぶ心地よい振動が、学童期の子ども達の骨芽細胞や神経、脳にも刺激を与え、より良い成長に導いてくれる。

熟年世代にもこの振動が、神経や骨を通して脳にも達し、新しい細胞が作られる事で脳から足先まで、身体全体に健康効果をもたらし若さを保ち、健康寿命を延ばす事等が期待されている。

ジョギングやウォーキングもいいが、正しい姿勢で無理なく行わないと膝や腰、体の他の部位等も痛める事がある。なわ跳びはその場で出来る運動として人の目も気にならず、手軽であり、リズム・バランス・タイミングが崩れると、その途端になわが引っ掛かったり、止まったりするので自分の調子に気付かせてくれる。

また、なわ跳びは利用目的に応じ、体操にも、体幹トレーニングとしても利用価値が高く、老若男女世代を問わず、有酸素運動等のフイットネスとしても様々なバリエーションがあり、変化に富んだ古くて新しいスポーツである。

もちろん、競技スポーツの補強運動やトレーニングの一つとしても実施内容や強度、運動特性に応じた跳び方を取り入れれば、幅広く利用が出来る運動種目でもある事等、なわ跳びの特性や様々な良さを本書を通して理解された事と思う。

今回は、小学校から一般の方まで一人で行うリズムなわ跳び分野以外の短なわ跳びに焦点を絞って構成したが、紹介したものが短なわ跳びの全てではない。短なわ跳び以外の二人組以上の組なわ跳びや、長なわ跳び、短なわと長なわの長短組合せ跳び、ダブルダッチ、熟年世代の為の健康なわ跳び等について、機会があればまた書いてみたいと考えている。

今回本書内にこれまで前人が未発表だった動きや、動きに名称が付けられていないもの等もあり、大変労力を要したと共に、写真の撮り直しや変更点等も多々あり、見通しも甘く当初予定したより大幅に完成がずれ込んでしまった。

完璧な物はないが、振り返ってみると、この写真はもっとこうした方が良かったな、ここの説明はこう書けば良かったな、もっと他の動きを入れたり、書いたりすれば良かったな等、読者に役に立つ物になったのか自己反省しきりである。

運動やスポーツの考え方も時代と共に変革するし、研究にも完璧や完遂はない。

今後更に精進し、なわ跳び運動の研究を継続していきたい。

最後になりましたが、本書制作の写真会場として快くお貸しいただいた、学校法人まこと幼稚園長様、そして何度も撮り直しや練習時の撮影に協力して頂いた櫻花なわとびクラブ会員や保護者の皆様、そして校正から出版までご指導・ご助言をいただきました学校法人日本体育大学体育学部長水野増彦先生、素晴らしい本を制作完成させて頂いた出版社の皆様方全てに感謝いたします。

著　　者

<＜ 主な参考文献＞>

＜ 主な参考文献＞

学習指導要領体育編・指導書　文部省／文部科学省
昭和４４年、昭和５３年　平成元年　平成１１年　平成２０年　平成２９年
体つくり運動　学校体育実技指導資料集　第７集　文部省
体つくり運動　実践編　東京女子体育大学体操研究室　平成２２年　不昧堂出版
なわとび運動５分間マスター法　向井忠義　２０１０年　愛文舎
なわとび教室　佐藤良金　昭和５６年　大修館書店
なわ跳び　渡辺巌　昭和５３年成美堂出版
たのしいリズムなわとび　山市孟　田淵規矩夫　不昧堂出版
リズムなわとび日本リズム　なわとび協会編　昭和６１年　成美堂出版
リズム縄跳び　山内日吉　昭和２８年　体育の科学社
新しいなわ跳び運動　浅川正一　昭和２７年　新体育社
縄跳運動の指導　出口林次郎　昭和１４年　明治図書
新しい縄とび百種　平岩勇一　昭和９年　啓文社書店
縄跳－遊戯と運動の指導－ 対馬清造・関沢忠重　昭和３２年　同学社
なわとび　古屋三郎　昭和４３年　不昧堂出版
なわを使った運動と遊び　Ａザイボルト・ブルンフーバー　１９７５年　ベースボール・マガジン社
学校体育のためのなわとび　トレーニングボフミル・コス　１９７９年　ベースボール・マガジン社
なわとび体操　浜田靖一　昭和５９年　泰流社
図説なわとび運動　太田昌秀　１９７９年　大修館書店
楽しいなわとび遊び　太田昌秀　１９９２年　ベースボール・マガジン社
「新体操」エチュード授業編　加茂佳子　１９７５　千人書房
短なわの指導　石崎朔子　１９８４年　明治図書
なわで遊ぼう　石崎朔子　１９８４年　明治図書
なわとび・民舞　学校体育研究同志会　１９８８年　ベースボールマガジン社
誰でもできる楽しいなわとび　榎木繁男　岡野進　和中信男　２００５年　大修館書店
フープとびなわでなわとびは誰でも跳ばせられる　向山洋一・高畑庄蔵　１９８９年　明治図書
「運動と指導のポイント」なわとび　山本悟　１９９８年　日本書籍
５分間なわとび健康法　榎木繁男　昭和５２年　講談社
なわとび健康法　鈴木勝巳　昭和５０年　池田書店
なわとびうまくなるＢＯＯＫ 生山ヒジキ　２０１７年　東京書籍
なわとび・ゴムとび　嶋野道弘　２０００年　ポプラ社
新しいなわとび学習カード集　久保田正巳　１９９７年小学館
「なわとび」絶対成功の指導ＢＯＯＫ 関西体育授業研究会　２０１６年　明治図書
なわとびあそび　竹井史郎　１９９３年　あかね書房
なわとび　西園一也　２０１５年　あかね書房
すぐうまくなる「なわとび」 西村義行　１９８４年　偕成社

著者　齋藤　仁（さいとう・ひとし）

　１９５５年・昭和３０年福島県いわき市生まれ
日本体育大学卒業後、福島県公立小中学校教員として勤務、教頭を経て、小学校長、中学校長、公立幼稚園長を歴任した。
　２０１８年より日本体育大学（教育実習担当）特別教授
　福島県公立小中学校教員時代に全国学校体育功労賞受賞、福島県学校体育功労賞受賞。櫻花なわとびクラブを設立し、３７年にわたり会員数約８００名を指導し、国際なわとび競技選手権大会や全日本なわとび競技選手権大会に於いて、小・中・高校、大学、２０歳代、３０歳代、４０歳代、５０歳代に、男女２０数名の優勝選手を育成した。自身も国際大会優勝３回、全日本総合優勝７回、年齢別優勝２１回の優勝経歴がある。なわとび国際審判員、なわとび縄王位、名人位取得、県内外の公民館・保育所・幼稚園、小中学校等で園児や児童生徒、教職員研修等のなわとび教室や講習会で、これまで約４００回を超す指導を行い、なわとびの普及に務めている。アジアマスターズ陸上競技選手権大会や全日本マスターズ陸上競技選手権大会で１００ｍＨ、３００ｍＨ、４００ｍＨでの入賞経験がある。

協力：櫻花なわとびクラブ員、入遠野まこと幼稚園

なわ跳び練習百科

発　行：2020年７月１日　初版第１刷
　　　　2020年９月１日　　　第２刷

編　著：齋藤　仁
発行人：伊藤太文
発行元：株式会社 叢文社
　　　　112-0014
　　　　東京都文京区関口 1-47-12 江戸川橋ビル
　　　　TEL　03-3513-5285
　　　　FAX　03-3513-5286

編　集：佐藤公美
印　刷：モリモト印刷

なわとびカード

コピーしてご使用ください

「短なわとび」チェックリスト・個人カルテ

学校　　　　　　学年　　組　　名前

技　名　等	
アドバイス等	-- --

項目	特 徴 と な る 動 き や フ ォ ー ム	特　徴 月日×		改　善 月日○	
手 や 腕	なわを担ぐような動作から跳び始めている	／		／	
	なわを持つ手の左右の高さが違って回している	／		／	
	なわや手首が上を向き、殆ど動いていないで回している	／		／	
	腕や手が一本の棒のようになってなわを回っている	／		／	
	片方が体の側で、もう一方が体から離れてなわを回している	／		／	
	腕や手が、体の横に大きく開いて跳んでいる	／		／	
	腕や手が、体の横より後ろ側寄りになわを回しながら跳んでいる	／		／	
	側回旋の時、左右の回転の大きさや速さ、正面で交差する高さや位置が違って跳んでいる	／		／	
	側回旋の時、横に広がり過ぎたり、なわが近過ぎてよれたりする	／		／	
	交差の時、体から手が離れ過ぎている（あや系・側回旋交差系も同様）	／		／	
	交差の時、お腹より上の所で交差している	／		／	
	交差の時、脇の下に抱え込んだように深く交差している	／		／	
足 や 膝	足裏全体が床につき、そのまま跳び上がっている（足や足首が死んでいる）	／		／	
	足首から下に力が入り過ぎて跳んでいる	／		／	
	着地や跳んでいる時足が揃わず、どちらかの足が前に出過ぎている（半足長以上）	／		／	
	爪先が重なるように跳んでいる（内股傾向）	／		／	
	爪先が上を向いて跳んでいる				
	着地や跳んでいる時、足先（爪先）が開いている	／		／	
	着地や跳んでいる時、内股で足の後ろ（かかと）が開いている	／		／	

項目	特 徴 と な る 動 き や フ ォ ー ム	特　徴 月日×		改　善 月日○	
足 や 膝	両足の膝から下を後ろに曲げ過ぎて跳んでいる	／		／	
	左右の膝が前後や横に開いて跳んでいる（Ｏ脚傾向）	／		／	
	跳んでいる時、足全体を前に投げ出すようにくの字で跳んでいる	／		／	
	足全体が殆ど膝を曲げず縦一本の棒のように跳んでいる	／		／	
腰 や 体	腰が引けて、へっぴり腰のようになって跳んでいる	／		／	
	後ろに反ったように跳んでいる	／		／	
頭 首 肩 目 線	頭や首を竦めて肩が上がり、固く力んで跳んでいる	／		／	
	跳んでいる時、首や顎が前に出ている	／		／	
	頭や目線を下げて、ほぼ真下を向いたように跳んでいる	／		／	
	真正面を向いて跳んでいる	／		／	
	斜め上や、横等を見たり、目線の先が安定しないで跳んでいる	／		／	
タ イ ミ ン グ ・ 回 転	一回旋の時、なわを動かし始め、上にある時同時に跳んでいる	／		／	
	跳ぼうとした時、なわの方が速く回してしまい失敗している	／		／	
	なわが下に回って来ているのに、跳ぶのが遅くなっている	／		／	
	跳ぶ回数が多くなると、途中でなわのスピードが変わっている	／		／	
ジ ャ ン プ ・ フ ォ ー ム	跳ぶ前と跳んで空中にいる時で頭の位置がほぼ変わらない	／		／	
	同じ技で跳ぶ高さが変わってしまい続かない	／		／	
	手を回す事に意識が向き過ぎ、跳ぶ姿勢がぎこちない	／		／	
	跳ぶ回数が増えたり、技が変わったりした時に、フォーム（姿勢）が途中で変わってしまい失敗している	／		／	
音	足音がうるさい（バタバタ・ドンドン等）	／		／	
	なわの音がビュンビュン等と激しく、回旋が安定しない	／		／	

と び な わ	なわが長過ぎる・短か過ぎる	／		／	
	なわが重い・軽い	／		／	
	なわの修理が必要（留め具・なわ部・グリップ部）	／		／	
	グリップが短い、グリップの持ち方が悪い	／		／	
	グリップの中でなわが回らない、絡んでいる・詰まっている	／		／	

なわとび進級カード

学年　　組　　名前

級	わざ名	確認
46	前じゅんとび（一回せん二ちょうやくりょうあし）	
45	後じゅんとび（一回せん二ちょうやくりょうあし）	
44	前かけ足とび（一回せん二ちょうやく）	
43	後かけ足とび（一回せん二ちょうやく）	
42	前じゅんとび（一ちょうやくりょうあし）	
41	後じゅんとび（一ちょうやくりょうあし）	
40	前かけ足とび（一ちょうやく）	
39	後かけ足とび（一ちょうやく）	
38	前かた足とび（一ちょうやく〈左5右5〉）	
37	後かた足とび（一ちょうやく〈左5右5〉）	
36	前あやサイクルとび（4回に1回こうさ）	
35	後あやサイクルとび（4回に1回こうさ）	
34	前こうさとび	
33	後じゅんとこうさとび	
32	前こうさとび	
31	後こうさとび	
30	前そ〈回せ〉こうさとび	
29	後そ〈回せ〉んとじゅんとび	
28	前そ〈回せ〉んとこうさとび	
27	後そ〈回せ〉んとこうさとび	

< 中級コース >

級	わざ名	確認
26	前一回旋と二回旋とび	
25	後一回旋と二回旋とび	
24	前二回旋と交差とび	
23	後二回旋と交差とび	
22	前二回旋とび	
21	後二回旋とび	
20	前一回旋と交差二回旋とび	
19	後一回旋と交差二回旋とび	
18	前側回旋順とび	
17	後側回旋順とび	
16	前側回旋交差とび	
15	後側回旋交差とび	
14	前二回旋あやとび（はやぶさとび）	
13	後二回旋あやとび（はやぶさとび）	
12	前二回旋とあやとび	
11	後二回旋とあやとび	

< 上級コース >

級	わざ名	確認
10	前二回旋と交差二回旋とび	
9	後二回旋と交差二回旋とび	
8	前片足二回旋とび	
7	後片足二回旋とび	
6	前かけ足二回旋とび	
5	後かけ足二回旋とび	
4	前交差二回旋とび	
3	後交差二回旋とび	
2	前三回旋とび二回旋とび	
1	後二回旋と三回旋とび	
達人	前三回旋とび	
名人	後三回旋とび	

< 実施上の注意 >

※ 1つの技は10回とび、できたら合格として次に進む
※ できない技をぬかしてやってもよいが、続けて合格した所までできたと認定する
※ あやサイクルは、4回目と8回目の2回交差が入る
※ 技の前の予備跳躍（順とび〈を跳んで〉から二回旋に入るなど）はしない
※ 一回旋二跳躍のみ、なわが10回まわったら合格

なわとび進級カード（初歩・準備）

小学校　　　年　名前　　　　　　　

級	動作（どうさ）・行い方	月/日	確認	はんせい・いよく・かんそう・とりくみなど
56	どちらか片手になわをまとめて持ち、体の脇でなわを前に回しながら前に歩いたり走ったりできる（反対側の手と体の脇でも行う）	/		
55	どちらか片手になわをまとめて持ち、体の脇でなわを後ろに回しながら後ろに歩いたり走ったりできる（反対側の手と体の脇でも行う）	/		
54	どちらか片手になわをまとめて持ち、体の脇でなわを前に回しながらスキップして進むことができる（反対側の手と体の脇でも行う）	/		
53	どちらか片手になわをまとめて持ち、体の脇でなわを後ろに回しながらスキップして進むことができる（反対側の手と体の脇でも行う）	/		
52	どちらか片手になわをまとめて持ち、体の脇でなわを前に回しながらツーステップで進むことができる（反対側の手と体の脇でも行う）	/		
51	どちらか片手になわをまとめて持ち、体の脇でなわを後ろに回しながらツーステップで進むことができる（反対側の手と体の脇でも行う）	/		
50	両手または、どちらか片手になわを持って、前の8の字に回しながら歩いたり走ったりできる	/		
49	両手または、どちらか片手になわを持って、後ろの8の字に回しながら歩いたり走ったりできる	/		
48	後ろにかけ足とび（一回旋二跳躍）をしながら進むことができる（反対の足でも行う）	/		
47	後ろにかけ足とび（一回旋二跳躍）をしながら進むことができる（反対の足でも行う）	/		
46	なわを体の前後にゆらして両足で10回とぶことができる	/		
45	どちらかの手を体の前に、もう一方の手を体の後ろにして、なわを体の横から左右にゆらして両足で10回とぶことができる（前後の手を反対にしても行う）	/		

なわとび進級カード　A

小学校　　　年　名前

級	わざ名	1回	2回	3回	4回	5回	6回	7回	8回	9回	10回	確認印
44	前方じゅんとび(一回せん一ちょうやくりふあしとび)	/	/	/	/	/	/	/	/	/	/	
43	後方じゅんとび(一回せん二ちょうやくりふあしとび)	/	/	/	/	/	/	/	/	/	/	
42	前方かけ足とび(一回せん一ちょうやく)	/	/	/	/	/	/	/	/	/	/	
41	後方かけ足とび(一回せん二ちょうやく)	/	/	/	/	/	/	/	/	/	/	
40	前方じゅんとび(一回せん二ちょうやくりふあしとび)	/	/	/	/	/	/	/	/	/	/	
39	後方じゅんとび(一かいせん一ちょうやくりふあしとび)	/	/	/	/	/	/	/	/	/	/	
38	前方かけ足とび(一ちょうやく)	/	/	/	/	/	/	/	/	/	/	
37	後方かけ足とび(一ちょうやく)	/	/	/	/	/	/	/	/	/	/	
36	前方かた足とび(一ちょうやく)(左5右5)	/	/	/	/	/	/	/	/	/	/	
35	後方かた足とび(一ちょうやく)(左5右5)	/	/	/	/	/	/	/	/	/	/	
34	前方じゅん4回とび1回とび	/	/	/	/	/	/	/	/	/	/	
33	後方じゅん4回とび1回とび	/	/	/	/	/	/	/	/	/	/	
32	前方こうさとび	/	/	/	/	/	/	/	/	/	/	
31	後方じゅんとこうさとび	/	/	/	/	/	/	/	/	/	/	
30	前方こうさとび	/	/	/	/	/	/	/	/	/	/	
29	後方こうさとび	/	/	/	/	/	/	/	/	/	/	
28	前方そく回せんじゅんとび	/	/	/	/	/	/	/	/	/	/	
27	後方そく回せんじゅんとび	/	/	/	/	/	/	/	/	/	/	

なわとび進級カード B

小学校 ＿＿＿ 年　名前

級	わざ名	1回	2回	3回	4回	5回	6回	7回	8回	9回	10回	確認印	反省や感想・取り組みなど
26	前方側回旋と交差とび	＼	＼	＼	＼	＼	＼	＼	＼	＼	＼		
25	後方側回旋と交差とび	＼	＼	＼	＼	＼	＼	＼	＼	＼	＼		
24	前方順(4回)と二回旋(一回)とび	＼	＼	＼	＼	＼	＼	＼	＼	＼	＼		
23	後方順(4回)と二回旋(一回)とび				＼	＼	＼	＼	＼	＼	＼		
22	前方順と二回旋とび	＼	＼	＼	＼	＼	＼	＼	＼	＼	＼		
21	後方順と二回旋とび	＼	＼	＼	＼	＼	＼	＼	＼	＼	＼		
20	前方二回旋と交差とび(反対も可)	＼	＼	＼	＼	＼	＼	＼	＼	＼	＼		
19	後方二回旋と交差とび(反対も可)	＼	＼	＼	＼	＼	＼	＼	＼	＼	＼		
18	前方二回旋とび	＼	＼	＼	＼	＼	＼	＼	＼	＼	＼		
17	後方二回旋とび	＼	＼	＼	＼	＼	＼	＼	＼	＼	＼		
16	前方順と交差二回旋とび	＼	＼	＼	＼	＼	＼	＼	＼	＼	＼		
15	後方順と交差二回旋とび	＼	＼	＼	＼	＼	＼	＼	＼	＼	＼		
14	前方側回旋順とび	＼	＼	＼	＼	＼	＼	＼	＼	＼	＼		
13	後方側回旋順とび	＼	＼	＼	＼	＼	＼	＼	＼	＼	＼		

243

なわとび進級カード　C

小学校　　　　年　　名前

級等	わざ名	1回	2回	3回	4回	5回	6回	7回	8回	9回	10回	確認印	反省や感想・取り組みなど
12	前方側回旋交差とび	＼	＼	＼	＼	＼	＼	＼	＼	＼	＼		
11	後方側回旋交差とび	＼	＼	＼	＼	＼	＼	＼	＼	＼	＼		
10	前方あやとび（二重あやとび＝はやぶさとび）	＼	＼	＼	＼	＼	＼	＼	＼	＼	＼		
9	後方あやとび（二重あやとび＝はやぶさとび）	＼	＼	＼	＼	＼	＼	＼	＼	＼	＼		
8	前方三回旋交差とび	＼	＼	＼	＼	＼	＼	＼	＼	＼	＼		
7	後方三回旋交差とび	＼	＼	＼	＼	＼	＼	＼	＼	＼	＼		
6	前方かけ足三回旋とび	＼	＼	＼	＼	＼	＼	＼	＼	＼	＼		
5	後方かけ足三回旋とび	＼	＼	＼	＼	＼	＼	＼	＼	＼	＼		
4	前方片足三回旋とび（左5右5）	＼	＼	＼	＼	＼	＼	＼	＼	＼	＼		
3	後方片足三回旋とび（左5右5）	＼	＼	＼	＼	＼	＼	＼	＼	＼	＼		
2	前方交差三回旋とび	＼	＼	＼	＼	＼	＼	＼	＼	＼	＼		
1	後方交差三回旋とび	＼	＼	＼	＼	＼	＼	＼	＼	＼	＼		
前方達人	前方三回旋三回旋とび	＼	＼	＼	＼	＼	＼	＼	＼	＼	＼		
前方強人	前方三回旋三回旋とび	＼	＼	＼	＼	＼	＼	＼	＼	＼	＼		
後方達人	後方三回旋三回旋とび	＼	＼	＼	＼	＼	＼	＼	＼	＼	＼		
前方名人	前方三回旋とび	＼	＼	＼	＼	＼	＼	＼	＼	＼	＼		
後方名人	後方三回旋とび	＼	＼	＼	＼	＼	＼	＼	＼	＼	＼		

なわとび進級カード（連続技構成）

小学校　　　　年　名前

◎ カードから技を選んで、自分の連続技を作って跳んでみよう。

カードの中から選んで

<3 技>

番号	方 向・技 名	とぶ数
1		
2		
3		

<5 技>

番号	方 向・技 名	とぶ数
1		
2		
3		
4		
5		

カードA〜Bまでから選んで

<3 技>

番号	方 向・技 名	とぶ数
1		
2		
3		

<5 技>

番号	方 向・技 名	とぶ数
1		
2		
3		
4		
5		

カードA〜Cまでから選んで

<3 技>

番号	方 向・技 名	とぶ数
1		
2		
3		

<5 技>

番号	方 向・技 名	とぶ数
1		
2		
3		
4		
5		

車椅子（いす）で行う『なわとびカード』

学校 ＿＿＿＿＿＿＿＿ 年 ＿＿＿ 組 ＿＿＿ 名前 ＿＿＿＿＿＿

※ 出来た所に印をつけ、月日を入れておこう。

＜なわを伸ばしたり、広げたり、縮めたり、捻ったりするような体操的な動き＞

順序	動 き の 内 容	月／日	印
1	なわを四つ折りに頭の上に上げ、徐々に体の前をなでるような動きで、車椅子から落ちたり倒れたりしないよう足の方まで下ろしたり、徐々に頭上まで戻したりする。	／	
2	なわを四つ折りにして胸の前で両手でなわの両端を持ち、車椅子から落ちたり倒れたりしないよう片足を上げて、上げた足の下になわを入れたり、上に戻したりを１０回行う。出来ればどちらの足も行う。 ※ この動きは、どちらかでも足の上がる場合行う動きである。	／	
3	なわを四つ折りにしたなわの両端を持ち、車椅子から落ちたり倒れたりしないように両足を上げて、上げた足の下になわを入れたり、上に戻したりを１０回行う。 ※ この動きは、足の上がる場合行う動きである。	／	
4	なわを四つ折りにして胸の前で手を合わせて持ち、横に広げたり、手を合わせるて縮めたりを交互に１０回行う。	／	
5	なわを二つ折りにして胸の前で両手を広げて持ち、手を合わせて縮めたり、横に大きく広げて伸ばしたりを交互に１０回行う。	／	
6	なわを四つ折りにして両端を胸の高さで水平に持ち、前に伸ばしながら捻って反対水平に、戻す時に捻りを戻したりを交互に左右の手を交互に反対に入れ替えて１０回続けて半捻り出しと、戻しを行う。	／	
7	なわを四つ折りにして両手で手を合わせて胸の前で持ち、１回ごとに縦に開いて伸ばしたり、手を閉じて縮めたりを１０回行う。	／	
8	なわを四つ折りにして両手で手を合わせて胸の前で持ち、１回ごとに横に開いたり、閉じたり、縦に開いたり閉じたりを１０回行う。	／	
9	なわを四つ折りにして両手で胸の前で持ち、手を合わせたり、縦に広げたりを１０回行う。１回毎に、上下にした左右の手を変える。	／	
10	なわを四つ折りにしてピンと張って両手で胸の高さで水平に持ったまま、腕を真っ直ぐ１０回前に出したり、戻したりする。 ※ ゆっくり行ったり、速く行ったりしてみる。	／	
11	なわを四つ折りにして両手を合わせて胸の前で持ち、手を前に伸ばして出す時に水平に腕を真っ直ぐ出したり、縮めて戻したりを１０回行う。※ ゆっくり行ったり、速く行ったりしてみる。	／	
12	なわを四つ折りにして両手を合わせて胸の前で持ち、左腕を５回、右腕５回前に出したり、戻して縮めたりする。 ※ ゆっくり行ったり、速く行ったりしてみる。 出す時に左腕を前に５回、右腕を前に５回伸ばして行う。	／	

順序	動 き の 内 容	月／日	印
13	なわを四つ折りにして胸の前で両手を合わせて持ち、左腕と右腕を前に１０回交互に伸ばしたり縮めて戻したりする。 ※　ゆっくり行ったり、速く行ったりしてみる。	／	
14	なわを二つ折りや四つ折りにしてピンと張って胸の前に両手で持ち、頭より上に１０回上げたり、戻したりする。 ※　ゆっくり行ったり、速く行ったりしてみる。	／	
15	なわを二つ折りや四つ折りにしてピンと張って胸の前に両手で持ち、頭の上に上げてから頭より後ろに１０回傾けたり、戻したりする。 ※　ゆっくり行ったり、速く行ったりしてみる。	／	
16	なわを二つ折りや四つ折りにして、ピンと張って両手で水平に持ったまま、なわと一緒に体を左右に１０回捻る。 ※　ゆっくり行ったり、速く行ったりしてみる。　また同じ方向を５回行ったら反対も行う。２回続けて捻ったり反対にも捻ったりする。	／	
17	なわを四つ折りにして水平にピンと張って両手で持ち、体の前に手を伸ばした所で左回りや右回りを交互に１０回、円を描くように回す。	／	
18	なわを四つ折りにして、水平にピンと張って両手で持ち、頭上に手を伸ばした所でなわを左右に１０回円を描くように回す。	／	
19	なわを四つ折りにして、水平にピンと張って両手で持ち、体を左右に捻って横に手をのばした所でなわを１０回円を描くように回す。	／	
20	なわを四つ折りにして、水平にピンと張って両手で持ち、体の横に片手を前に出し、もう一方は体の方に直線にして手を伸ばしながらなわを１０回左右に円を描くように回す。 ※　左の時には左手が前、右の時には右手を前に出して行う。	／	
21	なわを四つ折りにして、水平にピンと張って両手で持ち、体の横に片手を横に出し、もう一方の手は体の方に直線にして手を１０回交代で前に出す。※　体の左横と、右横で両方向を行う。	／	
22	二つ折りにしたなわを持って、前から足の下になわを入れて、車椅子に座っているお尻をずらしてなわを通して、背中から前に出す。	／	
23	二つ折りにしたなわを持って、頭の後ろから背中の方から下ろして車椅子に座っているお尻をずらしてなわを通して、足先から上に通す。	／	

＜なわを回す動き＞

順序	動 き の 内 容	月／日	印
24	片手で二つ折りしたなわをまとめて持ち、頭上で水平回旋を行う。左手でも右手でも行う。また、左回りや右回りの両方向行う。	／	
25	両手で二つ折りにしたなわを持ち、頭上で水平回旋を行う。左回りや右回りの両方向行う。	／	
26	片手で二つ折りしたなわをまとめて持ち、体の正面で車椅子の足下にぶつからないように垂直にプロペラのように回す。左手でも右手でも行う。また、左回転と右回転を行う。	／	

順序	動 き の 内 容	月／日	印
２７	両手で二つ折りしたなわをまとめて持ち、体の正面で車椅子の足下にぶつからないように垂直にプロペラのように回す。左手でも右手でも行う。また、左回転と右回転を行う。	／	
２８	片手で二つ折りしたなわをまとめて持ち、体の横で垂直回旋を行う。左横も右横でも行う。また、前方回旋や後方回旋の両方向行う。	／	
２９	両手で二つ折りしたなわをまとめて持ち、体の横で垂直回旋を行う。左横も右横でも行う。また、前方・後方の両方の回旋を行う。	／	
３０	片手で二つ折りしたなわをまとめて持ち、体の横で左右の垂直回旋を行う。（片手８の字回旋）前方・後方回旋の両方の回旋を行う。	／	
３１	両手で二つ折りしたなわをまとめて持ち、体の横で左右の垂直回旋を行う。（両手８の字回旋）前方・後方の両方の回旋を行う。	／	
３２	なわを広げて普通に持ち、車椅子をゆっくり前に動かしながらなわを前に下ろしてなわを越しながら１０回回して前に進む。 ※　車椅子から落ちないように注意する。	／	
３３	なわを広げて普通に持ち、車椅子をゆっくり後ろに動かしながらなわを後ろに下ろして通過するように１０回回して後ろに進む。 ※　車椅子から落ちないように注意する。	／	
３４	長めのグリップがついたなわを持ち、車椅子をゆっくり前に動かしながら順と交差とびのように開いたり、交差したりして進む。 ※　車椅子から落ちないように注意する。	／	
３５	長めのグリップがついたなわを持ち、車椅子をゆっくり後ろに動かしながら順と交差とびのように開いたり、交差したりして進む。 ※　車椅子から落ちないように注意する。	／	
３６	長めのグリップがついたなわを持ち、車椅子をゆっくり前に動かしながら側方回旋と交差とびのように横で回してから交差して進む。 ※　車椅子から落ちないように注意する。	／	
３７	長めのグリップがついたなわを持ち、車椅子をゆっくり後ろに動かしながら側方回旋と交差とびのように横で回てから交差して進む。 ※　車椅子から落ちないように注意する。	／	
３８	なわを持たずに、回っている長なわに車椅子を前に進ませ、なわに合わせながらなわが上の時に通過する。	／	
３９	なわを持たずに、回っている長なわに車椅子を前に進ませて入り、なわに合わせてなわが下にきたらなわを一瞬踏みながら通過する。	／	
４０	なわを持って自分の短なわを回しながら回っている長なわに合わせて、長なわと自分の短なわが下に来た時に、一瞬二本を同時に踏みながら通過する。	／	
４１	長めの棒の左右になわをつけたものを持ち、ボールを車椅子の前や横に落として、棒なわを前後や左右に動かして、ボールの弾みに合わせて何回ボールの下をなわが通過できるかを数える。 ※　左右どちらも行う。	／	

なわとび検定スタートカード 1

なまえ ＿＿＿＿＿＿＿＿＿＿

級	動作・行い方	月／日	1	2	3	合格印
43	下に横に2つ並べて置いた輪の中に 片足ずつ入り 前の輪に 三跳躍リズムで両足同時に入り 続けて10個進むことができる	／				
42	下に伸ばして置いた なかの左横に立ち 両足二跳躍で なかの左右に両足同時に移動して 続けて10回跳ぶことができる	／				
41	下に伸ばして置いた なかの後ろに立ち 両足三跳躍で なかの前後に両足同時に移動して 続けて10回跳ぶことができる	／				
40	下に置いた 輪の中からスタートし 両足三跳躍リズム（中・左・中・右・中）で 10回出たり入ったりできる	／				
39	下に置いた 輪の中からスタートし 両足三跳躍リズム（中・前・中・後ろ・中）で 10回出たり入ったりできる	／				
38	下に伸ばして置いた なかの左横に立ち 両足三跳躍で なかの右側で右片足2回を交互に10回続けて跳ぶことができる	／				
37	下に縦一列に置いた 輪の中を 片足ケンケンの三跳躍リズムで なかの右側右片足で1回を交互に10回続けて跳ぶことができる	／				
36	下に伸ばして置いた なかの左横に立ち 一跳躍リズムで 左片足1回 なかの右足1回を交互に10個進むことができる	／				
35	下に横に置いた 輪の中に 片足ずつ入り 前の輪に 一跳躍リズムで両足同時に入り 続けて10個進むことができる	／				
34	下に伸ばして置いた なかの後ろに立ち 両足一跳躍で なかの前後に移動しながら 続けて10回跳ぶことができる	／				
33	下に伸ばして置いた なかの後ろに立ち 片足一跳躍で なかの前後左右の十字とび（前後）リズムで 出たり入ったりできる	／				
32	下に縦一列に置いた 輪の中を 一跳躍に続けて10個進むことができる（左右両方行う）	／				
31	下に置いた 輪で 中から両足三跳躍リズムの十字とび（中・左・中・右・中・前・中・後ろ・中） 出たり入ったりできる	／				
30	下に置いた 輪で 中から三拍子（中・左外・中・右外・中中）の（左右）リズムで 出たり入ったりできる	／				
29	下に伸ばした 輪で 中から三拍子（中・前外・中・後ろ外・中中）の（前後）リズムで 出たり入ったりできる	／				
28	下に置いた 輪で 中から三拍子（中・右外・中・前外・中・後ろ外・中）の（前後左右の十字とび）リズムで 出たり入ったりできる	／				
27	その場で どちらか片手になわを持ち 体に当たらずに回すことができる（左右両方行う）	／				
26	その場で どちらか片手になわを持ち 体の脇でなわを回すことができる（左右両方行う）	／				
25	どちらか片手になわを持ち 体の脇でなわを ゆっくり前に歩くことができる（左右両方行う）	／				
24	どちらか片手になわを持ち 体の脇でなわを ゆっくり後ろに歩くことができる（左右両方行う）	／				
23	どちらか片手になわを持ち 体の脇でなわを 前に軽く走ることができる（左右両方行う）	／				
22	どちらか片手になわを持ち 体の脇でなわを 後ろに軽く走ることができる（左右両方行う）	／				

249

なわとび検定スタートカード2　　なまえ ＿＿＿＿＿＿＿

級	動作・行い方	月／日	1	2	3	合格印
21	その場で どちらか片手又は両手でなわを持ち 前の左右8の字回しが10回できる(片手の場合は左右両方行う)					
20	その場で どちらか片手又は両手でなわを持ち 後ろの左右8の字回しが10回できる(片手の場合は左右両方行う)					
19	どちらか片手になわを持ち 左右の8の字回しをしながら 前に 歩くことができる (左右両方行う)					
18	どちらか片手になわを持ち 左右の8の字回しをしながら 後ろに 歩くことができる(左右両方行う)					
17	どちらか片手になわを持ち 左右の8の字回しをしながら 前に タイミング良く 軽く走ることができる(左右両方行う)					
16	どちらか片手になわを持ち 左右の8の字回しをしながら 後ろに タイミング良く 軽く走ることができる(左右両方行う)					
15	その場で 左手での右回しと 右手での左回しを それぞれ10回 回すことができる					
14	下に伸ばして置いた なわの左横に立ち 両足の一跳躍で 両足同時になわの左右に 10回続けて跳ぶことができる					
13	下に伸ばして置いた なわの後ろに立ち 両足の一跳躍で両足同時になわの前後に 10回続けて跳ぶことができる					
12	下に伸ばして置いたなわを 足を開いて跨いで立ち 一跳躍リズムで 空中で両足を一回・手拍手一回を同時に打ち 下りる時開く を続けて10回できる					
11	下に置いたなわを 足を開いて跨いで立ち 一跳躍リズムで 空中で両足一回・手拍手一回を同時に打ち 下りる時開く を続けて10回できる					
10	どちらか片手になわを持ち 体の脇でなわを前に回しながら 前にスキップして進むことができる(左・右両方行う)					
9	どちらか片手になわを持ち 体の脇でなわを後ろに回しながら 後ろにスキップして進むことができる(左・右両方行う)					
8	左右それぞれに1本のなわのグリップを2つ揃えて持ち 前に歩きながら 前に歩きながら 前に 10回して進むことができる					
7	左右それぞれに1本のなわのグリップを2つ揃えて持ち 後ろに歩きながら 後ろに歩きながら 後ろに10回して進むことができる					
6	左右それぞれに1本のなわのグリップを2つ揃えて持ち 前あやとびのように 8の字回しをして10回して進むことができる					
5	左右それぞれに1本のなわを 前に 8の字回しをして進むことができる					
4	等間隔に置かれた なわや棒(輪)の間を 三跳躍リズムで 同じ足から かけ足リズムで前に10個進むことができる					
3	等間隔に置かれた なわや棒(輪)の間を 三跳躍リズムで かけ足リズムで後ろに10個進むことができる					
2	後ろから前になわを回して振り下ろした時に なわの前にゆっくり2歩進みながら 続けて10回 回して前に進むことができる					
1	前から後ろになわを回して振り下ろした時に なわの後ろにゆっくり2歩進みながら 続けて10回 回して後に進むことができる					

櫻花 ジュニア なわとび 検定カード

所属 _____　学年　　年　　名前 _____

級	方　向・わ　ざ　名	月/日	1	2	3	確認印	級	方　向・わ　ざ　名	月/日	1	2	3	確認印
74	前一回旋2歩走でJ²						44	前K					
73	後一回旋2歩走でJ²						43	後K					
72	前かけ足J²（一回旋二跳躍）						42	前S・C					
71	後かけ足J²（一回旋二跳躍）						41	前JJ・J（J・JJ）					
70	前J²（一回旋二跳躍）						40	後JJ・J（J・JJ）					
69	後J²（一回旋二跳躍）						39	前JJ・K					
68	前にスキップで進む						38	後JJ・K					
67	前一回旋3歩左右かけ足J³ 後にスキップで進む（どちらか）						37	前JJ					
							36	後JJ					
66	前一回旋2歩走でJ²・K²						35	前J・H					
65	後一回旋2歩走でJ²・K²						34	前SJ					
64	前J²・K²（一回旋二跳躍）						33	後SJ					
63	後J²・K²（一回旋二跳躍）						32	前SK					
62	前K²（一回旋二跳躍）						31	後SK					
61	後K²（一回旋二跳躍）						30	前J・KK					
60	前J						29	後J・KK					
59	後J						28	前JK（KJ）					
58	前かけ足J						27	後JK（KJ）					
57	後かけ足J						26	前SC					
56	前片足J（左5右5）						25	前JK・J（J・KJ）					
55	後片足J（左5右5）						24	後JK・J（J・KJ）					
54	前J・K						23	前JJ・JK（JJ・KJ）					
53	後J・K						22	後JJ・JK（JJ・KJ）					
52	前一回旋2歩走でS・J						21	前JJ・KK					
51	後一回旋2歩走でS・J						20	後JJ・KK					
50	前S・J						19	前KK・K（K・KK）					
49	後S・J						18	後KK・K（K・KK）					
48	前一回旋2歩走でS・K						17	前KK					
47	後一回旋2歩走でS・K						16	後KK					
46	前S・K						15	前JJ・H					
45	後S・K												

※ 60級から一回旋に、41級から二回旋に、回旋数やリズムが変わる

＜技記号について＞

前・後 ---- 方向　　J² ---- 一回旋二跳躍　　J³ ---- 一回旋三跳躍　　J ---- 順とび　　K ---- 交差
H ------ 背面交差　　S ---- 側回旋　　C ---- 混合交差　　・ ----- 区切り、リズムが変わる　　（　）---- 裏技

櫻花なわとびクラブ

櫻花 ジュニア なわとび 連続技　検定カード

所属 _____　学年　　年　　名 前 _____

級	方 向・わ ざ 名	月/日	1	2	3	確認印	級	方 向・わ ざ 名	月/日	1	2	3	確認印
14	1 前J 2 前J・K 3 前S・J 4 前J・JJ 5 前JJ						7	1 後JK 2 後JJ・KK 3 後J・KK 4 後SC 5 後SK					
13	1 後J 2 後J・K 3 後S・J 4 後J・JJ 5 後JJ						6	1 前JJ・H 2 前JJ・KK 3 前JJJ 4 前SK 5 前JK（KJ）					
12	1 前J・H 2 前J・KK 3 前JJ 4 前SK 5 前JJ・K						5	1 後JJ・K 2 後JJ・KK 3 後JJJ 4 後SK 5 後JK（KJ）					
11	1 後J・K 2 後J・KK 3 後JJ 4 後SK 5 後JJ・K						4	1 前JJJ 2 前JJ・KK 3 前JJJ・KK 4 前JK（KJ） 5 前SK					
10	1 前JJ 2 前JJ・JK 3 前J・JK 4 前K・KK 5 前SJ						3	1 後JJJ 2 後JJ・KK 3 後JJJ・KK 4 後JK（KJ） 5 後SK					
9	1 後JJ 2 後JJ・JK 3 後J・JK 4 後K・KK 5 後SJ						2	1 前JJ・KK 2 前JJJ 3 前JK（KJ） 4 前JJJ・KK 5 前JJK					
8	1 前JK 2 前JJ・KK 3 前J・KK 4 前SC 5 前SK						1	1 後JJ・KK 2 後JJJ 3 後JK（KJ） 4 後JJJ・KK 5 後JJK					

＜実施上の留意点＞

○　かけ足、かた足とび系は、どちらの足から始めてもよい。

○　一つの技について、試技は3回までとする。

○　合格した場合、さらに上の級を受検することができる。

○　技を飛び越えて受検することはできない。

○　どの級（種目）にも予備跳躍（技の前に調子をつけて跳ぶ）はしない。

○　74〜15級まではそれぞれの技を10跳躍（回）ずつとぶ。
　　ただし、一回旋二跳躍系と移動跳び系は、検定の指定回数による。

○　14級以上は、1つの技を4跳躍（回）ずつ、5技を連続して跳ぶ。
　　　連続技の級＝（5技×4跳躍＝合計20跳躍）

○　1級合格後は、自分で技を構成し段以上の連続技（5技）に挑戦することができる。